傅山全書

清·傅山 著

尹協理 主編

第九册

國家古籍整理出版專項經費資助項目

山西出版傳媒集團
山西人民出版社

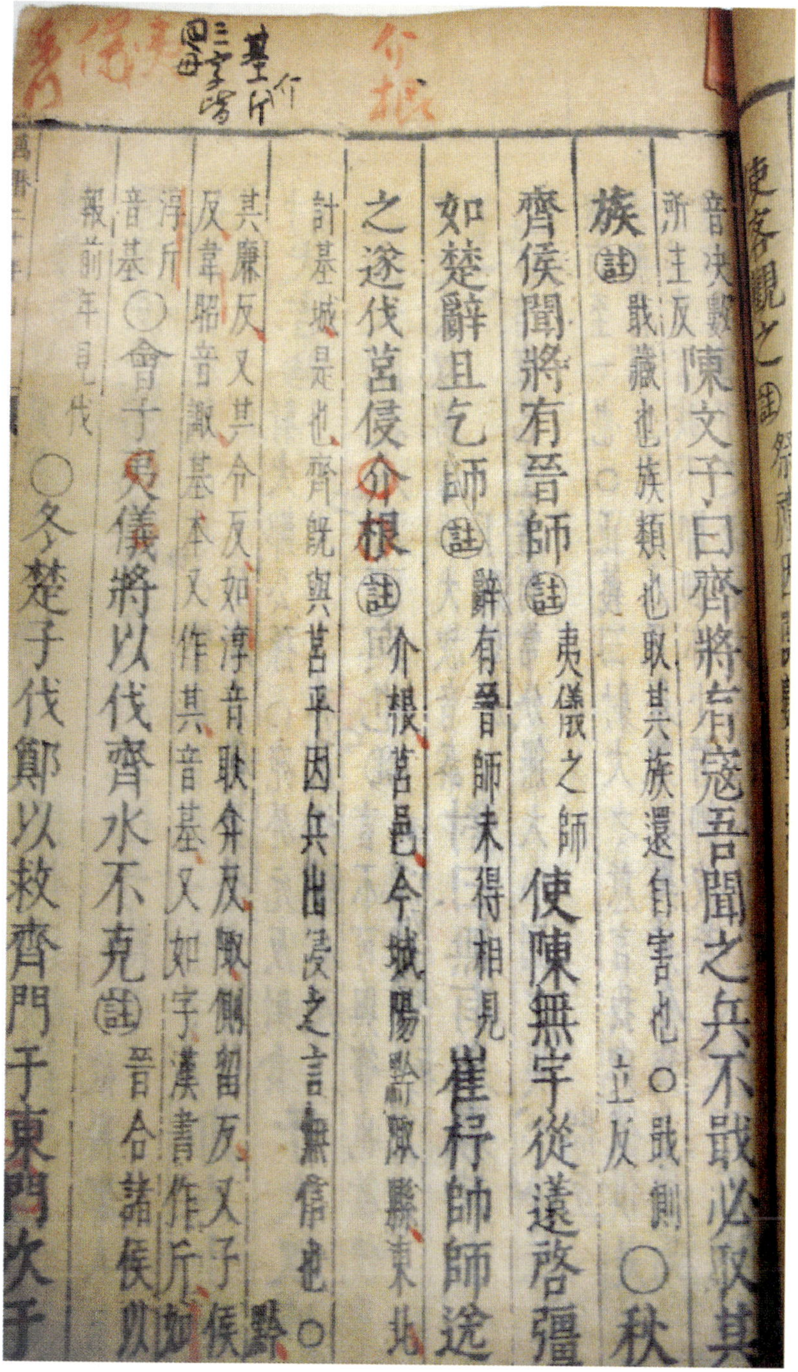
音決數陳文子曰齊將有寇吾聞之兵不戢必取其
所主反 戢藏也族類也取其族還自害也○戢側立反
族 註
齊侯聞將有晉師 註 夷儀之師 使陳無宇從薳啓彊
如楚辭且乞師 註 辭有晉師未得相見 崔杼帥師送
之遂伐莒侵介根 註 介根莒邑今城陽黔陬縣東北
計基城是也齊旣與莒平因兵出侵之言無備也○黔
其廉反又其今反如淳音耿弇反陬側留反又子侯
反韋昭音鄒基本又作其音基又如字漢書作斤如
淳斤音基○會于夷儀將以伐齊水不克 註 晉合諸侯以
報前年見伐
○冬楚子伐鄭以救齊門于東門次于
○秋

傅山春秋左傳注疏批注手稿（山西博物院藏）

王命之曰當及此可憐之人謂貧窮者又當恤此鰥夫寡婦當收斂之使有依附于家言鄭寡弱欲使魯侯遠行還晉存恤之也

季文子曰寡君未免於此（註）言亦同有微弱之憂

文子賦四月（註）四月詩小雅義取行役踰時思歸祭祀不欲為還晉○為于偽反下皆同【疏】四月至還晉○正義曰四月大夫行役之怨詩也首章云四月維夏六月徂暑先祖匪人胡寧忍予大夫言已四月初夏而行至六月徂暑矣寒暑易節尚不得歸我之先祖匪人乎王者何當於忍於我不使得祭祀也文子言已思歸祭祀不欲更復還晉

子家賦載馳之四章（註）載馳詩鄘風四章以下義取小國有急欲引大國救助○[illegible]正義曰載馳詩[illegible]人閔衛之滅[illegible]之詩也其四章以前陟彼阿丘言采其蝱女子善懷亦各有行許人尤之眾穉且狂其五章曰我行其野芃其麥控于大邦誰因誰極大夫君子無我有尤百爾所思不如我所之此義取小國有急控告大國在五章而傳言四章故云四章以下言其并賦五章

文子賦采薇之四章（註）采薇詩小雅取其豈敢定居一月三捷許為鄭還不敢安居○三息暫反又如字捷在接反【疏】一月三捷○正義曰捷勝也三者為侵也伐也戰也

鄭伯拜（註）謝公為行

公答

傅山戰國策校注批注手稿（國家圖書館藏）

虛（懼秦寬也）僞文信侯（虛與之河間）猶且知之也（如是秦猶知其不善巳況收河間乎〔正曰〕一本侯作疾亦難通疑侯字當在文信下敘亂上文從僞字句意明）從而有功乎何患不得收河間從而無功收河間何益也（〔正曰〕君唯飾虛僞謂合從之國虛僞難信君獨擇而不合則文信侯猶且知之也上言天下合從獨以趙惡秦故此言文信侯知趙之不合猶可以免攻也〔補曰〕從背之恭反）

希寫（趙人）見建信君建信君曰文信侯之於僕也甚無禮秦使人來仕僕官之丞相（使爲丞相官屬）爵五大夫（〔補曰〕秦武王二年初置丞相秦爵五大夫第九劉昭曰軍更也據此策則不特秦官趙亦有之戰國改置遞相效也）文信侯之於僕也甚矣其無禮也（言巳待之厚彼不宜無禮）希寫

矣君宋自知政言親國事則公無事公不如令楚賀君之孝則君不奪太后之事矣后時與政則公常用宋矣見用於宋丹盖太后之人(正曰)皆無考

宋與楚爲兄弟齊攻宋楚王成不救宋因賣楚重以求講於齊賣謂衒鬻之齊不聽蘇秦爲宋謂齊相曰不如與之講聽其以明宋之賣元作賓補曰一本作賣姚同楚重於齊也楚怒怒其背己而與齊講必絶於宋而事齊齊楚合則攻宋易矣蘇秦與剔成齊宣同時知非閔時(正曰)此必非景公時

剔成嗣辟公元年烈王七年壬子立(正曰)桓公大事記引蘇氏云按索隱汲冢紀年

武城願大夫之往也毋伐樹木毋發屋室訾然使王悟而知文訾不思稱意也言其不期得知而見知知其善任人也補曰一本知文也謹使遺吏之辭可全而歸之正曰謹使屬下句使如字補曰一本標御覽發作廢謹作催

齊欲攻宋閔三十八年此十三年正曰閔二十八年秦令起賈入姓名禁之齊乃援元作抹趙以伐宋以趙自助補曰齊欲攻宋乃收趙以自助宋未伐也故起李兌合五國以伐秦大事記梁王二十九年先書趙李兌約五國伐秦後書齊滅宋秦王昭怒屬怨於趙李兌約五國以伐秦韓趙魏燕齊也史不書獨趙策見之補曰大事記書楚齊趙韓魏救魏策五國約而攻秦楚王為從長不能復秦兵罷而留成皋與此李兌約五國攻秦無功留天下兵於成皋無合文謂兌雖主謀楚猶以大國為從長攄此故也無功留天

下之兵於成皐而陰講元從手從冓補曰姚云曾作講大事記同以下有已講字故也於秦又欲與秦攻魏以解其怨解秦怨而取封焉自封之封非封地正曰下文言取陰定封魏王昭不說之齊人補正曰大事記魏王不說齊人謂王云云愚謂之齊上有缺文當是人姓名謂齊王曰臣爲足下謂魏王曰三晉皆有秦患今之攻秦也爲趙也本作秦屬怨於趙故五國伐趙此設辭也言趙初約伐秦今乃與秦講若同伐趙趙可亡也趙必亡矣齊逐李兌講秦背齊不伐宋者兌也正曰姚本作秦逐大事記取李兌必死今之伐秦也以救李子之死也今趙留天下之甲於成皐而陰鬻之於秦已講則令秦攻魏以成其私封王

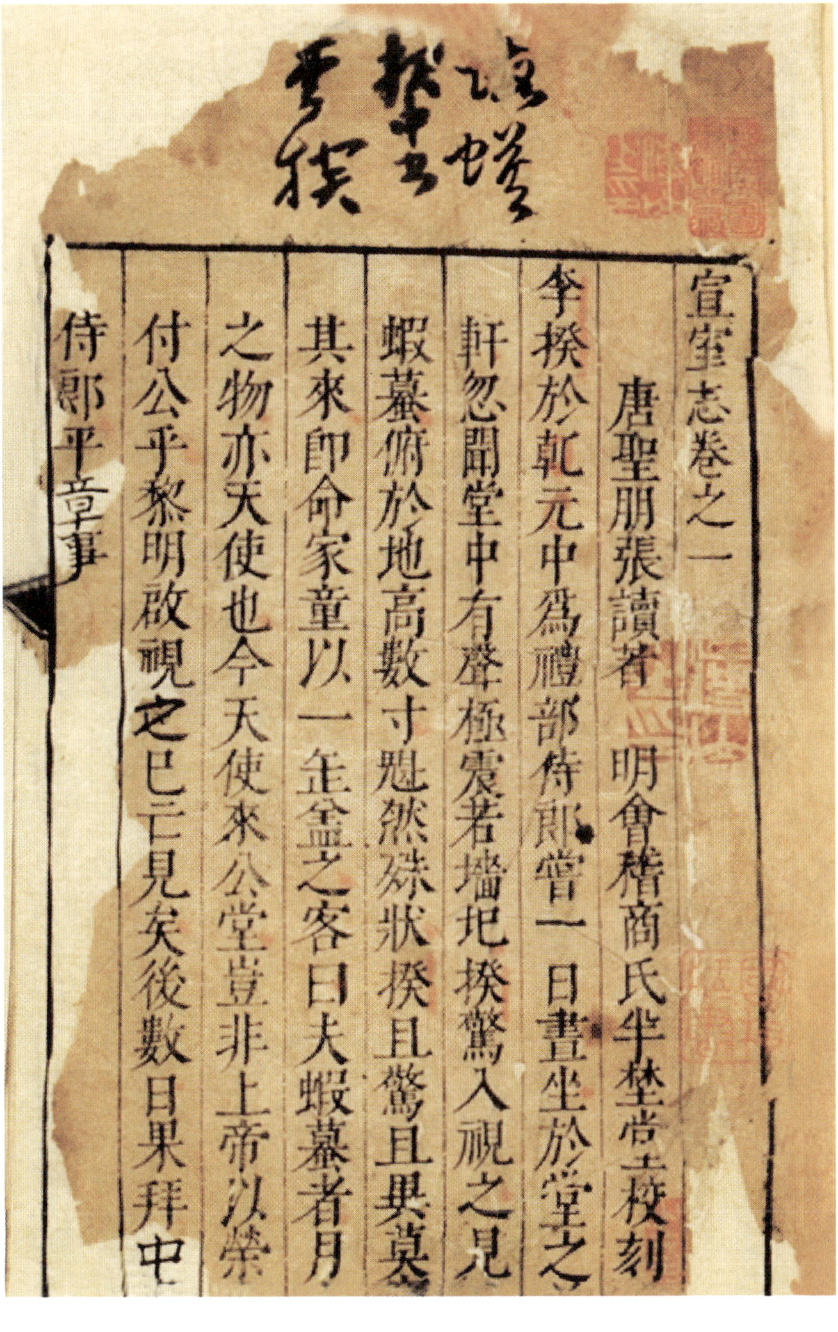
宣室志卷之一
唐聖朋張讀著　明會稽商氏半埜堂校刻
李揆於乾元中爲禮部侍郎嘗一日晝坐於堂之
軒忽聞堂中有聲極震若墻圮揆驚入視之見
蝦蟇俯於地高數寸魁然殊狀揆且驚且異莫
其來即命家童以一釜之客曰夫蝦蟇者月
之物亦天使也今天使來公堂豈非上帝以榮
付公乎黎明啟視之已亡見矣後數日果拜中
侍郎平章事

傅山宣室志批注手稿（臺北圖書館藏）

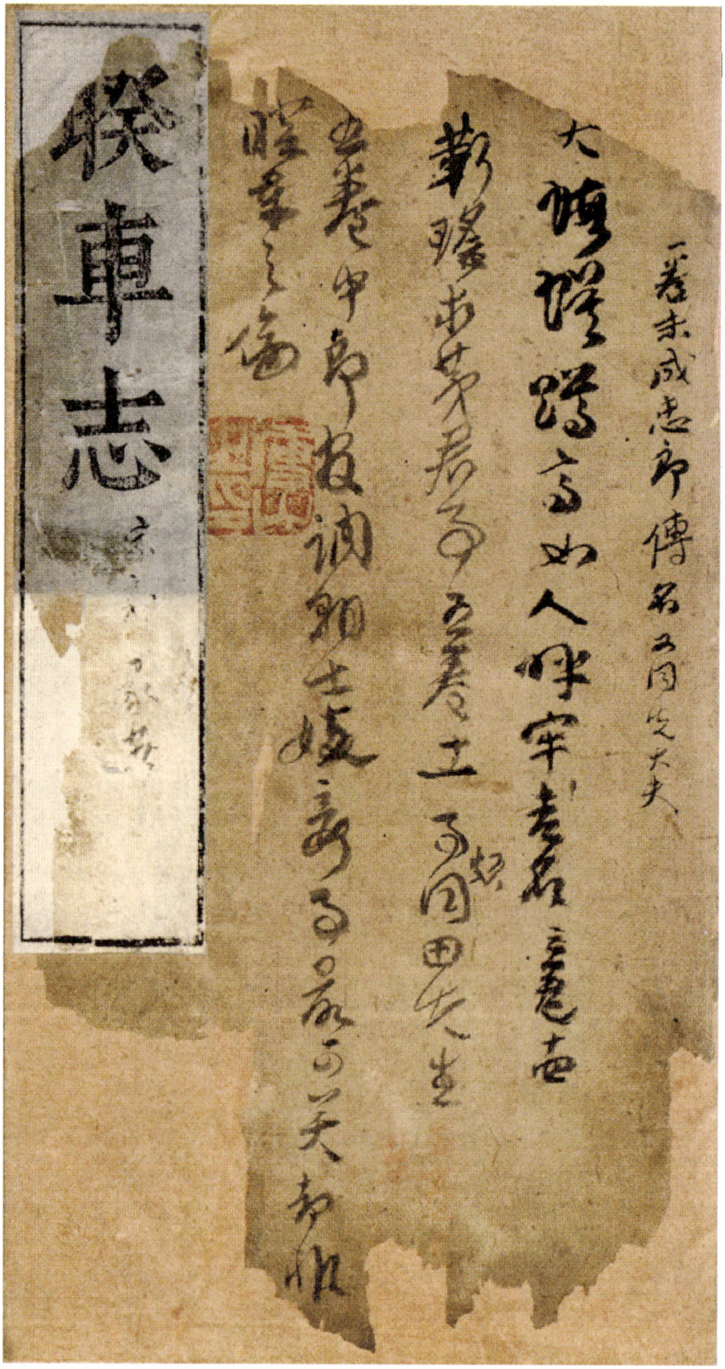

傅山睽車志批注手稿

（北京師範大學圖書館藏）

此又一種 [illegible]

謂陳曰君昔貯金五十星於小甖中埋床下盡取用之豈於巳女而有吝耶陳大驚曰汝何從知之但笑而不言蓋陳實嘗埋金他人無知者因取用之不期年而二女皆出適妻謂陳曰吾責巳塞今無餘事矣當置酒相賀乃與陳對飲極量懽甚各大醉而寢翌旦醒覺妻忽驚遽大呌曰此何所耶顧陳曰爾何人也陳大驚疑其心疾媵侍輩圍守妻驚恐惶惑問曰我何為在此媵侍曰夫人戍親一年豈不省耶妻都不曉俄其父母至撫慰之因

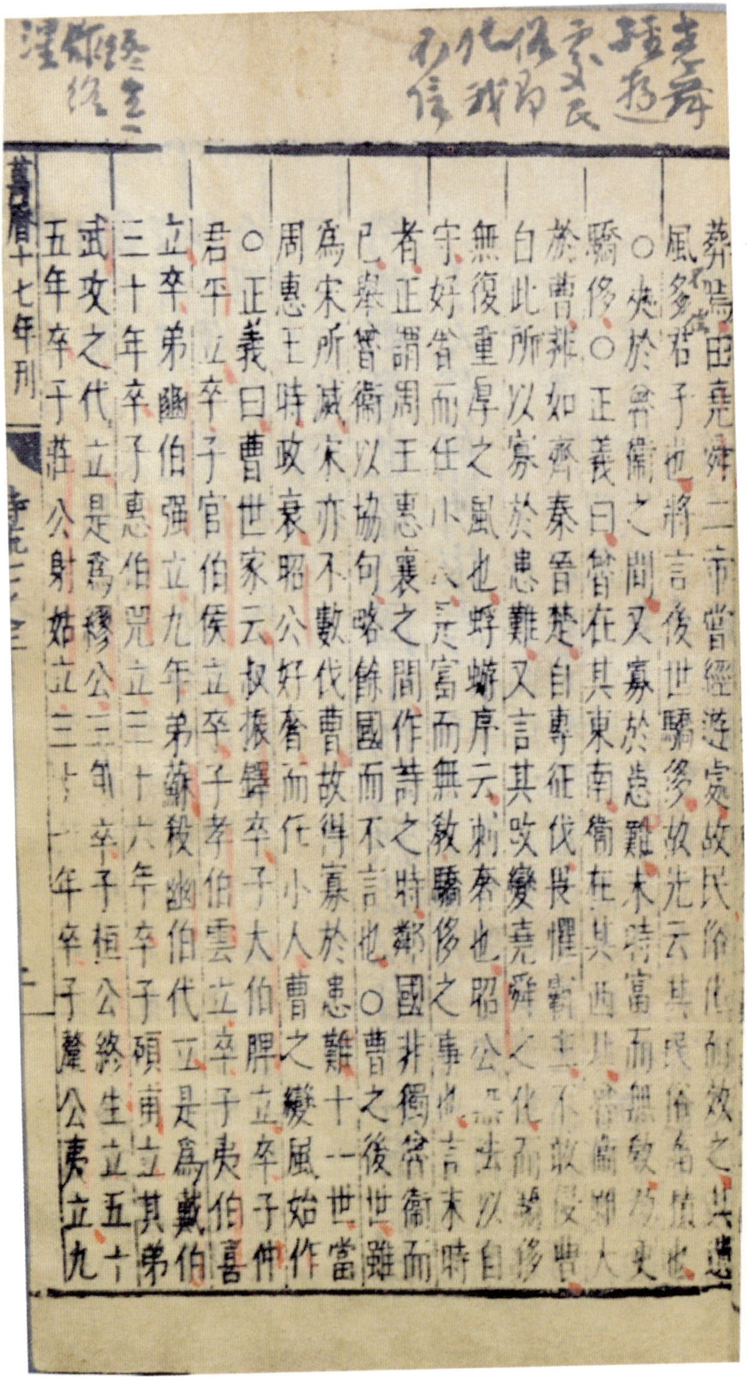

葬爲田堯舜二帝嘗經遊處故民俗化而效之其遺
風多君子也將言後世驕多故先云其民俗有儉也
○夾於魯衛之間又寡於患難末時富而無教乃更
驕侈○正義曰魯在其東南衛在其西北唯宋大
於曹非如齊秦晉楚自專征伐畏懼霸主不敢侵曹
自此所以寡於患難又言其政變堯舜之化而驕侈
無復重厚之風也蜉蝣序云刺奢也昭公無法以自
守好奢而任小人是富而無教驕侈之事也言末時
者正謂周王惠襄之間作詩之時鄭國非獨曹衛而
已舉曹衛以協句略餘國而不言也○曹之後世雖
爲宋所滅宋亦不數伐曹故得寡於患難十一世當
周惠王時政衰昭公好奢而任小人曹之變風始作
○正義曰曹世家云叔振鐸卒子太伯脾立卒子仲
君平立卒子宮伯侯立卒子孝伯雲立卒子夷伯喜
立卒弟幽伯彊立九年弟蘇殺幽伯代立是爲戴伯
三十年卒子惠伯兕立三十六年卒子石甫立其弟
武攻之代立是爲繆公三年卒子桓公終生立五十
五年卒子莊公射姑立三十一年卒子釐公夷立九

萬曆十七年刊

傅山毛詩註疏批注手稿（山西博物院藏）

第九册　目録

卷一百一十七　春秋左傳注疏批注〔一〕

文公六年

「賈季曰：不如立公子樂。」硃筆旁批：「胡說！」

文公七年

「三月甲戌，取須句，遂城郚。」硃筆旁批：「前文紀，那郚。」〔二〕

「夏四月，宋公王臣卒。」墨筆眉批：「不日。」〔三〕

「夏四月，宋成公卒。於是公子成爲右師，公孫友爲左師，樂豫爲司馬，鱗矔爲司徒，公子蕩爲司城。」硃筆於「鱗矔」旁批：「桓。」又於「公子蕩」旁批：「桓。」〔四〕

「先蔑將下軍，先都佐之。」硃筆眉批：「先蔑不見還晉之日。」

「酆舒問於賈季曰：『趙衰、趙盾孰賢？』對曰：『趙衰，冬日之日也；趙盾，夏日之日

〔一〕此篇據山西博物院藏批點手稿整理。批點底本爲明萬曆十九至二十年刊本，只存卷十九至二十、卷三十四至三十六與卷五十五至五十七三册。由孫蔭亭釋文，王愛國校補。重複書中詞句的批語未錄。

〔二〕此條，傅山全書初版本脫，據手稿補。

〔三〕此條，傅山全書初版本脫，據手稿補。

〔四〕此條，傅山全書初版本脫，據手稿補。

也。』」硃筆眉批：「賈季乃只能選詞。」

「及鄢陵，登城見之，美，自爲娶之。」墨筆旁批：「胡。」〔一〕

「仲請攻之，公將許之。叔仲惠伯諫曰」云云。注：「惠伯，叔牙孫。」墨筆旁批：「叔彭生也。」〔二〕

文公八年

「穆伯如周弔喪，不至，以幣奔莒，從己氏焉。」墨筆旁批：「胡。」〔三〕

文公九年

「秋八月，曹伯襄卒。」墨筆旁批：「不日。」〔四〕

文公十一年

「冬十月甲午，敗狄于鹹，獲長狄僑如。富父終甥摏其喉，以戈殺之。」正義：「考工記，戈之長六尺六寸耳，得及長狄之喉者」云云。硃筆旁批：「如何見得是長狄立地，而以其戈向上摏之

〔一〕此條，傅山全書初版本脱，據手稿補。
〔二〕此條，傅山全書初版本脱，據手稿補。
〔三〕此條，傅山全書初版本脱，據手稿補。
〔四〕此條，傅山全書初版本脱，據手稿補。

也？迂滯可笑！」

文公十二年

「胥甲、趙穿當軍門呼曰：『死傷未收而棄之，不惠也；不待期而薄人於險，無勇也。』乃止。」墨筆眉批：「穿先何勇于戰，而此忽爾爾？」

文公十三年

「鄭伯與公宴于棐。子家賦鴻鴈。季文子曰：『寡君未免於此。』文子賦四月。」墨筆眉批：「此行也，鄭貳于楚。文子賦四月，輒全篇無亦以『滔滔江漢，南國之紀。盡瘁以事，寧莫我有』以示譏誚貳於楚乎？」

文公十四年

「宋高哀爲蕭封人，以爲卿。」疏：「正義曰：蕭本宋邑」云云。墨筆旁批：「不待王命，即封爲諸侯耶。」〔二〕

「齊人定懿公，使來告難，故書以九月。」墨筆旁批：「卽商人。十八年爲邴歜、閻職殺。」

「冬，單伯如齊，請子叔姬。齊人執之。又執子叔姬。」墨筆旁批：「公羊以爲單伯遂淫叔姬。」

〔二〕此條，傅山全書初版本脫，據手稿補。

文公十六年

「有蛇自泉宮出，入于國，如先君之數。」釋文：「史記魯世家：魯公伯禽子考公酋，弟煬公熙，子幽公宰，弟魏公費，子厲公躍，子鄭公其，子順公濞，弟武公敖，子懿公獻。」硃筆眉批：「考作耆，宰作圉，魏作徽，費作潰，躍作擢，獻作戲。」

宣公三年

「冬，鄭穆公卒。初，鄭文公有賤妾曰燕姞，夢天使與己蘭。」正義：「明是夢者恍惚之言耳」云云。墨筆眉批：「夢妙不可言，那得爾舉辨！」

「孔將鉏、侯宣多納之，盟于大宮而立之，以與晉平。穆公有疾，曰：『蘭死，吾其死乎？吾所以生也。』刈蘭而卒。」墨筆眉批：「七穆之族從此起。」

襄公十九年

「取邾田自漷水，歸之于我。」正義：「漷水移入邾界」云云。硃筆眉批：「漷移之說甚苛。」

襄公二十一年

「九月庚戌朔，日有食之。冬十月庚辰朔，日有食之。」墨筆尾批：〔二〕「一連兩月日食。」

「傳，二十一年春，公如晉拜師，及取邾田也。邾庶其以漆、閭丘來奔。季武子以公姑姊妻之。」釋文：「公姑姊，杜以公之姑及姊，是二人也。」硃筆眉批：「傅山曰：若是二人，一時以一姑、一姊與庶其，令尊卑之間，何爲顏面？孔尊杜駁劉，以襄姑太老，似矣。然卽如杜義，姑姊同嫁一人，成何禮法？亦何不可謂之爲姑之女，于我爲姊行者嫁之，如今云表姊也？」

「復討公子牙之黨，執公子買于句瀆之丘。公子鉏來奔。叔孫還奔燕。」墨筆眉批：「此燕不知南北。」

「欒桓子娶於范宣子，生懷子。范鞅以其亡也，怨欒氏，故與欒盈爲公族大夫而不相能。」「欒桓子」旁墨筆批：「黶是范宣子之婿。」「范宣子」旁墨筆批：「匄。」「懷子」旁墨筆批：「盈」。「范鞅」旁墨筆批：「匄之子，是盈之母舅。」墨筆眉批：「女婿爲弟死，怨婦翁，而令必逐妻弟。古道哉！古道哉！」注：「十四年欒黶彊逐范鞅使奔秦。」墨筆旁批：「棫林之役，欒鍼與鞅馳秦師，死，鞅獨反。黶謂匄曰：『余弟不欲往』云云。鞅奔秦。」

「桓子卒，欒祁與其老州賓通，幾亡室矣。懷子患之。祁懼其討也，愬諸宣子曰：『盈將爲亂，以范氏爲死桓主而專政矣，曰：「吾父逐鞅也，不怒而以寵報之，又與吾同官而專之。吾父死而益富。死吾父而專於國，有死而已。吾蔑從之矣。」其謀如是，懼害於主，吾不敢不言。』范鞅爲之

〔二〕「尾批」，傅山全書初版本誤作「旁批」，據手稿改。

徵。懷子好施，士多歸之。宣子畏其多士也，信之。懷子爲下卿，宣子使城著而遂逐之。秋，欒盈出奔楚。」墨筆眉批：「老淫無良，忍殺生子。」「懷子患之」旁墨筆批：「盈。」「以范氏爲死桓主而專政矣。」「桓主」旁墨筆批：「指黶。」〔二〕「吾父逐鞅」旁墨筆批：「此卻説得無情無理。豈有父不愛子，而反欲令向女婿之意乎？」「遂逐之」旁墨筆批：「外祖逐外甥。」

襄公二十二年

「楚人猶競，而申禮於敝邑。敝邑欲從執事，而懼爲大尤，曰：『晉其謂我不共有禮。』是以不敢攜貳於楚。」硃筆旁批：「只是文。」硃筆眉批：「此有禮是指楚耶？只是漫言無禮耶？」

「祭以特羊，殷以少牢。」正義：「諸侯之大夫，止用少牢。」硃筆眉批：「大夫有用大牢時。」

「子展廢良而立大叔，曰：國卿，君之貳也，民之主也，不可以苟。請舍子明之類。」墨筆眉批：「快事。子展處分亦快。」

襄公二十三年

「三月己巳，杞伯匄卒。」注：「五同盟。」疏：正義曰：「匄以七年卽位，九年盟於戲」云云。墨筆旁批：「若會，尚有十年柤之會。」〔三〕

〔二〕「懷子」、「桓主」兩旁批，傅山全書初版本脱，據手稿補。
〔三〕此條，傅山全書初版本脱，據手稿補。

「晉將嫁女于吳，齊侯使析歸父媵之。」硃筆眉批：「此析歸父當卽前子家也，注不言。」

「故公鉏氏富，又出爲公左宰。」註：「出季氏家，臣仕於公。」硃筆旁批：「公鉏出仕于公。」

「齊侯還自晉，不入，遂襲莒。門于且于，傷股而退。明日，將復戰，期于壽舒。杞殖、華還載甲夜入且于之隧宿於莒郊。」正義：「檀弓說此事云：『齊莊公襲莒于奪，杞梁死焉。』言于奪，則當爲地名。鄭玄引此傳云，隧、奪聲相近，言其與此一事，則此亦爲地名。」硃筆眉批：「奪、隧聲亦不甚相近。」

襄公二十四年

「秋七月甲子朔，日有食之。」「八月癸巳朔，日有食之。」墨筆旁批：「一連兩月日食。」

「崔杼帥師送之，遂伐莒，侵介根。」注：「介根，莒邑，今城陽黔陬縣東北計基城是也。」釋文：「漢書作斤。如淳：斤音基。」墨筆眉批：「基、介、斤三字皆同母。」〔一〕硃筆根批：「介根、計基音轉。」

「二子在幄，坐射犬于外。」墨筆旁批：「不可與耳。」

「且夫既登而求降階者，知人也。不在程鄭。其有亡釁乎！不然，其有惑疾，將死而憂遠也。」疏：「何休難此云，善言者，君子所尚」云云。硃筆眉批：「何休高雅。」〔二〕

〔一〕「同母」，傅山全書初版本誤作「回母」，據手稿改。

〔二〕此條，傅山全書初版本脫，據手稿補。

定公六年

「二月，公侵鄭，取匡，爲晉討鄭之伐胥靡也。往不假道於衛；及還，陽虎使季、孟自南門入，出自東門。」硃筆眉批：「衛南門、東門。」〔二〕

定公八年

「陽虎前驅。林楚御桓子」云云。硃筆眉批：「林楚救了季桓子。」

定公九年

「秋，齊侯伐晉夷儀。」墨筆眉批：「此夷儀當是晉地。」

「敝無存之父將室之，辭，以與其弟，曰：此役也不死，反心娶于高、國。」硃筆旁批：「志乃爾。」

「會于洮，大子蒯聵獻盂於齊，過宋野。野人歌曰：『既定爾婁豬，盍歸吾艾豭？』」疏：正義曰：「此會于洮」云云。墨筆眉批：「正義辨得。」〔三〕

〔二〕此條，傅山全書初版本脱，據手稿補。

〔三〕此條，傅山全書初版本脱，據手稿補。

哀公元年

「逢滑當公而進曰：『臣聞國之興也以福，其亡也以禍。今吳未有福，楚未有禍。楚未可棄，吳未可從。而晉，盟主也；若以晉辭吳，若何？』公曰：『國勝君亡，非禍而何？』」墨筆眉批：「國勝卽勝國之義。可見『勝』字亦可用于未亡之國。」

哀公三年

「三年春，齊國夏、衛石曼姑帥師圍戚。」「正義曰：春秋行兵征伐」云云。硃筆旁批：「好文章。」又墨筆眉批：「公羊大小學。」〔一〕

「公父文伯至，命校人駕乘車。」墨筆眉批：「定五年，文伯爲陽虎逐奔齊矣，書何自來？」

「秋，季孫有疾，命正常曰：無死。」注：「正常，桓子之寵臣。欲付以後事，故勑令勿從己死。」硃筆旁批：「然則當時大夫死，定有寵臣從死者邪？」

「康子請退。公使共劉視之，則或殺之矣，乃討之。」「則或殺之」旁硃筆批：「還是康子。」

哀公五年

「昭子曰：『夫非而讎乎？』對曰：『私讎不及公，好不廢過，惡不去善，義之經也。』」墨筆

〔一〕此條，傅山全書初版本脫，據手稿補。

眉批：「過字當去聲，無音。」〔一〕

〔一〕　此條，傅山全書初版本脱，據手稿補。

卷一百一十八　戰國策校注批注[一]（上）

卷六

第一册書衣墨筆題：「散葉亂牒，可惜了。潦艸緝訂，著些兒一行半句，也是寶貝。録傅語。」

蘇秦從燕之趙章

「乃封蘇秦爲武安君，飾車百乘，黄金千鎰，白璧百雙，錦繡千純，以約諸侯。」硃筆眉批：「武安君。」鮑彪注：「此張儀所以投隙而趙使諸侯之智少靈於連雞。」硃筆將「趙」字删去。

蘇秦爲趙王使於秦章

「蘇秦爲趙王使於秦。」硃筆眉批：「蘇秦。」

「吾所苦夫鐵銛然，自入而出夫人者。」鮑彪注：「元作鉆，下同。」「銛言鐵之利，若鉆則鐵銸也，義不合此。」墨筆眉批：「鐵銛。『鉆』字亦非，定是『鉆』字。鉆與鉗同，故注曰珮也。若從取者，又一字。」

[一] 此篇據國家圖書館藏傅山批注手稿整理。批注底本爲戰國策校注，宋鮑彪校注，元吴師道重校，明萬曆九年（一五八一年）巴陵張一鯤刊本，存五卷（卷六至十），三册。由趙愛學整理。原書中間有多處爲人撕去，甚是遺憾。傅山全書初版本未收。

「今臣使於秦，而三日不見，無有爲臣爲『鐵銛』者乎。」鮑彪注：「無有，言得無有也。」墨筆旁批：「亦不甚易解。」

齊破燕趙欲存之章

「齊破燕，趙欲存之。樂毅謂趙王曰」云云。硃筆眉批：「樂毅。」又墨筆小字旁注：「未韻。」「不如請以河東易燕地於齊。」墨筆眉批：「此河東非今之所謂河東也。當是近齊地者。」鮑彪注：「齊破燕，所謂地近趙，趙以河東易之。」硃筆校改「謂」字爲「得」字。

「楚、魏憎之，令淖滑、惠施之趙，請伐齊而存燕。」硃筆眉批：「淖滑。惠施。」又墨筆眉批：「楚策又作卓滑。」

張儀爲秦連横説趙章

「張儀爲秦連横説趙王曰」云云。硃筆眉批：「張儀。」

「敝邑秦王使臣敢獻書於大王御史。大王收率天下以儐秦，秦兵不敢出函谷關十五年矣。」「秦雖僻遠，然而心忿悁含怒之日久矣。」硃筆眉批：「腔腸跌宕，通章無一句不可辭令者。」

「凡大王之所信以爲從者，恃蘇秦之計。」墨筆眉批：「蘇秦。」

「先王之時，奉陽君相，專權擅勢，蔽晦先王，獨制官事。」硃筆眉批：「奉陽君。」

甘茂爲秦約魏章

「甘茂爲秦約魏以攻韓宜陽。」硃筆眉批：「甘茂。」又墨筆注：「德韻。」

「泠向謂强國曰：不如令趙拘甘茂勿出，以與齊、韓、秦市。」硃筆眉批：「泠向。强國。」又墨筆小字旁注：「德韻。」墨筆於「泠向」旁批：「只是一片得心。」

「秦王欲得宜陽，不愛名寶。且拘茂也，且以置公孫赫、樗里疾。」硃筆眉批：「公孫赫。樗里疾。」

武靈王平晝閒居章

「武靈王平晝閒居，肥義侍坐。」先硃筆後墨筆描眉批：「肥義。」

「是以賢君靜而有道民便事之教，動而有明古先世之功。」硃筆校改「古」字爲「右」字。

「王遂胡服。使王孫緤告公子成曰」云云。硃筆眉批：「王孫緤。公子成。」

「故明德在於論賤，行政在於信貴。」硃筆旁批：「好話。」又墨筆眉批：「明德在於論賤，行政在於信貴。」

「今寡人作教易服，而叔不服」云云，「今胡服之意，非以養欲而樂志也。事有所出，功有所止；事成功立，然後德可見也。」墨筆旁批：「古文往往雜迂句于中，此類是也。然有絕妙者，此卻不妙。」又墨筆眉批：「『德』字易以上『教』字，則少醒。」

「且寡人聞之，事利國者行無邪。」硃筆旁批：「此邪字（下殘）。」

「遠方之所觀赴也，蠻夷之所義行也。」吳師道注：「自『中國者』至此，似周官夫司徒文。」硃筆改「夫」字爲「大」字。

「被髮文，錯臂左衽。」吳師道注：「索隱云：錯臂亦文身，謂其丹青錯畫其臂。孔衍作右臂，謂右祖其臂也。」硃筆改「祖」字爲「袒」字。

「黑齒雕題，鯷冠秫縫，大吳之國也。」硃筆眉批：「史記作『卻冠』。注又引作『鮭冠黎緤』。」

「變服騎射，以備燕、參胡、樓煩、秦、韓之邊。」「參」字旁硃筆批：「東。」

「趙文進諫曰：農夫勞力而君子養焉，政之經也；愚者陳意而智者論焉，教之道也。」硃筆眉批：「趙文悶。」

「且夫三代不同服而王，五霸不同教而政；智者作教而愚者制焉，賢者議俗不肖者拘焉。」硃筆眉批：「一段悶話。」

「趙造諫曰：隱忠不竭，姦之屬也；以私誣國，賤之類也。」欄外原刻評語：「此等如法凡數見。」硃筆改「如」字爲「句」字。又硃筆眉批：「趙造。」

「然則反古未可非，而偱禮未足多也。」硃筆改「偱」字爲「循」字。

「故循法之功不足以高世，法古之學不足以制今。子其勿反也。」鮑彪注：「趙記十九年有，無二趙諫祠。」硃筆改「祠」字爲「詞」字。

王立周紹爲傅章

「王立周紹爲傅。」硃筆眉批：「周紹。」又墨筆小字旁注：「上聲，小韻。」

「故寡人以子之智慮爲辯足以道人，危足以持難。」鮑彪注：「危言有危苦之持。」硃筆改「持」字爲「時」字。

「循計之事，佚而不累；訪議之行，窮而不憂。」硃筆眉批：「訪問而議論。」

「雖然，臣，王之臣也，而王重命之，臣敢不聽令乎？」硃筆旁批：「其依胡服之教也，忽焉

（下殘二字）。」

「遂賜周紹胡服衣冠，具帶、黃金師比，以傅王子。」吳師道注：「漢書佞幸傳：孝惠時，郎、侍中皆冠鵕鸃、貝帶。」鮑彪注：「鵕鸃，讀曰『私鈚頭』三字。」墨筆眉批：「鵕鸃冠。私鈚頭。」

「黃金師比，以傅王子。」吳師道注：「漢書：黃金犀比。」師古云：「胡帶之鉤也。」硃筆改「古」字爲「古」字。

趙燕后胡服章

「趙燕后胡服。」硃筆眉批：「趙燕。」

王破原陽以爲騎邑章

「王破原陽以爲騎邑。牛贊進諫曰：國有固籍，兵有常經」云云。硃筆眉批：「牛贊。」又墨筆眉批：「以原陽爲騎邑。」

「昔者先君襄主與代交地，城境封之，名曰『無窮之門』。」墨筆眉批：「無窮門。」

「至遂胡服，率騎入胡，出於遺遺之門，踰九限之固，絕五徑之險，至胡中，辟地千里。」墨筆眉批：「遺遺之門，九限之固。」「遺遺之門」鮑彪注：「此門義取胡者古今所遺。」墨筆於後六字旁標「×」號。

魏敗楚於陘山章

「魏敗楚於陘山，禽唐明。」硃筆眉批：「唐明。」
「楚王懼，令昭應奉太子以委和於薛公。」硃筆眉批：「昭應。」又墨筆眉批：「薛公。」
「主父欲敗之，乃結秦連楚、宋之交。」硃筆旁批：「不欲楚與齊合。」
「令仇赫相宋，樓緩相秦。」硃筆眉批：「仇赫。樓緩。」

趙使仇赫之秦章

「趙使仇赫之秦，請相魏冉。」硃筆眉批：「仇赫。魏冉。」
「宋突謂仇赫曰：秦不聽，樓緩必怨公，公不若陰辭樓子。」硃筆眉批：「宋突。」又墨筆批注：「月韻，沒。」又硃筆眉批：「樓緩。」

謂趙王曰三晉合而秦弱章

「今攻楚，休而復之，已五年矣。」鮑彪注：「休，罷其；復，復攻。」硃筆改「其」字爲「兵」字。

富丁欲以趙合齊魏章

「富丁欲以趙合齊、魏，樓緩欲以趙合秦、楚。富丁恐主父之聽樓緩而合秦、楚也。」硃筆眉批：「富丁。樓緩。」又墨筆眉批：「主父。」

「司馬淺爲富丁謂主父曰：不如以順齊。」硃筆眉批：「司馬淺。」

「今我不順齊伐秦，秦、楚必合而攻韓、魏。韓、魏告急於齊，齊不欲伐秦，必以趙爲辭。」墨筆眉批：「司馬淺，欲合齊、魏者。」

「今我順而齊不西，韓、魏必絶齊，絶齊則皆事我。」墨筆旁批：「此句說事勢，百（下殘）。」

「主父曰：我與三國攻秦，是俱敝也。」墨筆眉批：「主父。」

「曰：不然！我約三國而告之以未構中山也。」硃筆旁批：「奸狡兑那，無恥蔑甚。」

「中山聽之，是我以三國饒中山而取地也。」鮑彪注：「饒猶益也。以三國欲和我，故益得取地於中山。」硃筆眉批：「『饒』解『益』字，不如『寬』字。」

「我分兵而孤，中山必亡。」「中山」二字旁硃筆批：「此處有缺。」

魏因富丁且合於秦章

「魏因富丁且合於秦，趙恐，請效地於魏而聽薛公。」硃筆眉批：「富丁。薛公。」

「教子欬謂李兑曰：趙畏横之合也，故欲效地於魏而聽薛公。公不如令主父以地資周最，而請相之於魏。」硃筆眉批：「子欬。」又墨筆小字旁注：「隊韻，代。」又硃筆眉批：「李兑。」墨筆小注：「泰。」又硃筆眉批：「周最。」墨筆小注：「泰。」又墨筆眉批：「主父。」

「周最以天下厚秦者也，今相魏，魏、秦必虚矣。」墨筆旁批：「只是要離秦、魏之合。」

三國攻秦趙攻中山章

「三國攻秦。趙攻中山，取扶柳，五年以擅呼沱。」墨筆旁批：「始以中山之扶柳換齊之鼓。」

（「換」字下部殘。）吳師道注：「漢志：其地有扶澤，澤中多柳，故名。」二「澤」字原書少「氵」，硃筆補全。

「齊人戎郭、宋突謂仇赫曰：不如盡歸中山之新地。」墨筆旁批：「此是戎、宋兩人爲中山者之言。」又硃筆眉批：「戎郭。宋突。仇赫。」

「中山案此，言於齊曰：四國將假道於衛，以過章子之路。」墨筆眉批：「案。」硃筆根批：「案。」又墨筆眉批：「章子。」

「齊聞此，必效鼓。」墨筆旁批：「此是齊人信了齊教得趙取齊地。」

腹擊爲室而鉅章

「腹擊爲室而鉅，荊敢言之主。」硃筆眉批：「腹擊。荊敢。」「敢」字又描以墨筆。

「今擊之鉅宮，將以取信於百姓也。主君曰：善。」鮑彪注：「此曰『主』，曰『主君』，主父故在也。然則上章『五』當作『三』。」硃筆改「五」字爲「三」字，改「三」字爲「主」字。吳師道注：「齊侯使高張言公，稱主君。子家子曰：齊卑君矣。上君，大夫之稱也。」硃筆改「上」字爲「主」字。

蘇秦說李兑章

「蘇秦說李兑曰：雒陽乘軒車蘇秦」云云。硃筆眉批：「蘇秦。李兑。」吳師道注：「一本『乘軒里』。既曰『乘軒車』而下又云『無罷車駑馬』，則此作『里』字爲是。」硃筆旁批：「此語不通。」正文「車」字旁墨筆批：「里。」

「寄宿人田中，傍有大叢。夜半，土梗與木梗鬬，曰：汝不如我，我者乃土也。」墨筆眉批：「大叢。土梗。木梗。」

「今君殺主父而族之，君之立於天下，危於累卵。」墨筆眉批：「主父。」

「李兑舍人謂李兑曰：『臣竊觀君與蘇公談也，其辯過君，其博過君，君能聽蘇公之計乎？』李兑曰：『不能。』舍人曰：『君卽不能，願君堅塞兩耳，無聽其談也。』」硃筆眉批：「舍人之所以說李兑者，不見其詞也。」

趙王封孟嘗君以武城章

「趙王封孟嘗君以武城。孟嘗君擇舍人以爲武城吏。」墨筆眉批：「武城吏。〔二〕舍人。」又硃筆眉批：「孟嘗君。」

「夫所借衣車者，非親友，則兄弟也。夫馳親友之車，被兄弟之衣，文以爲不可。」墨筆眉批：「人家東西是土塊所從來矣。」

「願大夫之往也，毋伐樹木，毋發屋室，訾然使趙王悟而知文謹，使可全而歸之。」墨筆眉批：「訾然。」吳師道注：「『謹使』屬下句。使，如字。」硃筆旁批：「知文之謹于用人，『謹使』屬上句何不可？」〔三〕鮑彪注：「訾，不思稱意也，言其不期得知而見知，知其善任人也。」硃筆根批：「訾然。」又墨筆根批：「如本文義，『訾然』當屬王上言，王以武城封孟嘗君時，不想到孟嘗能如

〔二〕「吏」，手稿作「君」，據文意改。

〔三〕「可」，手稿作「不」，據文意改。

此，『毋伐樹木，毋發屋室』。如注義，則『訾然』屬之孟嘗矣，無味。」

齊欲攻宋章

「齊欲攻宋，秦令起賈禁之。」硃筆眉批：「起賈。」

「秦王怒，屬怨於趙。李兌約五國以伐秦，無功。」墨筆眉批：「李兌。」

「留天下之兵於成皋，而陰講於秦。」硃筆眉批：「陰講。」又墨筆眉批：「此『講』是『講和』之『講』。從手則爲『構怨』之『構』。然古無從手之『搆』，但有從木之『構』。」

「又欲與秦攻魏，以解其怨而取封焉。」硃筆旁批：「兌奴急着。」

「魏王不說之，齊人謂齊王曰」云云。硃筆眉批：「齊人。」

「三晉皆有秦患。今之攻秦也，爲趙也。」鮑彪注：「本作秦屬怨於趙故。」硃筆改「作」字爲「爲」字。

「秦逐李兌，李兌必死。」墨筆眉批：「李兌。」

「今趙留天下之甲於成皋，而陰鬻之於秦，已講，則令秦攻魏以成其私封。」硃筆眉批：「已講。」

「如王若用所以事趙之半收齊」云云。硃筆旁批：「此是本意。」

「韓珉處於趙，去齊三千里。」硃筆眉批：「韓珉。」

「今王又挾故薛公以爲相，善韓徐以爲上交，尊虞商以爲大客」云云。墨筆眉批：「薛公。」又硃筆眉批：「韓徐。虞商。」

「於是魏王聽此言也甚詘」云云。鮑彪注：「此下比士自陳其說魏之效。」硃筆改「比」字爲

「此」字。

「臣願王之亟聞魏而無庸見惡也，臣請爲王推其怨於趙。」墨筆於二「王」字旁批：「齊。」

「秦見之且亦重趙。」鮑彪注：「天下得趙則强。使秦知齊重趙」云云。原書「重」字缺下部二横劃，硃筆補全。

「臣故欲王之偏劫天下，而皆私甘之也。」鮑彪注：「私則所謂無使見也。」硃筆改「便」字爲「使」字。

「王使臣以韓、魏與燕劫趙，使丹也甘之。」硃筆眉批：「丹。」

「以三晉劫秦，使順也甘之。」墨筆眉批：「順。」

齊將攻宋而秦楚禁之章

「齊乃令公孫衍説李兑以攻宋，而定封焉。」硃筆眉批：「公孫衍。李兑。」

「李兑乃謂齊王曰」云云。硃筆於「李兑」二字旁批二「×」號。吴師道注：「下『李兑』二字必誤。下云『使公孫衍説奉陽君』，即述上文『令公係衍説李兑』也，其下豈得爲兑言乎？」墨筆改「係」字爲「孫」字。又墨筆眉批：「奉陽君李兑。」

「臣爲足下使公孫衍説奉陽君。」硃筆眉批：「奉陽君。」

「臣又願足下有地效於襄安君以資臣也。」硃筆眉批：「襄安君。」

「若足下本得志於宋，與國何敢望也？」硃筆改「本」字爲「不」字。

齊攻宋奉陽君不欲章

「齊攻宋，奉陽君不欲。」硃筆眉批：「奉陽君。」

「君之春秋高矣，而封地不定，不可不熟□也。」「□」字模糊，硃筆旁批爲「圖」。

「此百代之一時也。」吴師道注：「復相忠，乃封於穰，後益封陶，號曰穰侯。」硃筆改「忠」字爲「冉」字。

五國伐秦無功章

「蘇代謂齊王曰：臣以爲足下見奉陽君矣。」硃筆眉批：「蘇代。奉陽君李兑。」

「天下散而事秦，秦必據宋。魏冉必妬君之有陰也。」硃筆眉批：「魏冉。」

「願得趙，足下雄飛，與韓氏大，吏東勉齊王，必無名禁珉也。」墨筆眉批：「雄飛。」鮑彪注：「前齊嘗使韓珉處趙，有秦私也。」墨筆眉批：「珉。」

「齊、秦非復合也，必有觭重者矣。」硃筆眉批：「觭重。」

「天下爭秦，秦王受負海之國，合負親之交。」硃筆於「爭」字旁批「事」字。又墨筆眉批：「負親之交。」吴師道注：「天下嘗横而親秦矣，見而負之，今復合之。」硃筆於「見」字旁批一「×」號。

「秦王内韓珉於齊，内成陽君於韓，相魏懷於魏。」硃筆眉批：「韓珉。成陽君。魏懷。」

「復合衍，交兩王。」鮑彪注：「公孫衍時相魏，雅不善秦，今相懷，因使合之。」硃筆眉批：「公孫衍。」

「王賁、韓佗之曹」。硃筆眉批：「王賁。韓佗。」又於「賁」字旁墨筆小字注：「寘韻。」

「秦堅燕、趙之交以伐齊，收楚與韓珉而攻魏。」硃筆眉批：「韓珉。」

「乃絕和於秦，而收齊、魏，以成取陰。」吳師道注：「按蘇代說燕之辭，曰『齊□，輔之以宋、楚，魏必恐，恐必西事秦』，使當時齊與林、魏合，其言豈若是乎？」「□」字模糊不清，硃筆改爲「强」，又硃筆改「林」字爲「宋」字。吳師道注：「史稱齊既皮宋」云云。硃筆改「皮」字爲「破」字。吳師道注：「年表燕破齊之年，書楚、趙取齊淮比，大事記曰之。」硃筆改「比」字爲「北」字，又硃筆刪去「曰之」之「之」字。

趙收天下且以伐齊蘇厲章

「趙收天下，且以伐齊。蘇厲爲齊上書說趙王曰」云云。硃筆眉批：「蘇厲。」

「秦以三軍强弩坐羊腸之上，卽地去邯鄲二十里。」墨筆眉批：「羊腸。」

「今踰勾注禁常山而守，三百里通於唐曲遇。」墨筆眉批：「曲遇。」

「反温、軹、高平於魏」。墨筆旁批：「史作『反高平、根柔于魏』。」

「反三公、什清於趙。」硃筆眉批：「三公、什清。」墨筆旁批：「史作『反巠分、先俞于趙』。」

「夫齊、韓事趙，宜爲上交。」墨筆於「交」字旁批：「史作『佼』。」

「臣願大王深與左右羣臣卒計而重謀，先事成慮而熟圖之也。」吳師道注：「燕昭王與趙、韓、魏、秦其擊齊，齊敗走。」硃筆改「其」字爲「共」字。

秦攻趙藺離石祁拔章

「趙以公子部爲質於秦。」硃筆眉批：「公子部。」又墨筆旁批：「此公子不知後來如何下落。」

「請内焦、黎、牛狐之城以易藺、離石、祁於秦。」墨筆眉批：「牛狐城。」

「秦王怒，令公子繒請地。趙王乃令鄭朱對曰」云云。硃筆眉批：「公子繒。鄭朱。」

「秦王大怒，令衛胡易伐趙，攻閼與。」硃筆眉批：「衛胡易。」

「趙奢將救之，魏令公子咎以鋭師居安邑，以挾秦。」硃筆眉批：「趙奢。公子咎。」

「秦敗於閼與，反，攻魏幾。廉頗救幾，大敗秦師。」硃筆眉批：「魏幾。廉頗。」吳師道注：「赧王二年，秦拔趙藺，虜趙莊、藺弓。」墨筆眉批：「趙莊。藺弓。」

鄭同比見趙王

「鄭同比見趙王。」硃筆眉批後描以墨筆：「鄭同。」

「兵固天下之徂喜也。」硃筆眉批：「狙喜。」又墨筆眉批：「徂。」

「今告以理則不可，說以義則不聽。」墨筆眉批：「理。」

樓緩將使章

「樓緩將使，伏事，辭行。」硃筆眉批：「樓緩。」

「王不聞公子牟夷之於宋乎？」硃筆眉批：「公子牟夷。」又墨筆眉批：「左傳『宋公子目夷』，不作『牟』。」

「文張善宋，惡公子牟夷，宋寅然之。」硃筆於「寅」字旁批一「×」，並墨筆旁批：「公。」

「王不聞公子牟夷之於宋乎？非肉不實。文張善宋，惡公子牟夷，宋寅然之。今臣之於王，非宋之於公子牟夷也。而惡臣者過文張。故臣死不復見於王矣。」墨筆眉批：「此戰國遊士拏把其君之常言。」

燕封宋人榮蚠章

「燕封宋人榮蚠高陽君。」硃筆眉批：「榮蚠。高陽君。」

「命以與齊，而以求安平君而將之。」墨筆於「安平君」旁批：「田單。」

「馬服君謂平原君曰：國奚無人甚哉！君致安平君而將之，覆軍殺將之所取，割地於敵國者也。」硃筆眉批：「安平君。馬服君。平原君。」又墨筆於「馬服君謂平原君」旁批：「奢。亦是自薦之言。」又墨筆於「國奚無人甚哉」旁批：「此誠不可解。」

「且君奚不將奢也？」墨筆眉批：「趙奢。」

「馬服君曰：君過矣！君之所以求安平君者」云云，「使安平君智，則奚以趙之强爲？趙强，則齊不復霸矣。」墨筆眉批：「坐得五十七城，在齊有甚不肯令安平來？在安平，有何不□必欲與燕死戰？」又墨筆於「奚以趙之强」旁批：「其意何肯使趙爲强國？」

「令士大夫餘子之力盡於溝壘，車、甲、羽、毛裂敝，府庫廩虛，兩國交以習之，乃引其兵而歸。」墨筆眉批：「裂敝。」又墨筆於「虛」字以下旁批：「此『虛』字連上讀明白矣，而于下文『兩國』句無味。」又墨筆於「兩國交以習之」旁批：「似當連下讀，謂府庫倉廩，以軍興曠日，虛其兩國，令交以玩弄不戰。」

「夫盡兩國之兵，無明此者矣。」墨筆旁批：「謂燕、趙兩國之兵被齊弄得幾盡，此事極明白易見者。」

「是軍也，懸釜而炊，得三城。」墨筆旁批：「以五十七城換得此三城。」

趙惠文王三十年章

「相平都君田單問趙奢曰」云云。硃筆眉批：「平都君、田單。趙奢。」鮑彪注：「元作都平。按史，單無都平之稱。魏策三言平都，今從之。」吳師道注：「田單爲相，此稱都平君，是仍齊相之稱。都平卽安平也。」墨筆眉批：「都平卽安平也。」

「問趙奢曰：吾非不説將軍之兵法也，所以不服者，獨將軍之用衆」云云。馬服君曰：「君非徒不達於兵也，又不明其時勢」云云。墨筆眉批：「趙奢。田、趙論兵衆寡之勢。」

「夫吳干之劍，肉試則斷牛馬，金試則截盤匜。」吳師道注：「荀子作『劙盤盂』。」硃筆於「劙」字旁批一「×」號。

「今以三萬之衆而應强國之兵，是『薄柱』、『擊石』之謂也。」吳師道注：「言劍雖利，然薄之於柱，質之仌石而擊之」云云。硃筆改「仌」字爲「於」字。

「且夫吳干之劍材難，夫無脊之厚，而鋒不入；無脾之薄，而刃不斷。兼有是二者，無鈎、竿、鐔、蒙須之便」云云。鮑彪注：「材謂脊脾之類，不易得也。」墨筆眉批：「脊脾。」鮑彪注：「『蒙須』疑爲劍繩，猶蒯紙也。」墨筆描改「紙」字爲「緱」字。

「今者齊、韓相方，而國圍攻焉。」硃筆改「而」字爲「兩」字。

「平都君喟然太息曰：單不至也。」墨筆眉批：「田單。」

趙太后新用事章

「趙太后新用事，秦急攻之。趙氏求救於齊，齊曰：必以長安君爲質，兵乃出。」硃筆眉批：「長安君。」墨筆眉批：「趙太后。」

「太后不肯，大臣强諫。左師觸讋願見太后，盛氣而揖之，入而徐趨，至而自謝曰」云云。硃筆眉批：「觸讋。」又墨筆眉批：「燕之陳翠與此事苟同。」又硃筆於「揖」字旁批：「胥。」

「竊自恕，恐太后玉體之有所郄也。」墨筆於「郄」字旁批：「苦。」

「老臣賤息舒祺，最少，不肖，而臣衰，竊愛憐之。」硃筆眉批：「舒祺。」

「老臣竊以爲媼之愛燕后，賢於長安君。」硃筆眉批：「燕后。」

「子義聞之曰，人主之子也，骨肉之親也」云云。硃筆眉批：「子義。」吳師道注：「程子釋易『納約自牖』曰：不師觸讋因其明而導之，故其聽也如響。」硃筆改「不」字爲「左」字。

秦王謂公子他章

「秦王謂公子他曰：昔歲殽下之事」云云。硃筆眉批：「公子他。」又墨筆眉批：「靳黈。」

「韓恐，使陽城君入謝於秦，請效上黨之地以爲和。令韓陽告上黨之守靳黈」云云。硃筆眉批：「陽城君。韓陽。靳黈。」

「吾始已諾於應侯矣，今不與，是欺之也。乃使馮亭代靳黈。」硃筆眉批：「馮亭。」又墨筆眉批：「應侯。」

「趙王喜，召平陽君而告之曰」云云。鮑彪注：「原作『平原』，史作『平陽趙豹』是也。」硃筆眉批：「平陽君趙豹。」

「且秦以牛田水通糧」云云。吴師道注：「或以爲漢出始用牛耕。」硃筆改「出」字爲「世」字。硃筆眉批：「服牛乘馬，牛不專任載也。」

「王召趙勝、趙禹而告之曰」云云。硃筆眉批：「趙勝。趙禹。」

「韓告秦曰：夫下其取上黨。」硃筆於「夫下」旁批：「此訛。」

「秦王怒，令公孫起、王齮以兵遇趙於長平。」鮑彪注：「趙記，四年有馮亭下，虎謂：平陽嫁禍之言，豈不易曉，而孝成怒之，昏於利也。」硃筆眉批：「公孫起。王齮。」硃筆改「虎」字爲「姚」字。

秦趙戰于長平章

「趙王召樓昌與虞卿曰：軍戰不歷，尉係死。寡人使卷甲趨之，何如？」硃筆眉批：「樓昌。虞卿。尉係。」

「趙使人楚、魏，秦必疑天下合從也，且必恐。」硃筆改「人」字爲「入」字。

「趙王不聽，與平陽君爲講，發鄭朱如秦，秦内之。」硃筆眉批：「平陽君。鄭朱。」

「趙王召虞卿曰：『寡人使平陽君講秦，秦已内鄭朱矣。子以爲奚如？』虛明曰：『王必不得講，軍必破矣』」云云。硃筆改「鄭未」之「未」爲「朱」，改「虛明」爲「虞卿」。

「鄭朱，趙之貴人也，而入於秦，秦王與應侯必顯重以示天下。」墨筆眉批：「應侯。」

秦故趙於長平章

「秦故趙於長平」云云。硃筆改「故」字爲「敵」字，又硃筆旁批：「攻。」

「趙王與樓緩計之曰：與秦城何如？不與何如？」硃筆眉批：「樓緩。」

「樓緩曰：王亦聞夫公甫文伯母乎？」硃筆眉批：「公甫文伯母。」

「若是者，其於長者薄，而於婦人可。」硃筆於「可」字旁批：「厚。」

「虞卿聞之，入見王。王以樓緩言告之。」硃筆眉批：「虞卿。」

「今臣爲足下解負親之攻，啓關通幣，齊交韓、魏」云云。墨筆眉批：「負親之攻。」

秦圍趙之邯鄲章

「秦圍趙之邯鄲。魏安釐王使將軍晉鄙救趙。畏秦，止於蕩陰，不進。魏王使客將軍辛垣衍間入邯鄲。」硃筆眉批：「晉鄙。辛垣衍。」

「此時魯仲連適遊趙。」硃筆眉批：「魯仲連。」

「平原君曰：勝請爲召而見之於先生。」墨筆眉批：「平原君。」

「魯連曰：世以鮑焦無從容而死者，皆非也。今衆人不知，則爲一身。」鮑彪注：「周之介士，見莊子。」「不知者以其抱未死爲無以自養，不知其非世也。明已今亦然。」墨筆眉批：「鮑焦。『無從容』，注不解。」硃筆改注文「土」字爲「士」字，改「未」字爲「木」字。

「周怒，赴於齊曰：天崩地拆，天子下席，東藩之臣田嬰齊後至，則斮之！」墨筆於「田嬰齊」旁注：「史記作『因齊』。」

「魯仲連曰：固也。待吾言之。昔者，鬼侯、鄂侯、文王，紂之三公也。」硃筆於「鬼」字旁批：「九。」又墨筆眉批：「鬼侯。」

「鬼侯有子而好，故入之於紂。紂以爲惡，醢鬼侯。鄂侯爭之急，辨之疾，故脯鄂侯。」硃筆於「子」字旁批：「女。」又墨筆眉批：「好。鄂侯。」

「齊閔王將之魯，夷維子執策而從。」硃筆眉批：「夷維子。」

「天子已食，而聽退朝也。」「聽退」二字硃筆勾乙。

「今秦民乘之國，梁亦萬乘之國。」先硃後墨筆改「民」字爲「萬」字。

「適會公子無忌奪晉鄙軍以救趙擊秦，秦軍引而去。」硃筆眉批：「公子無忌。」

秦攻趙平原君使人請救章

「秦攻趙，平原君使人請救於魏。信陵君發兵至邯鄲城下，秦兵罷。」硃筆眉批：「信陵君。」

「虞卿爲平原君請益地。」硃筆眉批：「虞卿。」

「公孫龍聞之，見平原君曰：君無覆軍殺將之功」云云。硃筆眉批：「公孫龍。」吳師道注：「又見死子等書，同此人也。」硃筆於「死」字上打「×」號。

秦攻魏取寧邑章

「曰諒毅者，辯士也。」硃筆眉批：「諒毅。」

「於是秦王乃見使者曰：趙豹、平原君數欺弄寡人。」硃筆眉批：「趙豹。平原君。」

「諒毅曰：趙豹、平原君，親寡君之母弟也，猶大王之有葉陽、涇陽君也。」墨筆眉批：「葉陽君。涇陽君。」

「諒毅曰：『敝邑之君有母弟不能教誨，以惡大國，請黜之，勿使與政事，以稱大國。』秦王乃喜，受幣而厚遇之。」墨筆眉批：「諒毅。」吳師道注：「今將討二于之忠，而使之釋敝邑之政」云云。硃筆改「于」字爲「子」字。

趙使姚賈約韓魏章

「趙使姚賈約韓、魏，韓、魏友之。茅舉爲姚賈謂趙王曰」云云。硃筆眉批：「姚賈。茅舉。」又墨筆眉批：「姚。茅。」

謂皮相國章

「謂皮相國曰：以趙之弱而據之建信君、涉孟之讎，然者何也？」硃筆眉批：「皮相國。建信君。涉孟。」又墨筆眉批：「皮。涉。『讎』猶『儔』也。謂類也，屬也，一雙也。」

「以楚、趙分齊，則是强畢矣。」吳師道注：「謂不能害秦，則可助秦攻魏。」硃筆改「可」字爲「反」字。

「建信、春申從，則無功而惡秦。」墨筆眉批：「春申君。」

「故兩君者，奚擇有功與無功之爲知哉？」吳師道注：「兩君指皮相國、建信君，誠指建信君、涉孟。」硃筆於「誠」字上打「×」號。

謂皮相國曰章

「謂皮相國曰：魏殺呂遼而衛兵，亡其比陽而梁危。」硃筆眉批：「皮相國。呂遼。」鮑彪注：「魏臣。秦所重自。」先硃筆後墨筆改「自」字爲「者」字。

「河間封不定而趙危。文信不得志，三晉倍，之憂也。」墨筆眉批：「文信侯。」吴師道注：「時趙方與諸侯合從，欲敀河間。」硃筆改「敀」字爲「收」字。

魏使人因平原君請從於趙章

「出遇虞卿，曰：爲入，必語從。」硃筆眉批：「虞卿。」

「臣故曰：魏過，王亦過。」硃筆眉批：「過。」

平原君謂馮忌章

「馮忌對曰：不可。夫以秦將武安君、公孫起乘七勝之威，而與馬服之子戰於長平之下」云云。硃筆眉批：「馮忌。」又墨筆眉批：「武安君。公孫起。馬服之子。」

平原君謂平陽君曰章

「平原君謂平陽君曰：公子牟遊於秦」云云。硃筆眉批：「平原君。平陽君。公子牟。」

說張相國曰章

「說張相國曰：君安能少趙人，而令趙人多君？君安能憎趙人，而令趙人愛君乎？」硃筆眉批：「張相國。」又硃筆旁批：「極淺易之學問。」

「夫膠漆至黏也」。吴師道注：「黏，一本作䵑，玄乙反。問禮注：䵑，黏也。」硃筆改「問」字爲「周」字。

「鴻毛至輕也，而不能自舉。夫飄於清風，則横行四海。」硃筆旁批：「當有缺文。」

建信君貴於趙章

「建信君貴於趙。公子魏牟過趙，趙王迎之。」先硃後描以墨筆眉批：「建信君。」又硃筆眉批：「魏牟。」

「趙王不説，形於顔色，曰：先王不知寡人之不肖，使奉社稷，豈敢輕國若此？」硃筆改「先王」之「王」字爲「主」字。

「先王不血食，而王不以予工，乃與幼艾。且王之先帝駕犀首而驂馬服，以與秦角逐，秦當時避其鋒。」墨筆眉批：「幼艾。犀首。馬服。」鮑彪注：「『角』有『開爭』意。」硃筆改「開」字爲「鬥」字。

或謂建信君章

「或謂建信君：君之所以事王者，色也。葺之所以事王者，智也。」先硃筆後描以墨筆眉批：

「建信君。」又硃筆眉批：「葺。」又墨筆眉批：「色。」

「以日多之知，而逐衰惡之色，君必困矣。」墨筆旁批：「如此等人，公然立于人國，而謂之者亦公然以色言之，不知是何等顏面。」又墨筆眉批：「一個龍陽，千百年爲口實。而建信君悄悄藏在此處，都教龍陽一個頂得□□。」（下殘二字。）

「未期年而葺亡走矣。」鮑彪注：「彪謂奸人之不可知，甚矣。」「故國有姦人，賢智之得全者寡矣。」墨筆尾批：「纔知道？」

苦成常謂建信君曰章

「苦成常謂建信君曰」云云。硃筆、墨筆眉批：「苦成常。」先硃筆後描以墨筆眉批：「建信君。」

「魏殺呂遼，而天下交之。」硃筆眉批：「呂遼。」

「君唯飾虛僞，文信侯猶且知之也。」硃筆眉批：「文信侯。」

「從而有功乎，何患不得收河間？從而無功，收河間何益也？」墨筆眉批：「苦成其郤雖苦成叔之後耶！」（「郤」字硃筆。）吳師道注：「君唯飾虛僞，謂合從之國虛僞難信，君獨釋而不合，則文信侯猶且知之也。」硃筆補全「釋」字所缺之左旁。又墨筆尾批：「此是暗爲文信矦者耶？此眞爲趙者耶？」

希寫見建信君章

「希寫見建信君。建信君曰：文信侯之於僕也，甚無禮。」硃筆眉批：「希寫。文信矦。」又先硃筆後描以墨筆眉批：「建信君。」

「希寫曰：臣以爲今世用事者，不如商賈。」墨筆眉批：「希寫。」

魏尬謂建信君章

「魏尬謂建信君曰：人有置係蹄者而得虎，虎決蹯而去。」先硃筆後描以墨筆眉批：「魏尬。建信君。」「尬」字下墨筆小注：「卦韻。」又墨筆眉批：「虎決蹯而去。」又墨筆尾批：「尬要建信怎地？」

秦攻趙鼓鐸之音聞於北堂章

「希卑曰：『夫秦之攻趙，不宜急如此，此召兵也。必有大臣欲衡者耳。王欲知其人，旦日贊羣臣而訪之，先言横者，則其人也。』建信君果先言横。」先硃筆後描以墨筆眉批：「希卑。」又墨筆眉批：「建信君。」鮑彪注：「衡卽黄。」硃筆將「黄」字補全爲「横」字。鮑彪注：「贊自美其事以開无者。」硃筆於「无」字上打「×」號。吴師道注：「魏牟謂趙王曰：王之先帝駕月首、驂馬服，今王乃輦建信君。」墨筆改「月」字爲「犀」字。吴師道注：「愚觀其時秦兵日國不宇日蹙。」硃筆於「國不」二字上打「×」號。

齊人李伯見孝成王章

「齊人李伯見孝成王，成王說之，以爲代郡守。而居無幾何，人告之反。」硃筆眉批：「李伯。」又墨筆眉批：「不反。」

「今燕、齊已合，臣請要其敝，而地可多割。」墨筆眉批：「乘燕、齊之敝。」

爲齊獻書章

「君臣必多以臣爲不能者，故王重見臣也。」鮑彪注：「重猶推。」硃筆改「推」字爲「難」字。

「以臣爲不能者，非他，欲用王之兵者也。」墨筆眉批：「名實。」

「今王無齊，獨安能無重天下？」墨筆眉批：「獨安能無重天下。」

趙使趙莊合從章

「趙使趙莊合從，欲伐齊。齊請效地，趙因賤趙莊。齊明爲謂趙王曰：齊畏從人之合也，故效地。」硃筆眉批：「趙莊。齊明。」

「今聞趙莊賤，張而貴，齊必不效地矣。」鮑彪注：「勲蓋敗從者。」墨筆眉批：「張而。勲。」又墨筆旁批：「『張而』何說？注『勲』又何説？」

翟章之梁章

「翟章之梁、宋，其善趙王。」墨筆於「其」字旁批：「甚。」又硃筆眉批：「翟章。」

「田駟謂柱國韓向曰：臣請爲卿刺之。」於「駟」字旁批：「此『駟』之訛。」又墨筆眉批：

「韓非弟七說林篇有田駟。」又硃筆眉批：「田駟。韓向。」

「客若死，則王必怒而誅建信君。」先硃筆后描以墨筆眉批：「建信君。」

馮忌爲廬陵君謂趙王章

「馮忌爲廬陵君謂趙王曰：王之逐廬陵君，爲燕也？」硃筆眉批：「馮忌。廬陵君。」

「對曰：秦王以虞卿爲言，而王不逐也。」墨筆眉批：「虞卿。」

馮忌請見趙王章

「馮忌請見趙王，行人見之。」墨筆眉批：「馮忌。」

「王問其故，對曰：客有見人於服子者，已而請其罪。」墨筆眉批：「服子。」

「昔者堯見舜於草茅之中，席隴畝而廕庇桑，陰移而受天下傳。」墨筆眉批：「堯、舜。陰移。」

「伊尹負鼎俎而干湯，姓名未著而受三公。」墨筆眉批：「伊尹。」

客見趙王曰章

「客見趙王曰：臣聞王之使人買馬也，有之乎？」墨筆眉批：「買馬。」

「對曰：王何不遣建信君乎？」硃筆眉批：「建信君。」

「曰：王何不遣紀姬乎？」硃筆眉批：「紀姬。」

「客曰：燕郭之法，有所謂桑雍者，王知之乎？」硃筆眉批：「桑雍。」

「王曰：『未之聞也。』『所謂桑雍者，便辟左右之人，及夫人、優愛孺子也。』硃筆根批：「桑雍。」

秦召春平侯章

「秦召春平侯，因留之。泄鈞爲之謂文信侯曰：春平侯者，趙王之所甚愛也。」硃筆眉批：「春平矦。泄鈞。」

「故君不如遣春平侯，而留平都侯。」硃筆眉批：「平都侯。」又墨筆眉批：「田單亦有平都君之號。」

「春平侯者，言行於趙王，必厚割趙以事君，而贖平都侯。」墨筆旁批：「動曰厚割。」

文信侯出走章

「文信侯出走，與司空馬之趙。」硃筆眉批：「文信矦。司空馬。」

「司空馬說趙王曰：文信侯相秦，臣事之爲尚書，習秦事。」墨筆眉批：「文信矦。尚書。」

「『趙與秦孰大？』曰：『不如。』」云云。墨筆眉批：「七不如秦。」

「趙王曰：卿不遠趙而惠教以國事，願於因計。」墨筆眉批：「願於因計。」

「司空馬曰：大王裂趙之半以賂秦」云云。墨筆旁批：「裂趙之半。」

「趙王不能將。」墨筆眉批：「不能將。」

「平原津令郭遺勞而問：秦兵下趙，上客從趙來，趙事何如？」硃筆眉批：「平原津令郭遺。」

又墨筆眉批：「上客。」

「司空馬曰：趙將武安君，期年而亡」云云。於「趙」、「將」二字間加一「若」字。「武安君」下鮑彪注：「李牧。」墨筆眉批：「武安君李牧。」

「韓倉果惡之，王令人代。」硃筆眉批：「韓倉。」

「武安君曰：繓病鉤，身大臂短，不能及地。」硃筆眉批：「李牧繓。」

「故使工人爲木材以接手。」墨筆眉批：「木材接手。」

「出之袖中，以示韓倉，狀如振梱。」墨筆眉批：「振梱。」

「武安君北面再拜賜死，縮劍將自誅。」墨筆眉批：「縮。」

「過司馬門，趨甚疾，出誃門也。」墨筆眉批：「過。誃。」吴師道注：「大事記：柃之恭如此。」墨筆改「柃」字爲「牧」字。

「右舉劍將自誅，臂短不能及，銜劍，徵之於柱以自刺。」鮑彪注：「徵猶驗也。口銜劍，不自知其可死，卽柱以爲驗也。」吴師道注：「銜劍於口，因柱以自刺，驗其手之不能及也。」硃筆於「不自知其可死，卽柱以爲驗也」與「驗其手之不能及也」旁劃以豎線，並墨筆旁批：「亦不必以徵爲驗。」

「平原令見諸公，必爲之言，曰：嗟嗞乎，司空馬！」墨筆眉批：「平原令。嗞。」

「國亡者，非無賢人，不能用也。」吴師道注：「諸說皆可左大，但史因廉頗不受代事，而誤以爲牧。」硃筆於「大」字上標「×」號。

秦使王翦攻趙章

「秦使王翦攻趙，趙使李牧、司馬尚御之。」硃筆眉批：「王翦。李牧。司馬尚。」

「李牧數破走秦軍，殺秦將桓齮。王翦惡之，乃多與趙王寵臣郭開等金，使爲反間曰：李牧、司馬尚欲與秦反趙，以多取封於秦。」硃筆眉批：「桓齮。郭開。」

「趙王疑之，使趙葱及顔冣代將，斬李牧，廢司馬尚。」硃筆眉批：「趙葱。顔最。」又墨筆於「最」字下注：「泰韻。」

「後五月，王翦因急擊，大破趙，殺趙軍，虜趙王遷及其將顔冣，遂滅趙。」墨筆眉批：「王翦。遷。」

卷七

智伯索地於魏桓子章

「智伯索地於魏桓子，魏桓子弗予。任章曰：何故弗予？」硃筆眉批：「智伯。魏桓子。任章。」

「以相親之兵待輕敵之國，智氏之命不長矣。」本頁欄外左上角墨筆批：「魏桓。」

「周書曰：將欲敗之，必姑輔之；將欲取之，必姑與之。」吳師道注：「老氏之言出於比。」硃筆改「比」字爲「此」字。

韓趙相難章

「魏文侯曰：寡人與趙兄弟，不敢從。」鮑彪注：「桓子之孫。」吳師道注：「名斯。」硃筆眉批：「魏文侯斯。」

「韓、趙相難。韓索兵於魏」，「已，乃知文侯已講於己也，皆朝魏。」墨筆眉批：「此段與韓非子同。」

樂羊爲魏將而攻中山章

「樂羊爲魏將而攻中山。」硃筆眉批：「樂羊。」

「文侯謂覩斯贊曰：樂羊以我之故，食其子之肉。」硃筆眉批：「覩斯贊。」

本頁欄外左上角墨筆批：「魏文侯。」

「樂羊既罷中山，文侯賞其功，而疑其心。」吳師道注：「劉于政以此事與西巴、放霓並載。」硃筆改「于」字爲「子」字。

西門豹爲鄴令章

「西門豹爲鄴令，而辭乎魏文侯。」硃筆眉批：「西門豹。」

「鄉邑老者，而先受坐之；士子入，而問其賢良之士，而師事之；求其好掩人之美而揚人之醜者，而參驗之。」墨筆眉批：「好掩美而揚醜者，即賢良之士亦不免。」

文侯與虞人期獵章

「文侯與虞人期獵。」

本頁欄外左上角墨筆批：「魏。」

魏文侯與田子方飲酒章

「魏文侯與田子方飲酒而稱樂。」硃筆眉批：「田子方。」

「文侯曰：善！敬聞命。」吳師道注：「大事記：史以田子方爲文侯師。説苑載翟璜謂子方曰：公孫成進子夏而君師之，進段干木而君友之，進先生而君敬之。」硃筆眉批：「翟璜。公孫成。段干木。」

魏武侯與諸大夫浮於西河章

「魏武矦與諸大夫浮於西河，稱曰：『河山之險不亦信固哉！』王鍾侍座曰」云云。硃筆眉批：「魏武侯擊。王鍾。」

「吳起對曰：吾君之言，危國之道也。」硃筆眉批：「吳起。」

「昔者三苗之居，左有彭蠡之波」云云。墨筆眉批：「三苗。」

本頁欄外左上角墨筆批：「魏武矦。」

「夏桀之國，左天門之陰，而右天谿之陽。」硃筆眉批：「夏傑。」

「殷紂之國，左孟門而右漳釜。」硃筆眉批：「殷紂。」

下頁欄外左上角墨筆批：「魏武侯。」

魏公叔痤爲魏將章

「惠王。」鮑彪注：「武侯子。」吳師道注：「名罃。」硃筆眉批：「魏惠王罃。」

「魏公叔痤爲魏將，而與韓、趙戰澮北，禽樂祚。」硃筆眉批：「樂祚。」

「公叔痤反走，再拜辭曰：夫使士卒不崩，直而不倚，棟撓而不避者，此吾起之教也，臣不能爲也。」墨筆眉批：「是魏脈。」

「前脈地形之險阻」。鮑彪注：「脈見其幽，形見其顯。」墨筆根批：「解恁拙。」

「使三軍之士不迷惑者，巴寧、爨襄之力也。」硃筆眉批：「巴寧。爨襄。」

下頁欄外左上角墨筆批：「魏惠王。」

魏公叔痤病惠王往問之章

「魏公叔痤病，惠王往問之。」硃筆眉批：「公叔痤。」

「公叔痤對曰：痤有御庶子公孫鞅，願王以國事聽之也。」墨筆眉批：「公孫鞅。」

「爲不聽，勿使出境。」吳師道注：「史載鞅之言曰：彼不能用君之言任臣，又安能用君之言殺臣乎！」墨筆眉批：「公叔痤教殺公孫鞅。」

秦圍梁燕趙救之章

「秦圍梁，燕、趙救之。謂山陽君曰」云云。硃筆眉批：「山陽君。」

本頁欄外左上角墨筆批：「魏惠王。」

龐葱與太子質於邯鄲章

「龐葱與太子質於邯鄲」。先硃筆後描以墨筆眉批：「龐葱。」

「今一人言市有虎，王信之乎？」墨筆眉批：「市虎。」

梁主魏嬰觴諸侯於范臺章

「梁主魏嬰觴諸侯於范臺。」硃筆眉批：「梁主嬰。」又墨筆眉批：「范臺。」

「酒酣，請魯君舉觴。」吴師道注：「李善注文選，引北堂書鈔，皆作『舉觴』。」墨筆眉批：「魯君。北堂書鈔。」

「昔者帝女令儀狄作酒而美，進之禹。」硃筆眉批：「儀狄。」

「齊桓公夜半不嗛，易牙乃煎熬燔炙，和調五味而進之。」墨筆眉批：「嗛。」又硃筆眉批：「易牙。」

「晉文公得南之威，三日不聽朝。」硃筆眉批：「南之威。」

「楚王登强臺而望崩山，左江而右湖，以臨彷徨，其樂忘死。」墨筆眉批：「强臺。」

「左白台而右閭須，南威之美也。」硃筆眉批：「白台。閭須。」

魏惠王起境内衆章

「魏惠王起境内衆，將太子申而攻齊。客謂公子理之傅曰」云云。硃筆眉批：「太子申。公子理。」

「田盼，宿將也，而孫子善用兵。」鮑彪注：「臏也。」硃筆眉批：「田盼。孫臏。」

魏太子自將過宋外黄章

「魏太子自將，過宋外黄。外黄徐子曰」云云。墨筆於「魏太子」旁批：「申。」硃筆眉批：「徐子。」

本頁欄外左上角墨筆批：「魏惠王。」

齊魏戰於馬陵章

「齊、魏戰於馬陵，齊大勝魏，殺太子申，覆十萬之軍。魏王召惠施而告之曰」云云。硃筆眉批：「太子申。惠施。」

「王若欲報齊乎？則不如因變服，折節而朝齊。楚王必怒矣。」墨筆眉批：「折節朝齊以怒楚王。」

本頁欄外左上角墨筆批：「魏惠王。」

「田嬰許諾。張丑曰：不可」云云。硃筆眉批：「田嬰。張丑。」

「今戰勝魏」云云，「此暴戾定矣。」墨筆眉批：「定。」

「田嬰不聽，遂内魏王，而與之並朝齊矣。趙氏醜之。」墨筆於「趙氏醜之」旁批：「醜魏不朝我而朝齊。」

「惠施爲齊、魏交，令太子鳴質於齊。王欲見之，朱倉謂王曰」云云。硃筆眉批：「惠施。太子鳴。朱倉。」又墨筆眉批：「朱倉。」

「不然，公子高在楚，楚將内而立之。」硃筆眉批：「公子高。」

魏惠王死章

「襄王。」鮑彪注：「惠王子。」吳師道注：「名赫。」硃筆眉批：「魏襄王赫。」

本頁欄外左上角墨筆批：「魏襄。」

「羣臣皆不敢言，而以告犀首。犀首曰：吾未有以言之也，是其唯惠公乎？」鮑彪注：「施也。」硃筆眉批：「犀首。惠施。」

「昔王季歷葬於楚山之尾，欒水齧其墓，見棺之前和。」鮑彪注：「欒，漏流也。」墨筆眉批：「欒水潰。前和。」

「惠子非徒行其說也，又令太子未葬其先王，而又因說文王之義。」墨筆旁批：「此三句文法拙樸。『說文王之義』連句。」又墨筆眉批：「『未』字猶『遲』字。」

徐州之役章

「徐州之役，犀首謂梁王曰」云云。硃筆眉批：「犀首。」又墨筆眉批：「徐州之役。」

「何不陽與齊而陰結於楚」云云，「是太子之讎報矣。」硃筆於首句旁批：「奴計。」墨筆於末句旁批：「不敢明報其仇，借人快意。」

蘇子爲趙合從說魏王章

「蘇子爲趙合從說魏王曰」云云。硃筆眉批：「蘇秦。」又墨筆眉批：「說從。」

「東有淮、潁、沂、黃、煮棗、無疎。」墨筆眉批：「煮棗。」

「北有河外、卷、衍、燕、酸棗。」墨筆眉批：「酸棗。」

張儀欲幷相秦魏章

「張儀欲幷相秦、魏。」硃筆眉批：「張儀。」

「韓氏亡。史厭謂趙獻曰」云云。硃筆眉批：「韓氏亡。史厭。趙獻。」並於「獻」字旁小注：「願韻。」

魏王將相張儀章

「魏王將相張儀，犀首弗利，故令人謂韓公叔曰」云云。吳師道注：「大事記：魏惠王後十三年，張儀相魏，魏不事秦，以公孫衍代相。」硃筆眉批：「張儀。公孫衍。韓公叔。」

楚許魏六城章

「楚許魏六城，與之伐齊而存燕。張儀欲敗之，謂魏惠王曰」云云。硃筆眉批：「張儀。」

「張儀告公仲，令以饑故，賞韓王以近河外。」硃筆眉批：「公仲。」

張儀惡陳軫於魏王章

「張儀惡陳軫於魏王曰」云云。硃筆眉批：「張儀。陳軫。」

「左華謂陳軫曰」云云。硃筆眉批：「左華。」

張儀欲窮陳軫章

「張儀欲窮陳軫，令魏王召而相之，來將倍之。將行，其子陳應止其公之行。」硃筆眉批：「張儀。陳軫。陳應。」

「鄭彊出秦，曰應爲智。」先硃筆後描以墨筆眉批：「鄭彊。」又墨筆眉批：「湛。應爲智。」

「夫魏欲絕楚、齊，必重迎公」云云。墨筆根批：「此段是鄭彊之言。」

張儀欲以魏合於秦韓章

「張儀欲以魏合於秦、韓而攻齊、楚，惠施欲以魏合於齊、楚以案兵。」硃筆眉批：「張儀。惠施。」

張儀以秦相魏章

「張儀以秦相魏，齊、楚怒而欲攻魏。雍沮謂張子曰」云云。硃筆眉批：「張儀。雍沮。」

謂張儀臣謂齊王曰章

「哀王。」吳師道注：「『哀』當作『襄』。」硃筆眉批：「魏襄王。」

（原書此下一頁被撕去。）

陳軫爲秦使於齊章

「犀首遂主天下事，復相魏。」吳師道注：「陳軫過犀首，而不見，宜若有憾焉。」「二人皆不善於張儀者也。激犀首以重任，皆所以傾儀而已。」墨筆眉批：「此是合從，言儀敗從者也。卽曰『傾儀』，亦何不可？」

齊王將見燕趙楚之相於衛章

「魏王懼，恐其謀伐魏也，告公孫衍。」硃筆眉批：「公孫衍。」

「犀首期齊王至之日，先以五十乘至衛。」墨筆眉批：「犀首。」

魏令公孫衍請和於秦章

「魏令公孫衍請和於秦，綦母恢教之語曰」云云。硃筆眉批：「公孫衍。綦母恢。」

公孫衍爲魏將章

「公孫衍爲魏將，與其相田需不善。季子爲衍謂梁王曰」云云。硃筆眉批：「公孫衍。田需。季子。」

犀首田盼欲得齊魏之兵以伐趙章

「犀首、田盼欲得齊、魏之兵以伐趙，梁君與田侯不欲。」硃筆眉批：「犀首。田盼。」又墨筆眉批：「梁君。田矦。」

犀首見梁君章

「犀首見梁君曰」云云。硃筆眉批：「犀首。」

「田需從中敗君，王又聽之。」硃筆眉批：「田需。」

「犀首許諾。於是東見田嬰，與之約結，召文子而相之魏，身相於韓。」硃筆眉批：「田嬰。田文子。」又用墨筆將「田文子」之「子」字描黑。

蘇代爲田需說魏王章

「蘇代爲田需說魏王曰：『臣請問文之爲魏，孰與其爲齊也？』王曰：『不如其爲齊也。』『衍之爲魏，孰與其爲韓也？』王曰：『不如其爲韓也。』」硃筆眉批：「蘇代。田需。公孫衍。田文。」

「王之國雖滲樂而從之，可也？」墨筆眉批：「滲。」

（原書此下一頁被撕去。）

張儀爲秦連横說魏王章

「南與楚境，西與韓境，北與趙境，東與齊境，卒戍四方。」鮑彪注：「他國境或有山川關塞，惟梁無之，皆以卒戍守。」墨筆眉批：「連横。」

「魏之地勢，故戰場也。」原書「勢」字下半部誤爲「人」，墨筆改爲「力」。

「秦下兵攻河外，拔卷、衍、燕、酸棗，劫衛取晉陽，則趙不南。」硃筆改「晉陽」爲「陽晉」。

「是故天下之游士，莫不日夜搤腕瞋目切齒以言從之便，以說人主。」墨筆眉批：「搤腕。」「請稱東藩，築帝宮，受冠帶，祠春秋，效河外。」吳師道注：「魏非不知從之利而秦之不可信也，劫於秦之强而患於與國之不一，後三不，魏復背秦合從，其情可見矣。惜其自同連雞中兄不爭財之料，而相與以趨於亡。從之不可合，合之不可久，其勢則然矣。」硃筆改「後三不」爲「後三年」，改「兄不爭財」爲「見不爭財」。

齊魏約而伐楚章

「齊、魏約而伐楚，以董慶爲質於齊。楚攻齊，大敗之，而魏不救。田嬰怒，將殺董慶。」硃筆眉批：「董慶。田嬰。」「盱夷謂田嬰曰：楚攻齊，大敗之，而不敢深入者，以魏爲將內之於齊而擊其後」云云。硃筆眉批：「盱夷。」又硃筆旁批：「其實哄孩子語。」又墨筆眉批：「盱夷救董慶，笑殺人！」

張儀走之魏章

「張儀走之魏，魏將迎之。張丑諫於王，欲勿內。」硃筆眉批：「張儀。張丑。」吳師道注：「按襄王九年，儀走魏，魏納而相之。此云不納，恐非是時事。」硃筆改「此」字爲「比」字。

魏文子田需周霄相善章

「魏文子、田需、周霄相善，欲罪犀首。」硃筆眉批：「田文。田需。周霄。犀首。」又墨筆於硃批「田需」下小字注：「嬰子。」

魏王令惠施之楚章

「魏王令惠施之楚，令犀首之齊。」硃筆眉批：「惠施。犀首。」

田需貴於魏王章

「田需貴於魏王。惠子曰：子必善左右」云云。硃筆眉批：「田需。惠施。」

田需死章

（原書此頁被撕去。）

周最善齊章

「周最善齊，翟强善楚。二子者，欲傷張儀於魏。張子聞之，因使其人爲見者嗇夫，間見者。因無敢傷張子。」硃筆眉批：「周最。翟强。張儀。」又墨筆眉批：「周。翟。嗇夫。」

周最入齊章

「周最入齊。」硃筆眉批：「周最。」

「秦王怒，令姚賈讓魏王。」先硃筆後描以墨筆眉批：「姚賈。」又墨筆眉批：「姚。」

「魏之所以爲王通天下者，以周最也。今最遁寡人入齊，齊無通於天下矣。」鮑彪注：「齊、秦爲敵，魏既以最通天下於秦，則外齊矣。今最入齊，天下不知，以謂魏使之齊，敗齊事，因不通齊矣。」吳師道注：「齊、秦爲敵，齊逐最而魏收之，天下信魏之不與齊，故曰『爲王通天下』。今最遁入齊，則天下知魏絕最而齊收之，齊何以通天下乎？」硃筆根批：「注兩說皆各有義。」

「大國欲急兵，則趣趙而已。」鮑彪注：「按此姚賈，與始皇所問之人，相去八十餘年。高誘欲以爲陳賈。若此人者，可也。」硃筆眉批：「陳賈。」

秦召魏相信安君章

「秦召魏相信安君，信安君不欲往。蘇代爲說秦王曰」云云。硃筆眉批：「信安君。蘇代。」又墨筆眉批：「蘇。」

「夫魏王之愛習魏信也甚矣。」墨筆眉批：「魏信。」

樓悟約秦魏章

（原書此下四頁被撕去。包括本章與秦楚攻魏圍皮氏章、魏太子在楚章、獻書秦王章。）

魏秦伐楚章

「魏、秦伐楚，魏王不欲。樓緩謂魏王曰」云云。硃筆眉批：「樓緩。」

秦敗東周章

「昭王。」鮑彪注：「哀王子。」吳師道注：「世本名速。」硃筆眉批：「魏昭王速。」

（原書此下一頁被撕去，包括本章與秦約趙而伐魏章。）

芒卯謂秦王章

「芒卯謂秦王曰」云云。硃筆眉批：「芒卯。」

「芒卯曰：臣有死罪。雖然，臣死則契折於秦，王無以責秦。」墨筆眉批：「契折於秦，猶言將一個券書徒扯毁耳。」

（此下兩頁被撕去，包括本章後部與蘇代拘於魏章、五國伐秦章的前半部。）

五國伐秦章（後半部）

「上不可則行其中，中不可則行其下，下不可則明不與秦而生以殘秦。」吴師道注：「不能伐，不能擯，又不能媾，必爲秦所伐，則誓鬬而必无，不與秦俱生以殘秦。姚本註云：『而』一作『兩』。」硃筆改注文「必无」爲「必死」。於正文「而」字旁硃筆批：「『兩』字明白。」又硃筆眉批：「捨死着。」

「燕、齊，讎國也。」鮑彪注：「兩國自宜、閔，易、昭，再世相讎。」硃筆改「宜」字爲「宣」字。

「臣又徧事三晉之吏：奉陽君、孟嘗君、韓珉、周最、周、韓餘爲徒。」硃筆於「奉陽君」旁批：「李兑。」又硃筆於「孟嘗君」旁批：「田文。」又硃筆圈去「周最」與「韓餘」之間的「周」字。又墨筆眉批：「奉陽君。孟嘗君。韓珉。周最。韓餘。」

「又身自醜於秦。」墨筆旁批：「此句不知爲何等事？」

「扮之，請焚天下之秦符者，臣也。」硃筆根批：「扮。」

「次傳焚□之約者，臣也。」硃筆在模糊不清的「□」字上打「×」號，並藍筆旁批：「符。」

「蘇修、朱嬰皆陰在邯鄲，臣又說齊王而往敗之。」硃筆眉批：「蘇修。朱嬰。」又墨筆眉批：「蘇。朱。」

「而以齊爲上交，兵請伐魏，臣又爭之以死。」硃筆於「兵」字旁批：「齊。」

「臣非不知秦權之重也。」墨筆旁批：「舊云秦權重。」

葉陽君約魏章

「葉陽君約魏，魏王將封其子。」硃筆眉批：「葉陽君。」

「王能又封其子河陽、姑密乎？」吳師道注：「『葉』卽『奉』之訛，李兌也。說見趙策。」硃筆眉批：「李兌之子。」

秦使趙攻魏章

「故荀息以馬與璧假道於虞。」墨筆眉批：「荀息。」

秦將伐魏章

「秦將伐魏，魏王聞之，夜見孟嘗君。」硃筆眉批：「孟嘗君。」

「王曰：寡人願子之行也。重爲之約車百乘。」硃筆眉批：「『也』字可句，『重』字亦可句。」

「則道里近而輸又易矣。」硃筆旁批：「此句餘波，所謂重迭。」

穰矦攻大梁章

「穰矦攻大梁，乘北郢，魏王且從。」硃筆眉批：「穰矦。」

白珪謂新城君章

「白珪謂新城君曰」云云。硃筆眉批：「白珪。新城君。」

秦攻韓之管章

「秦攻韓之管，魏王發兵救之。昭忌曰」云云。硃筆眉批：「昭忌。」又墨筆眉批：「管。」

芮宋欲絕秦趙之交章

「芮宋欲絕秦、趙之交。」硃筆眉批：「芮宋。」

「李郝謂臣曰：子言無秦」云云。硃筆眉批：「李郝。」

「秦王怒，遂絕趙。」硃筆尾批：「活人眼裏舒拳頭，也只管行得去。」

管鼻之令翟强與秦事章

「管鼻之令翟强與秦事。」硃筆眉批：「管鼻之。翟强。」

成陽君欲以韓魏聽秦章

「成陽君欲以韓、魏聽秦，魏王弗利。白珪謂魏王曰」云云。硃筆眉批：「成陽君。」又墨筆眉批：「白珪。」

秦敗魏於華章

「秦敗魏於華，走芒卯而圍大梁。須賈爲魏謂穰侯曰」云云。硃筆眉批：「芒卯。須賈。穰侯。」

「齊人攻燕，殺子之，破故國。」墨筆眉批：「子之。」

「此非但攻梁也，且劫王以多則也。」硃筆改「則」字爲「割」字。

「又爲陰啓兩，機盡故宋，衞效尤憚。」鮑彪注：「出地而小，故愈畏秦。」硃筆改「小」字爲「少」字。

秦敗魏於華魏王且入朝於秦章

「秦敗魏於華，魏王且入朝於秦。周訢謂王曰」云云。硃筆眉批：「周訢。」

「宋人有學者，三年反而名其母」云云。硃筆眉批：「來頭喻得無謂，只是要出『易』字。」

（此下兩頁被撕去，包括本章後半部與華軍之戰章前半部。）

華軍之戰章（後半部）

「今王之地有盡，而秦求之無窮，是薪火之説也。」墨筆眉批：「薪火。」

「王獨不見夫博者之用梟耶？」墨筆眉批：「梟。」

秦魏爲與國章

「魏人有唐雎者，年九十餘。」硃筆眉批：「唐雎。」

「唐雎對曰：大王已知魏之急」云云。硃筆眉批：「唐雎此説，也是當時説客常勢，只是難爲一九十歲老漢。」

虞卿謂趙王曰章

「虞卿謂趙王曰：人之情，寧朝人乎？寧朝於人也？」硃筆眉批：「虞卿。」

「虞卿曰：夫魏爲從主，而違者范痤也。」硃筆眉批：「范痤。」

「又遺其後相信陵君書曰」云云。墨筆眉批：「信陵君。」

「夫趙、魏，敵戰之國也」云云。墨筆眉批：「好文章。」

「信陵君曰：『善。』遽言之王而出之。」墨筆眉批：「信陵君。」

魏將與秦攻韓章

「魏將與秦攻韓，無忌謂魏王曰」云云。硃筆眉批：「無忌。」

「故太后，母也，而以憂死；穰侯，舅也，功莫大焉，而竟逐之。」墨筆眉批：「太后。穰侯。」

「王之使者大過矣，乃惡安陵氏於秦。」硃筆眉批：「安陵。」

「秦十攻魏，五入國中，邊城盡拔，文臺墮，垂都焚。」墨筆眉批：「文臺。」

「韓知亡，猶弗聽，投質於趙，而請爲天下雁行頓刃。」墨筆眉批：「雁行頓刃。」

「夫存韓安魏而利天下，此亦王之大時巳。」硃筆改「巳」字爲「已」字。（此改動，前文與後文有多處，本書略。）

「通韓之上黨於共、甯。」吳師道注：「故勸魏假道，使韓得與上黨仁來。」硃筆改「仁」字爲「往」字。

「今不存韓，則二周必危，安陵必易。」墨筆眉批：「安陵。」

秦趙搆難而戰章

「王欲焉而收齊，趙攻荆；欲焉而收荆，趙攻齊。」墨筆眉批：「欲焉、欲焉疊用，好文法。」

長平之役章

「長平之役，平都君說魏王曰」云云。鮑彪注：「田單。」吳師道注：「注非。說見趙策。」墨筆旁批：「趙策惠文王卅年相平都君田單章注辨之。」又硃筆眉批：「平都君。」

「平都君曰：臣以垣雍爲空割也。」墨筆眉批：「垣雍。空割。」

「平都君曰：秦、趙久相持於長平之下」云云。墨筆眉批：「主從者。」

樓梧約秦魏章

「樓梧約秦、魏，將令秦王遇於境。」硃筆眉批：「樓梧。」

「且遇於秦而相秦者，是無齊也。」鮑彪注：「猶言齊者時君王后賢，於齊敵也。」硃筆將注文删去。

「秦必輕王之强矣有齊者。」墨筆眉批：「有齊者。」

十八年謂魏王章

「繒恃齊而輕越，齊和子亂，而越人亡繒。」墨筆眉批：「和子。」

「今王恃楚之强而信春申君之言。」墨筆眉批：「春申君。」

魏王問張旄章

「魏王問張旄曰」云云。硃筆眉批：「張旄。」

客謂司馬食其章

「客謂司馬食其曰」云云。硃筆眉批：「司馬食其。」

「謂茲公不知此兩者，又不知茲公者也。」硃筆眉批：「茲公。」

「然而，茲公爲從，其説何也？」墨筆眉批：「司馬食其是袓從者。」

「子何不疾及三國方堅也，自賣於秦，秦必受子。」墨筆旁批：「此人之不長俊極矣，何時何事無此等人？」

秦拔寧邑章

「魏冉曰：王無聽。」硃筆眉批：「魏冉。」

秦罷邯鄲章

「吳慶恐魏王之講於秦也，謂魏王曰」云云。硃筆眉批：「吳慶。」又墨筆眉批：「吳。」

魏王欲攻邯鄲章

「魏王欲攻邯鄲，季梁聞之，中道而反。」硃筆眉批：「季梁。」又墨筆眉批：「季。」

「今者臣來，見人於大行。」吳師道注：「行道也。」藍筆眉批：「大行即大行山也。」

「臣曰：君之楚，將吳爲北面。」硃筆在「吳」字上打「×」號，並墨筆旁批：「無。」

周肖謂宮他章

「周肖謂宮他曰」云云。硃筆眉批：「周肖。宮他。」又墨筆眉批：「周。宮。」

信陵君殺晉鄙章

「信陵君殺晉鄙，救邯鄲。」墨筆眉批：「信陵君。晉鄙。」

「唐雎謂信陵君曰」云云。硃筆眉批：「唐雎。」

魏攻管而不下章

「魏攻管而不下，安陵人縮高其子爲管守。信陵君使人謂安陵君曰」云云。硃筆眉批：「縮高。信陵君。安陵君。」又墨筆眉批：「縮。管守。」

（此下一頁被撕去。）

「信陵君聞縮高死，服縞素避舍，使使者謝安陵君曰」云云。墨筆眉批：「安陵。」

魏王與龍陽君共船而釣章

「魏王與龍陽君共船而釣，龍陽君得十餘魚而泣下。」硃筆眉批：「龍陽君。」又墨筆眉批：「龍陽君泣前魚。」

（此下一頁被撕去，包括本章後半部與或謂魏王章。）

魏鞅謂春申曰章

「魏鞅謂春申曰」云云。硃筆眉批：「魏鞅。春申。」

「今秦欲踰兵於黽隘之塞。」鮑彪注：「魏記所謂『冥阸』。注：楚險塞。或以爲江夏、鄍縣。」硃筆於「鄍縣」前加一「昔」字。

安邑之御史死章

「安邑之御史死，其次恐不得也。輸人爲之謂安邑令曰：公孫綦爲人請御史於王」云云。硃筆眉批：「輸人。公孫綦。御史置由令，必非所謂監郡御史也。」又墨筆眉批：「安邑令。」

秦攻魏急章

「景閔王。」鮑彪注：「安釐王子。」吳師道注：「名增。」硃筆眉批：「魏王增。」

「或謂魏王曰」云云。吳師道注：「孔叢子云：秦急攻魏，魏王恐。或謂子順曰：如之何？」

硃筆眉批：「子順。」

「卑體不足以苦身，解患而怨報。」鮑彪注：「怨，謂不韋主攻者也。」墨筆眉批：「呂不韋。」

「故畢曰：於嫪氏乎？於呂氏乎？」墨筆眉批：「呂氏。嫪毐。」

「王以國贊嫪毐，太后之德王也。」墨筆眉批：「秦太后。」

「天下必舍呂氏而從嫪氏，則王之怨報矣。」吳師道注：「大事記曰：子順進退有聖賢之風，寧忍出此乎？」硃筆眉批：「子順。」

秦王使人謂安陵君章

「秦王使人謂安陵君曰」云云。先硃筆後描以墨筆眉批：「安陵君。」

「安陵君因使唐雎使於秦。」先硃筆後描以墨筆眉批：「唐雎。」又墨筆旁批：「此君與楚清殉之人同稱乎？」

卷一百一十九　戰國策校注批注（下）

卷八

三晉已破智氏章

「康子。」墨筆眉批：「韓康子。」

「三晉已破智氏，將分其地。段規謂韓王曰」云云。硃筆眉批：「段規。」

韓傀相韓章

「烈侯。」鮑彪注：「景侯元年、安王三年壬午。」吳師道注：「當云景侯虔子元年。史『列侯』，取『列』、『烈』通。」墨筆眉批：「景侯虔。列侯。」

「韓傀相魏，嚴遂重於君，二人相害也。」墨筆眉批：「韓傀。嚴遂。」又於批文「傀」字下小字注：「賄韻。」

「嚴遂陰交於聶政，以意厚之。」墨筆眉批：「聶政。」

「嚴遂曰：吾得爲役之日淺，事今薄，奚敢有請？」墨筆眉批：「事今薄。」

「仲子奉黄金百鎰，前爲聶政母壽。」墨筆眉批：「仲子。」

「故直進百金者，特以爲丈人麤糲之費，以反足下之讙。」墨筆眉批：「麤糲之費。」又硃筆改刪去。

「反」字爲「交」字。

「老母在前，政身未敢以許人也。」鮑彪於「老母在前」下注：「在未死前。」硃筆將注文四字刪去。

「韓適有東孟之會，韓王及相皆在焉。」墨筆眉批：「東孟之會。」

「政姊嫈聞之曰」云云。墨筆眉批：「嫈。」

「是其軼賁、育，高成荆矣。」墨筆眉批：「賁。育。成荆。」

「聶政直入階，刺殺韓傀。韓傀走而抱烈侯，聶政刺之，兼中烈侯。」鮑彪注：「按韃侯策及傳，皆言『哀侯』，而記及其表皆書『列侯』。策、傳可爲誤，年不可移也。」吴師道注：「大事記：『按史記韓世家烈侯三年，聶政殺韓相俠累。十三年烈侯卒，子文侯立，十年卒。子哀侯立，六年，韓嚴弒其君哀侯。聶政之刺俠累，與哀侯之弒相去遠矣。』「則此乃烈侯三年之事，當戰國策誤以爲哀侯耳。」墨筆眉批：「誤以烈侯時事爲哀侯時。」又吴師道注：「紀年：晉桓公邑哀侯於鄭，韓山堅賊其君哀侯，而立韓若山。山堅卽韓嚴也，若山卽懿侯也。」墨筆眉批：「山堅。若山。」

成午從趙來章

「昭侯。」墨筆眉批：「韓昭侯。」

（此下兩頁半被撕去。包括本章與魏之圍邯鄲也章、申子請仕其從兄官章、蘇秦爲趙合從說韓王章的前大半部。）

蘇秦爲趙合從説韓王章（後小半部）

「臣聞鄙語曰：寧爲雞口，不爲牛後。」鮑彪注：「沈括辨以爲『雞口牛後』」云云。硃筆改注文「口」字爲「尸」字。吴師道注：「索隱引延篤云：寧爲雞口，不爲牛後。」墨筆眉批：「延篤。雞尸。」

宣王謂樛留章

「宣王謂樛留曰：吾欲兩用公仲、公叔，其可乎？」硃筆眉批：「樛留。公仲。公叔。」又墨筆眉批：「樛。」又墨筆旁批：「漢表有樛廣德。」

「晉用六卿而國分，簡公用田成、監止而簡公弑。」墨筆於前一「簡公」旁批：「齊。」

楚昭獻相韓章

「楚昭獻相韓，秦且攻韓，韓廢昭獻。」硃筆眉批：「昭獻。」又墨筆眉批：「昭。」

「昭獻令人謂公叔曰」云云。硃筆眉批：「公叔。」

秦攻陘章

「秦攻陘，韓使人馳南陽之地。」硃筆眉批：「一馳。」

「陳軫謂秦王曰」云云。「硃筆眉批：「陳軫。」

秦韓戰於濁澤章

「秦、韓戰於濁澤。」吳師道注：「大事記：韓與趙、魏伐秦，秦使庶長樗里疾與戰脩魚，虜韓將申差。」墨筆眉批：「濁澤。脩魚。」

「韓氏急，公仲朋謂韓王曰」云云。硃筆眉批：「公仲朋。」

「王不如因張儀爲和於秦，賂之以一名都，與之伐楚。」墨筆眉批：「張儀。」

「楚王聞之，大怒，召陳軫而告之曰」云云。硃筆眉批：「陳軫。」

「韓之德王也，必不爲鴈行以來。」墨筆眉批：「雁行。」

「秦果大怒，興師與韓戰於岸門。」墨筆眉批：「岸門。」

「兵爲秦禽，智爲楚笑，過聽於陳軫，失計於韓朋也。」墨筆眉批：「陳軫。」吳師道注：「鮑嘗謂陳軫少捭闔風氣，故此以億中稱之。此策非捭闔而何？」墨筆眉批：「捭合。」

（此下半頁被撕去，包括顏率見公仲章與張儀爲秦連橫說韓王章的前兩行。）

張儀爲秦連橫說韓王章

「張儀爲秦連橫說韓王曰」云云。硃筆眉批：「張儀。」

「爲除守徼、亭、障、塞，見卒不過二十萬而已。」吳師道注：「顏云：徼，塞也，取徼遮之義。音味。」硃筆在「味」字上打「×」號。

「跿跔科頭，貫頤奮戟者，至不可勝計也。」吳師道注：「索隱曰：兩手捧頤而直不敵，言其勇。」硃筆於注文「不」字上打「×」號。

（此下兩頁被撕去，包括本章尾部與鄭彊之走張儀於秦章、宜陽之役章、秦圍宜陽章、爲公仲謂向壽章的前半部。）

爲公仲謂向壽章（後半部）

「今王之愛習公也，不如公孫郝。」硃筆眉批：「公孫郝。」

「公不如與王謀其變也。」墨筆旁批：「欲其變與楚好之謀。」

「今公言善韓以待楚，是外舉不避讎也。」硃筆於後句旁批：「獨此句迂闊無當。」

「今公取宜陽以爲功」云云。吳師道注：「今向壽取晉陽以爲功」云云。硃筆改「晉陽」爲「宜陽」。

客卿爲韓謂秦王章

「客卿爲韓謂秦王曰：韓珉之議，知其君不知異君，知其國不知異國。」硃筆眉批：「客卿。韓珉。」又墨筆眉批：「後有公仲使珉之秦章。」又於「韓珉之議」旁墨筆批：「此議何謂？想即上章宜陽之役來。」

「彼公仲者，秦勢能詘之。」硃筆眉批：「公仲。」

「所以不反魏者，以爲成而過南陽之道，欲以四國西首也。」墨筆於「反」字旁批：「及。」

「今王位正，張儀之貴，不得議公孫郝，是從臣不事大臣也。」硃筆眉批：「張儀。公孫郝。」

「公孫郝之貴，不得議甘茂，則大臣不得事近臣矣。」硃筆眉批：「甘茂。」

「公孫郝、樗里疾請無攻韓，陳四辟去，王猶攻之也。」硃筆眉批：「樗里疾。」又硃筆改「四」

字爲「而」字。

「甘茂約楚、趙而攻敬魏，是且搆我。」墨筆改「攻」字爲「反」字。

或謂公仲曰章

「或謂公仲曰」云云。硃筆眉批：「公仲。」

「善公孫郝以難甘茂」。墨筆眉批：「公孫郝。甘茂。」

「楚、趙皆公之讎也。」鮑彪注：「詳此，則公仲興齊者也。」硃筆改「興」字爲「與」字。

「公何不因行願以與秦王語？」硃筆眉批：「行願。」又墨筆眉批：「行。」

公仲數不信於諸矦章

「公仲數不信於諸矦。」硃筆眉批：「公仲。」

「蘇代爲謂楚王曰：不若聽而備於其反也。」墨筆旁批：「『反』似謂初不信，今將窮而反内信于楚。『備』猶『待』也。待其反平日之不信，而爲今日之信也。」又墨筆眉批：「公仲素以反爲得計，我且因其反言窮而預備之。」

「此方其爲尾生之時也。」墨筆眉批：「尾生。」

謂公叔曰公欲得武遂於秦章

「謂公叔曰：公欲得武遂於秦」云云。硃筆眉批：「公叔。」

「公不如令人恐楚王，而令人爲公求武遂於秦。」硃筆旁批：「使楚爲韓請也。」

謂公叔曰乘舟章

「謂公叔曰：乘舟，舟漏而弗塞」云云。墨筆眉批：「公叔。」

「塞漏舟而輕陽侯之波，則舟覆矣。」墨筆眉批：「陽侯。」

「今公自以爲辨於薛公而輕秦，是塞漏舟而輕陽侯之波也。」硃筆眉批：「薛公。」

齊令周最使鄭章

「齊令周最使鄭，立韓擾而廢公叔。」硃筆眉批：「周最。韓擾。公叔。」又墨筆眉批：「周。韓。」

「史舍曰：公行矣，請令公叔必重公。」硃筆眉批：「史舍。」又墨筆眉批：「史。」

（此下一頁被撕去，包括本章末句與公仲使韓珉之秦求武遂章、公仲以宜陽之故仇甘茂章、鄭彊以八百金入秦章的前半部。）

鄭彊以八百金入秦章（後半部）

「公不如令秦王疑公叔。」硃筆眉批：「公叔。」

「公叔之攻楚也，以幾瑟之存焉。」硃筆眉批：「幾瑟。」

「今已令楚王奉幾瑟以車百乘居陽翟，令昭獻轉而與之處。」硃筆眉批：「昭獻。」

公仲爲韓魏易地章

「公仲爲韓、魏易地，公叔爭之而不聽，且亡。」硃筆眉批：「公仲。公叔。」

「史惕謂公叔曰」云云。硃筆眉批：「史惕。」

錡宣之教韓王取秦章

「錡宣之教韓王取秦曰：爲公叔具車百乘，言之楚，易三川。」硃筆眉批：「錡宣。公叔。」

「因令公仲謂秦王曰」云云。硃筆眉批：「公仲。」

「王何不試以襄子爲質於韓，令韓王知王之不取三川也。」硃筆眉批：「襄子。」

襄陵之役章

「襄陵之役，畢長謂公叔曰」云云。硃筆眉批：「畢長。公叔。」

「夫楚欲置公子咎，必以兵臨魏。」硃筆眉批：「公子咎。」

「公何不令人説昭子曰」云云。鮑彪注：「陽也。」硃筆眉批：「昭陽。」

「於是太子與昭陽、梁王皆德公矣。」鮑彪於「太子」下注：「幾瑟也。」硃筆眉批：「幾瑟。」

又墨筆眉批：「梁王。」

公叔使馮君於秦章

「公叔使馮君於秦，恐留，教陽向説秦王曰」云云。硃筆眉批：「公叔。馮君。陽向。」

韓公叔與幾瑟爭國章

「韓公叔與幾瑟爭國，鄭彊爲楚王使於韓。」硃筆眉批：「公叔。幾瑟。」又先硃筆後描以墨筆眉批：「鄭彊。」

韓公叔與幾瑟爭國中庶子强謂太子章

「韓公叔與幾瑟爭國，中庶子强謂太子曰」云云。硃筆眉批：「公叔。幾瑟。中庶子强。」又墨筆於「太子」旁批：「幾瑟。」

「齊師果入，太子出走。」墨筆於「太子」旁批：「幾瑟。」

（此下一頁被撕去，包括齊明謂公叔章與公叔將殺幾瑟章、公叔且殺幾瑟也章。）

謂新城君曰章

「謂新城君曰」云云。硃筆眉批：「新城君。」

胡衍之出幾瑟於楚章

「胡衍之出幾瑟於楚也，教公仲謂魏王曰」云云。硃筆眉批：「胡衍。公仲。」又墨筆眉批：「幾瑟。」

「王何不試奉公子咎，而爲之請太子？」硃筆於「王」字旁批：「公。」

「韓立公子咎而棄幾瑟，是王抱虛質也。」墨筆眉批：「公子咎。」吳師道注：「愚謂勸仲試奉咎者，將以行其謂楚之謀，激楚王之早入幾瑟耳。」硃筆改後一個「謂」字爲「爲」字。

幾瑟亡之楚章

「幾瑟亡之楚，楚將收秦而復之。謂芊戎曰：廢公叔而相幾瑟者，楚也。」硃筆眉批：「幾瑟。芊戎。」又墨筆眉批：「公叔。」

「公不如令秦王賀伯嬰之立也。」墨筆眉批：「伯嬰。」

冷向謂韓咎章

「冷向謂韓咎曰：幾瑟亡在楚」云云。硃筆眉批：「冷向。韓咎。幾瑟。」

楚令景鯉入韓章

「楚令景鯉入韓，韓且内伯嬰於秦，景鯉患之。」硃筆眉批：「景鯉。伯嬰。」

「冷向謂伯嬰曰：太子入秦，秦必留太子而合楚，以復幾瑟也。」硃筆眉批：「冷向。幾瑟。」

楚圍雍氏五月章

「秦師不下殽，韓又令尚靳使秦。」硃筆眉批：「尚靳。」

「宣太后曰：使者來者衆矣，獨尚子之言是。」先硃筆又描以墨筆眉批：「宣太后。」

「宣太后謂尚子曰：妾事先王日，先王以其髀加妾之身，妾困不支也。盡置其身妾之上，而妾弗重也。何也？以其少有利焉。」硃筆旁批：「老娼乃尔閒話。」批文中「閒話」二字爲墨筆。又墨筆旁批：「大度聖母，無不可對人言事。」

「韓王遣張翠，張翠稱病，日行一縣。」硃筆眉批：「張翠。」「翠」字又描以墨筆。

「張翠至，甘茂曰：『韓急矣！先生病而來。』張翠曰：『韓未急也，且急矣。』甘茂曰：『秦重國智王也，韓之緩急莫不知，今先生言不急，可乎。』張翠曰：『韓急則折而入於楚矣，臣安敢來？』」硃筆眉批：「此事與後田苓說同。」又墨筆眉批：「甘茂。」

「公仲柄得秦師，故敢捍楚。」墨筆眉批：「公仲。柄。」

楚圍雍氏章

「楚圍雍氏，韓令冷向借救於秦，秦爲發使公孫昧入韓。公仲曰」云云。硃筆眉批：「冷向。公孫昧。公仲。」

「張儀謂秦王曰：與楚攻梁，魏折而入楚，韓固其與也，是秦孤也。故不如出兵以勁魏。」墨筆眉批：「張儀。秦策楚攻魏章：張儀曰『不如與魏以勁之』。『勁』，史作『到』。」

「司馬康三反之郢矣，甘茂與昭獻遇於境，其言收璽，其實猶有約也。」硃筆眉批：「司馬康。甘茂。昭獻。」

「公仲怒曰：然則奈何？」墨筆眉批：「公仲。」

「對曰：公必先韓而後秦，先身而後張儀。」墨筆眉批：「張儀。」

或謂韓公仲章

「或謂韓公仲曰」云云。硃筆眉批：「公仲。」

「今公與安成君爲秦、魏之和，成固爲福，不成亦爲福。」硃筆眉批：「安成君。」
「齊怒於不得魏，必欲善韓以塞魏。」硃筆於「齊」字旁批：「秦。」

或謂公仲章

「或謂公仲曰」云云。硃筆眉批：「公仲。」
「昔者周佼以西周善於秦，而封於梗陽；周啓以東周善於秦，而封於平原。」硃筆眉批：「周佼。周啓。」

韓咎立爲君而未定章

「韓咎立爲君而未定也。」硃筆眉批：「韓咎。」
「綦毋恢曰：不如以百金從之，韓咎立，因以爲戒；不立，則曰來効賊也。」硃筆眉批：「綦毋恢。」又墨筆眉批：「不長進，無賴之極。」

五國約而攻秦章

「不能傷秦，兵能而留於成皋。」硃筆改「能」字爲「罷」字。
「魏順謂沛丘君曰：五國罷，必攻沛丘。」硃筆眉批：「魏順。沛丘君。」原文「沛」字下鮑彪注：「元什市。」硃筆改「什」字爲「作」字。「必攻沛丘」下鮑彪注：「沛丘爲具日。」硃筆改「日」字爲「丘」字。
「五國重王」。鮑彪注：「王當作四。」硃筆改「王」字爲「五」字。吳師道注：「大事記改五作四，遂以此策州誤。」硃筆改「州」字爲「作」字。

韓人攻宋章

「蘇代爲韓說秦王曰：韓珉之攻宋，所以爲王也。以韓之強」云云。硃筆眉批：「韓珉。蘇代。」又墨筆眉批：「韓珉攻宋，所以爲秦。」又墨筆於「以韓之強」旁批：「此處說韓強。」又墨筆眉批：「韓不得爲強，而蘇代云強。」

謂鄭王章

「謂鄭王曰：昭釐侯，一世之明君也；申不害，一世之賢士也。」墨筆眉批：「鄭王。昭釐侯。申不害。」

「今之韓弱於始之韓，而今之秦強於始之秦。」吳師道注：「孔叢子：韓與魏有隙。子順謂韓王曰：昭釐侯，一世之明君也；申不害，一世之賢相也。」硃筆眉批：「子順。」

「然而春秋用兵者，非以求主尊成王於天下也。」硃筆旁批：「此句在此處文義不明。」

「東孟之會，聶政、陽堅刺相兼君。許異蹙列侯而殪之，立以爲鄭君。」硃筆眉批：「聶政。陽堅。許異。」

韓陽役於三川而欲歸章

「韓陽役於三川而欲歸，足強爲之說韓王曰」云云。硃筆眉批：「韓陽。足強。」

秦大國也章

「秦反得其金與韓之美人。」墨筆眉批：「韓之美人。」

張丑之合齊楚講於魏章

「張丑之合齊、楚講於魏也，謂韓公仲曰」云云。硃筆眉批：「張丑。公仲。」

謂韓相國章

「謂韓相國曰：人之所以善扁鵲者，爲有臃腫也；使善扁鵲而無臃腫也，則人莫之爲之也。」鮑彪於「相國」下注：「公仲也。」硃筆眉批：「公仲。」又墨筆於「有」字旁批「圖」，於「無」字旁批「不」。又墨筆眉批：「『有』、『無』似顛倒。」又墨筆尾批：「當云人之善扁鵲者，爲有臃腫而求治之；若善扁鵲仍有臃腫，則無爲善之矣。」

韓相公仲使韓侈之秦章

「韓相公仲使韓侈之秦，請攻魏。」硃筆眉批：「公仲。韓侈。」

「魏之使者謂後相韓辰曰」云云。硃筆眉批：「韓辰。」

「令安伏召韓侈而仕之。」硃筆眉批：「安伏。」

韓珉相齊章

「韓珉相齊，令吏逐公疇豎，又怒於周之留成陽君。」硃筆眉批：「韓珉。公疇豎。成陽君。」

「韓珉曰：公以二人者爲賢人也」云云，「且收之，以臨齊而市公。」墨筆眉批：「珉拙計。」又墨筆於批文「豎」字下小字注：「虞韻。」

謂山陽君章

「謂山陽君曰：秦封君以山陽」云云。硃筆眉批：「山陽君。」

趙魏攻華陽章

「韓相國謂田苓曰」云云。鮑彪於「韓相國」下注：「辰也。」硃筆眉批：「韓辰。田苓。」

「田苓見穰侯，穰侯曰」云云。硃筆眉批：「穰侯。」

韓氏逐向晉於周章

「韓氏逐向晉於周，周使成恢爲之謂魏王曰」云云。硃筆眉批：「向晉。成恢。」

張登謂費緤章

「張登謂費緤曰：請令公子牟謂韓王曰」云云。硃筆眉批：「張登。費緤。公子牟。」

「是緤以三川與西周戒也，必盡其家以事王。」墨筆於後一句旁批：「此是怕而與耶？喜而與耶？」「西周惡之，必効先王之器以止王。」墨筆旁批：「西周怕緤耶？」又墨筆眉批：「豈何必行？」

「西周聞之，必解子之罪。」墨筆於「子」字旁批：「此謂公子牟。」

魏王爲九重之盟章

「魏王爲九重之盟，且復天子。」鮑彪注：「赧四十二年，馬犯請梁城周，有『復之』之語。」墨筆眉批：「馬犯。」吴師道注：「大事記：按韓非子，魏惠公爲日里之盟，將復立天子。彭喜謂鄭君曰」云云。硃筆改吴注文「日」字爲「臼」字。又硃筆眉批：「彭喜。」

「房喜謂韓王曰」云云。硃筆眉批：「房喜。」

建信君輕韓熙章

「建信君輕韓熙，趙敖爲謂建信君曰」云云。硃筆眉批：「建信君。韓熙。趙敖。」

卷九

奉陽君甚不取於蘇秦章

「奉陽君甚不取於蘇秦。」硃筆眉批：「奉陽君。蘇秦。」鮑彪於「奉陽君」下注：「衍『李兌』二字。」吳師道注：「奉陽君李兌者，通封邑姓名言之也。」硃筆旁批：「此奉陽君非李兌，亦趙人。」吳師道注：「『蘇秦』當作『蘇代』，因蘇秦稱奉陽君不説之語而訛也。」「又據古史，謂蕭矦時奉陽君公子成實未亡，削去捐館之語。愚嘗辯蘇秦所稱奉陽君必別爲一人，奉陽君實李兌，非公子成也。」硃筆眉批：「奉陽有二。」

「蘇秦在燕，李兌因爲蘇秦謂奉陽君曰」云云。硃筆眉批：「李兌。」又硃筆根批：「李兌，不知上是衍？此處兌衍？」

蘇秦將爲從北説魏文矦章

「蘇秦將爲從，北説魏文矦曰」云云。硃筆眉批：「蘇秦。」

權之難燕再戰不勝章

「噲子謂文公曰」云云。先硃筆後描以墨筆眉批：「噲子。」

「令郭任以地請講於齊。」墨筆眉批：「郭任。」

（此下一頁被撕去，爲燕文公時章的前大半部。）

人有惡蘇秦於燕王者章

「人有惡蘇秦於燕王者曰：武安君，天下不信人也。」先硃筆後描以墨筆眉批：「蘇秦。」又墨筆眉批：「武安君。」

「辭孤竹之君，餓而死於首陽之出。」硃筆改「出」字爲「山」字。

「信至如此，何肯揚燕、秦之威於齊而取大功乎哉？」吴師道注：「『秦』字疑衍。」墨筆眉批：「『秦』字亦非衍，前策有『燕，强秦之少婿』之語。」

「妻使妾奉卮酒進之，妾知其爲藥酒也，進之者殺主父，言之則逐主母，乃陽僵棄酒，主父大怒而笞之。」墨筆眉批：「忠妾。此事與後蘇代兩引之。」

蘇秦死章

「王噲。」硃筆眉批：「燕噲。」

「蘇秦死，其弟蘇代欲繼之。」先硃筆後描以墨筆眉批：「蘇代。」

「思念報齊，身自削甲札。」鮑彪注：「札，牒也。」吴師道注：「札，木簡牒之薄者。」墨筆眉批：「札卽片也。」吴師道注：「左成十六年，養出基蹲甲而射之，貫七札焉。」硃筆改「出」字爲「由」字。

「妻子組甲絣。」墨筆眉批：「絣。」

「天驕主必不好計，而亡國之臣貪於財。」硃筆改「天」字爲「夫」字。

蘇代爲燕説齊章

「蘇代爲燕説齊，未見齊王，先説淳于髡曰」云云。先硃筆後描以墨筆眉批：「蘇代。淳于髡。」

「往見伯樂曰」云云。墨筆眉批：「伯樂。」

「臣請獻白璧一雙、黄金千鎰，以爲馬食。」硃筆旁批：「又一梧下先生。」又硃筆眉批：「馬食。」

陳翠合齊燕章

「陳翠合齊、燕。」墨筆眉批：「陳翠。」又硃筆眉批：「翠。」
「陳翠欲見太后。」墨筆眉批：「太后。」
「陳翠曰：人主之愛子也，不如布衣之甚也」云云。硃筆旁批：「不如『左師』篇委曲盡情。」
（此下一頁被撕去，包括本章後半部與或獻書燕王章的前半部。）

或獻書燕王章（後半部）

「三人不能行，索二人、五人而車因行矣。」硃筆眉批：「索。」
「胡與越人言語不相知，志意不相通，同舟而凌波，至其相救助如一也。」墨筆眉批：「同舟之濟。」
「燕王噲既立，蘇秦死於齊。蘇秦之在燕也，與其相子之爲婚，而蘇代與子之交。及蘇秦死，而齊宣王復用蘇代。」墨筆眉批：「噲。蘇秦。子之。蘇代。」
「燕噲三年，與楚、三晉攻秦，不勝而還。」墨筆眉批：「燕敢與三晉攻秦。」
「鹿毛壽謂燕王曰」云云。硃筆眉批：「鹿毛壽。」其中「鹿」字又描以墨筆。
「王因收印，自三百里石吏而効之子之。」墨筆眉批：「石吏。」
「將軍市被、太子平謀，將攻子之。儲子謂齊宣王」云云。硃筆眉批：「市被。太子平。儲子。」墨筆眉批：「齊宣王。」鮑彪於「儲子」下注：「見離婁下。」吳師道注：「何以知即此人？」硃筆將吴師道注文删去。

「將軍市被及百姓乃反攻太子平，將軍市被死以殉國。」墨筆眉批：「市被。」又硃筆眉批：「市被反攻太子平而死，可謂殉國乎？」又墨筆旁批：「此處有訛。」

「王因令章子將五都之兵，以因北地之衆以伐燕。」硃筆眉批：「章子。」

初蘇秦弟厲因燕質子章

「初，蘇秦弟厲因燕質子而求見齊王。」硃筆眉批：「蘇厲。」

「齊王怨蘇秦，欲囚厲，燕質子爲謝乃已，遂委質爲臣。」墨筆於「臣」字旁批：「齊。」

「燕相子之與蘇代婚，而欲得燕權，乃使蘇代侍質子於齊。」墨筆於「子之與蘇代婚」旁批：「不知誰家男、誰家女，若婚字屬蘇家，似王之女。」又墨筆於「乃使」旁批：「子之。」又墨筆於「侍質子於齊」旁批：「親家公如此相爲，不顧人國也。」

「齊使代報燕，燕王噲問曰：『齊王其霸乎？』曰：『不能。』曰：『何也？』曰：『不信其臣。』」硃筆眉批：「蘇代。噲。」又墨筆於末句旁批：「如此一句好話，而左使之。」

「齊伐燕，殺王噲、子之。」墨筆旁批：「卻又救不了親家。」

「蘇代過魏，魏爲燕執代。」墨筆旁批：「也是旁剛正氣。」

「齊請以宋封涇陽君，秦不受。」硃筆眉批：「涇陽君。」

「如此其甚，則齊不欺秦。」鮑彪注：「秦所以不信齊，疑其合魏也。」墨筆於注旁批：「好補解。」

「蘇代過魏，魏爲燕執代」云云。「於是出蘇代。代之宋，宋善待之。」硃筆尾批：「哄魏放蘇代。」

張儀爲秦破從連横謂燕王章

「昭王。」鮑彪注：「噲子。」吴師道注：「名平。」硃筆眉批：「燕昭王平。」

「張儀爲秦破從連横，謂燕王曰」云云。硃筆眉批：「張儀。」

「取熱歠，厨人進斟羹。」吴師道注：「斟，謂羹汁，故名汁曰斟。」硃筆改「汁」字爲「汁」字。

宫他爲燕使魏章

「宫他爲燕使魏。」硃筆眉批：「宫他。」

燕昭王收破燕後卽位章

「欲將報讎，故往見郭隗先生曰」云云。硃筆眉批：「郭隗。」又墨筆於硃筆「隗」字旁小字注：「賄韻。」

「人趨，則若己者至。」墨筆於「人趨」與「則」字間加「己趨」二字。

「若恣睢奮擊，呴籍叱咄，則徒隸之人至矣。」墨筆批：「呴籍叱咄。」

「樂毅自魏往，鄒衍自齊往，劇辛自趙往。」硃筆眉批：「樂毅。鄒衍。」又先硃筆後描以墨筆眉批：「劇辛。」

客謂燕王曰章

「蘇子曰：請假王十年。」硃筆眉批：「蘇代。」

「臣聞當世之舉王，必誅暴正亂。」墨筆眉批：「舉王。」

「今宋王射天笞地，鑄諸侯之象。」鮑彪於「宋王」下注：「君偃。」墨筆眉批：「宋偃。」又墨筆眉批：「阮韻。」

齊伐宋章

「齊伐宋，宋急。蘇代乃遺燕昭王書曰」云云。硃筆眉批：「蘇代。」又墨筆眉批：「遺燕昭王書。」

「破宋，殘楚淮北。」吳師道注：「此已中淮北明矣。」硃筆於「中」字上打「×」號。

「肥大齊。」鮑彪注：「肥亦人也。」硃筆改「人」字爲「大」字。

「今乃以三齊臨燕，其禍必大矣。」墨筆眉批：「三齊。」

「齊人紫敗素也，而賈十倍。」硃筆根批：「紫其已敗之素。」

「秦挾賓客以待破。」吳師道注：「按魏眞有此文法。」硃筆在「眞」字上打「×」號。

「夫上計破秦」云云，「秦五世以結諸侯，今爲齊下」云云。墨筆眉批：「蘇代爲奉陽君章曰：使齊王謀道取秦。」

「令涇陽君若高陵君先於燕、趙，秦有變，因以爲質，則燕、趙信秦矣。」硃筆眉批：「涇陽君。高陵君。」

「秦爲西帝，趙爲中帝，燕爲北帝，立爲三帝，而令諸侯。」墨筆眉批：「三帝。」

「則燕、趙之棄秦也，猶釋敝躧。」吳師道注：「引漢志『邯鄲女跕躧』，字與蹝、屣通。」硃筆在「跕」字上打「×」號。

「燕昭王善其書」云云，「乃召蘇代，復善待之。」硃筆尾批：「燕又召蘇代之由。」

蘇代謂燕昭王章

「蘇代謂燕昭王曰」云云。硃筆眉批：「蘇代。」

「孝如曾參、孝已，信如尾生高，廉如鮑焦、史鰌，兼此三行以事王，奚如？」墨筆眉批：「曾參。孝已。尾生。鮑焦。史鰌。」

「義不與生俱立。」硃筆旁批：「此與秦對燕之語，尤可惡之甚者也。」

「若自憂而足，則臣亦周之負籠耳。」墨筆眉批：「負籠。」

「足下以愛之故與，何不與愛子與諸舅叔父負牀之孫？」墨筆眉批：「負牀之孫。」

「不得，而乃以與無能之臣，何也？」鮑彪於「不得」下注：「此屬皆不得不得與車。」硃筆將「不得與車」四字刪去。

「於是因今其妾酌藥酒而進之。」硃筆改「今」字爲「令」字。

「其妾知之，半道而立，慮曰：吾以此飲吾主父，則殺吾主父；以此事告吾主父，則逐吾主母」云云。墨筆眉批：「忠妾。蘇秦前有此。」

燕王謂蘇代章

「燕王謂蘇代曰：寡人甚不喜訑者言也。」墨筆眉批：「訑者言。」

（此下五頁被撕去，包括本章後大部分與蘇代爲奉陽君說燕與趙章、燕昭王且與天下伐齊章、齊魏爭燕章、蘇代自齊使人謂燕昭王章的前大半部分。）

蘇代自齊使人謂燕昭王章（後小部分）

「王不聽，遂將與燕戰於陽城。」墨筆尾批：「一晉下再陽城。」

「燕因使樂毅大起兵伐齊，破之。」墨筆眉批：「樂毅。」

蘇代自齊獻書於燕王章

「蘇代自齊獻書於燕王曰」云云。硃筆眉批：「蘇代。」

「臣受令以任齊，及五年，齊數出兵，未嘗謀燕。」墨筆眉批：「齊之不疑燕，全是蘇代之力耶？」

「吾信汝也，猶列眉也。」硃筆根批：「列眉。」又墨筆眉批：「列眉。」

（此下一頁被撕去，包括本章後半部分與秦召燕王章的前小半部分。）

秦召燕王章（後大半部分）

「秦之行暴，正告天下。告楚曰」云云，「秦正告韓曰」云云，「秦正告魏曰」云云。硃筆眉批：「通篇不飾不蔓。」

「强弩在前，銛戟在後。」墨筆眉批：「銛。」

「兵傷於離石。」吳師道注：「史離在作誰石。」硃筆改「在」字爲「石」字。

「必令其言如循環，用兵如刺蜚。」硃筆根批：「刺蜚。」

「代、厲皆以壽死，名顯諸矦。」墨筆眉批：「蘇厲。」

燕飢趙將伐之章

「楚使將軍之燕，過魏，見趙恢。」硃筆眉批：「趙恢。」

「趙恢曰：使除患無至，易於救患。伍子胥、宮之奇不用，燭之武、張孟談受大賞。」墨筆眉批：「伍子胥。宮之奇。燭之武。張孟談。」又硃筆根批：「恢爲燕。」鮑彪於「燭之武」下注：「僖三十年，晉、秦圍鄭，佚之孤言於鄭伯曰」云云。硃筆改「孤」字爲「狐」字。

「今與以百金送公也，不如以言。」吳師道於「與」字下注：「一本作子。」硃筆改「子」字爲「予」字。

「燕昭王聞之，乃封之以地。」鮑彪注：「封恢也，恢蓋趙之仕魏而爲燕者，爲燕亦所以爲魏也。」吳師道注：「無據。」墨筆尾批：「雖無據，想當然耳。」

趙且伐燕章

「趙且伐燕，蘇代爲燕謂惠王曰」云云。硃筆眉批：「蘇代。」

「鷸曰：今日不雨，明日不雨，卽有死蚌。」硃筆眉批：「『雨』字有作『兩』者。」

昌國君樂毅爲燕昭王章

「昌國君樂毅爲燕昭王合五國之兵而攻齊。」硃筆眉批：「樂毅。」

「惠王即位，用齊人反間，疑樂毅，而使騎劫代之將。」硃筆眉批：「騎劫。」

「齊田單詐騎劫，卒敗燕軍。」硃筆眉批：「田單。」

「寡人之使騎劫代將軍，爲將軍久暴露於外」云云。硃筆旁批：「獨此句不必尔搗鬼。」

「故假節於魏王，而以身得察於燕。」吴師道注：「故大事記附見于燕昭王十七年。」硃筆在「附」字上打「×」號。

「夫齊，霸國之餘教，而驟勝之遺車也。」硃筆改「車」字爲「軍」字。

「舉天下而圖之，莫徑於結趙矣。」墨筆眉批：「結。」

「趙若許約，楚、趙、宋盡力，四國攻之，齊可大破也。」吴師道注：「一本『約楚、魏、宋盡力』，王同。」先硃筆後描以墨筆在「王」字上打一「×」號。

「大呂陳於元英。」鮑彪注：「大昔，律内。元更，燕樂名。」硃筆改「昔」字爲「呂」字，又將「律内」、「更燕樂名」删去。

「薊丘之植，植於汶篁。」鮑彪注：「汶水出泰山萊蕪原。」硃筆改「汶」字爲「汶」字。吴師道注：「言燕、薊丘之所植，植齊王汶上之竹。」硃筆旁批：「如此解，於字未妥。」

張丑爲質於燕章

「張丑爲質於燕，燕王欲殺之。」硃筆眉批：「張丑。」

燕王喜使栗腹章

「王喜。」墨筆眉批：「喜。」
「燕王喜使栗腹以百金爲趙孝成王壽。」墨筆眉批：「栗腹。」
「反報曰：趙民其壯者皆死於長平，其孤未壯，可伐也。」墨筆旁批：「妄人。」
「王乃召昌國君樂閒而問曰」云云。硃筆眉批：「樂閒。」又墨筆眉批：「昌國君。」
「令栗腹以四十萬攻鄗，使慶秦以二十萬攻代。趙使廉頗以八萬遇栗腹於鄗，使樂乘以五萬遇慶秦於代，燕人大敗。」硃筆眉批：「栗腹。慶秦。廉頗。樂乘。」又墨筆於「廉頗以八萬遇栗腹於鄗」旁批：「八萬敵卌萬。」於「使樂乘以五萬遇慶秦於代」旁批：「五萬敵廿萬。」
「樂閒入趙，燕王以書且謝焉，曰」云云。硃筆眉批：「燕王謝樂閒之書。」

秦幷趙章

「秦幷趙，北向迎燕。」鮑彪注：「幷，合也。」硃筆眉批：「此『幷』字卽『與』字，不是『兼幷』之『幷』。」

燕太子丹質於秦章

「燕太子丹質於秦，亡歸。」墨筆眉批：「太子丹。」
「太子丹患之，謂其大傅鞠武曰」云云。硃筆眉批：「鞠武。」
「奈何以見陵之怨，欲批其逆哉？」鮑彪注：「□，篇迷切，擊也。」硃筆改模糊不清的「□」

字爲「批」字。

「居之有間，樊將軍亡秦之燕，太子客之。」硃筆眉批：「樊于期。」

「鞠武曰：燕有田光先生者，其智深而慮沉，可與之謀也。」硃筆眉批：「田光。」

「光不敢以乏國事也，所善荆軻可使也。」硃筆眉批：「荆軻。」

「王翦以數十萬之衆距漳、鄴，而李信出太原、雲中。」硃筆眉批：「王翦。李信。」

「秦將王翦破趙，虜趙王遷。」硃筆眉批：「趙王遷。」

「於是太子預求天下之利匕首，得趙人徐夫人匕首，取之百金。」硃筆眉批：「徐夫人。」又墨筆眉批：「徐。」

「使工以藥淬之。」鮑彪注：「淬當從火，堅刀刀也。若『淬』，則滅火器爾。」硃筆改「刀刀」爲「刀刃」。又於「若淬則滅」四字上打四個「×」號。

「乃爲裝，遺荆軻。」硃筆改「遺」字爲「遣」字。

「燕國有勇士秦武陽，年十三。」硃筆眉批：「秦武陽。」

「高漸離擊筑，荆軻和而歌，爲變徵之聲。」墨筆眉批：「高漸離。」

「既至秦，持千金之資幣物，厚遺秦王寵臣中庶子蒙嘉。」硃筆眉批：「蒙嘉。」又墨筆眉批：「蒙。」

「是時，侍醫夏無且以其所奉藥囊提荆軻。」硃筆眉批：「夏無且。」又墨筆眉批：「夏。」

「秦將李信追擊燕王，王急，用代王嘉計，殺太子丹，欲獻之秦。」墨筆眉批：「李信。李。代王嘉。」

公輸般爲楚設機章

「宋。」吳師道注：「漢志壽張下有『今之□陽』四字。」硃筆將模糊不清的「□」字描爲「睢」字。

「景公。」吳師道注：「史年表作頭曼，漢書古今人表作兜欒，汲冢師春作緣。」硃筆眉批：「宋公緣。」吳師道又注：「黄伯思考辨：祕閣古器有宋公緣餗鼎，與汲冢合。」硃筆改「餗」字爲「餗」字。

「公輸般爲楚設機，將以攻宋。墨子聞之，百舍重繭，往見公輸般。」硃筆眉批：「公輸般。墨翟。」

「王曰：必爲有竊疾矣。」墨筆眉批：「竊疾。」

謂大尹曰章

「謂大尹曰」云云。墨筆眉批：「大尹。」

「公不如令楚賀君之孝，則君不奪太后之事矣，則公見用於宋矣。」鮑彪注：「見用於宋，尹蓋太后之人。」硃筆尾批：「以文義求之，尹自是太后之人。」

宋與楚爲兄弟章

「宋與楚爲兄弟，齊攻宋，楚王言救宋。」「言」字殘，墨筆改爲「不」字。

「宋因賣楚重以求講於齊，齊不聽。」墨筆眉批：「賣楚。重。」

「蘇秦爲宋謂齊相曰」云云。硃筆眉批：「蘇秦。」

「不如與之，以明宋之賣楚重於齊也。楚怒，必絶於宋而事齊。齊、楚合，則攻宋易矣。」墨筆

尾批：「爲宋而給之以攻宋，易矣。且顧眼下，此下不見如何。」

齊攻宋章

「齊攻宋，宋使臧子索救於荆。」硃筆眉批：「臧子。」

宋康王之時章

「君偃。」硃筆眉批：「宋王偃。」

「宋康王時，有雀生䲹於城之陬。」硃筆根批：「䲹。」

「王乃逃倪矦之館，遂得而死。」墨筆眉批：「倪矦。」

「見祥而不爲，祥反爲禍。」吴師道注：「又説苑：孔子曰『昔者殷王帝辛』云云一段，亦同。

愚按：宋，殷後也，疑卽此一事。」硃筆旁批：「孔子何時人，乃爲一事？」

衛靈公近癰疽彌子瑕章

「衛靈公近癰疽、彌子瑕，二人者，專君之勢以蔽左右。復塗偵謂君曰」云云。硃筆眉批：「癰疽。彌子瑕。復塗偵。」

「若竈則不然，前之人煬，則後之人無從見也。」墨筆眉批：「煬。」

「於是，因廢癰疽、彌子瑕，而立司空狗。」硃筆眉批：「司空狗。」

犀首伐黄章

「犀首伐黄，過衛。」硃筆眉批：「又一犀首。」吴師道注：「意嘗其爲姓名或號，説見秦策。」

墨筆勾乙「意嘗」爲「嘗意」。

「南文子止之曰」云云。硃筆眉批：「南文子。」

「是勝黄城，則功大名美，内臨其倫，夫在中者惡臨，議其事。」墨筆眉批：「臨。」

智伯欲伐衛章

「智伯欲伐衛，遺衛君野馬四、百璧一。」硃筆眉批：「智伯。」

「衛君大説，羣臣皆賀。南文子有憂色。」硃筆眉批：「南文子。」

智伯欲襲衛章

「南文子曰：太子顔爲君子也，甚愛而有寵。」硃筆眉批：「南文子。太子顔。」

（此下三頁被撕去，包括本章末四字與秦攻衛之蒲章、衛使客事魏章、衛嗣君時胥靡逃之魏章、衛嗣君病章。）

衛人迎新婦章

「衛人迎新婦，婦上車，問：『驂馬，誰馬也？』」云云。「此三言者，皆至言也，然而不免爲笑者，蚤晚之時失也。」墨筆眉批：「新婦失言。」

中山君饗都士大夫章

「中山君饗都士大夫，司馬子期在焉。」硃筆眉批：「司馬子期。」

「羊羹不遍，司馬子期怒而走於楚。」硃筆眉批：「羊羹。」

魏文矦欲殘中山章

「魏文矦欲殘中山，常莊談謂趙桓子曰：魏并中山，必無趙矣。公何不請公子傾以爲正妻，因封之中山，是中山復立也。」硃筆眉批：「魏文矦。常莊談。趙桓子。公子傾。」

樂羊爲魏將章

「樂羊爲魏將，攻中山。」硃筆眉批：「樂羊。」

犀首立五王章

「犀首立五王，而中山後持。」硃筆眉批：「犀首。」又墨筆眉批：「持。」

「中山聞之大怒，召張登而告之曰」云云。硃筆眉批：「張登。」

「登對曰：君爲臣多車重幣，臣請見田嬰。」硃筆眉批：「田嬰。」

「是君爲趙、魏驅羊也。」吳師道注：「高請：是君爲趙、魏驅羊，而使得食之。」硃筆改「請」字爲「註」字。

「中山急而爲君難其王。」鮑彪注：「難，則所謂羞與爲王。」墨筆眉批：「爲君難其王，猶言爲齊不待見其爲王。」

「張丑曰：不可。」硃筆眉批：「張丑。」

「今五國相與王也，負海不與焉。」吳師道注：「高註『齊不欲與之同正』，則『與』如字。」硃筆改「正」字爲「王」字。

「田嬰不聽，果召中山君而許之王。」墨筆眉批：「中山微末小國，而必欲稱王也。可笑！」

中山與燕趙爲王章

「藍諸君患之。」硃筆眉批：「藍諸君。」

「張登謂藍諸君曰」云云。墨筆眉批：「張登。」

「燕、趙好倍而貪地，吾恐其不吾據也。」硃筆根批：「據，是爲我出力。」

「燕、趙必曰：齊之欲割平邑以賂我者，非欲廢中山之王也，徒於以離我於中山，而已親之也。」墨筆眉批：「中山小國，燕、趙何所畏憚而必欲親？」（此下一頁被撕去，包括本章後小部分與司馬喜使趙爲己求相中山章、司馬喜三相中山章的前半部分。）

司馬喜三相中山章（後半部分）

「田簡自爲取使，可以爲司馬喜。」墨筆眉批：「取。」

陰姬與江姬爭爲后章

「陰姬與江姬爭爲后。」硃筆眉批：「陰姬。江姬。」

「商敵爲資，未可豫陳也。」墨筆眉批：「商。」

「未嘗見人如中山陰姬者也。」硃筆旁批：「是何語？」

主父欲伐中山章

「主父欲伐中山，使李疵觀之。」墨筆眉批：「主父。」又硃筆眉批：「李疵。」

「主尖曰：是賢君也，安可伐？」硃筆改「尖」字爲「父」字。

「李疵曰：不然。舉士則民務名不存本，朝賢則耕者惰而戰士懦。」墨筆眉批：「眞功利小人之言！」吳師道注：「大事記據呂氏春秋：晉太史屠黍謂周威王曰」云云。墨筆眉批：「屠黍。」

李文叔書戰國策後

「及周道衰，寖淫陵遲。」墨筆眉批：「不拘甚文章，好説个『及周道衰』。」

題戰國策　清源王覺

「治平初，始得錢唐顔氏印本。」墨筆眉批：「顔氏印本。」

題戰國策　剡川姚宏

「余頃於會稽得孫元忠所校於其族子愨，殊爲疎略。」墨筆眉批：「孫元忠。孫愨。」

「竇苹作唐史釋音，釋武后字。」墨筆眉批：「竇苹。」

「幽州僧行均作切韻訓詁，以此二字皆古文。」墨筆眉批：「行均。」

「辯『欒水』之爲『濆水』，『案』字之爲語助，與夫不題校人並題『續注』者，皆余所益也。」

墨筆眉批：「欒水。濆水。案。」

吴師道題識

「又云『訪得春秋後語，不爲無補』。蓋晉孔衍所著者，今尤不可得。」墨筆眉批：「晉孔衍著春秋後語。」

「宏字令聲，今題伯聲甫。」墨筆眉批：「姚宏。」

「弟寬令威、憲令則皆顯於時。」墨筆眉批：「姚寬。姚憲。」

戰國策後序　姚寬

「如用『埊』、『恧』字，皆武后字，恐唐人相承如此。」墨筆眉批：「埊。恧。」

「寶苹作唐書，釋武后用『埊』字云」云云。墨筆眉批：「寶苹。」

「太史公所採九十三事，內不同者五。」墨筆眉批：「九十三事。」

「趙有大夫庳賈。」墨筆眉批：「庳。」

「先王之法，非一四之志。」硃筆於「四」字上打「×」號。

「引風俗通云：晉大夫芸賢。」墨筆眉批：「芸賢。」

「秦四塞之儉，利於守不利於戰。」硃筆改「儉」字爲「險」字。

書末墨筆批：「筆墨格調皆奴氣。兼幷文章，得聖威名，各得兼兼。」

卷一百二十　孔氏談苑批注[一]

卷一

「匈奴尤畏女眞國，范純禮嘗聞彼使云」云云。墨筆眉批：「女眞國。」

「一夕，道士夢爲官司所録，送五道將軍殿中，並追馬勘鞫，獄具，各決杖七十。既寤，覺脊間微痛，潰而爲瘡，自知不祥」云云。墨筆眉批：「奇夢不祥，疽傷。」

「虢州朱陽鎮，一夕梟雁之聲滿空」云云，「又一年王沖叛，朱陽之民殲焉。」墨筆眉批：「康熙十三年六月，天下細土無風，大鳥比鴈大飛來，無數成羣，翳天晦暗，如烟霧。臘月廿六開了，印吳、耿變叛。」

「京師語曰：宣醫喪命，勑葬破家。」墨筆眉批：「宣醫喪命。」

「元祐中，韓康公病革。宣醫視之，進金液丹，雖暫能飲食」云云。墨筆眉批：「毒丹。」

「藝祖載誕營中，三日香，人莫不驚異。至今洛中人呼應天禪院爲香孩兒營。」墨筆眉批：「香孩兒。」

[一] 此篇據臺北圖書館藏批點手稿釋文，批點底本爲明萬歷年陳氏刊寶顏堂秘笈本。由堀川英嗣整理。傅山全書初版本未收。

卷二

「景德中，天下二萬五千寺，今三萬九千寺。」墨筆眉批：「三萬九千寺。」

「章伯鎮勘會省案，歲給椽燭十三萬條，内酒坊祖宗朝糯米八百石，眞廟三千石，仁宗八萬石。」墨筆眉批：「糯米八萬石。」

「歐陽永叔作校勘時，夢入一廟，於庭下謁神，與丁元珍同列，而元珍在上」云云。墨筆眉批：「夢。」

「陳州有顓頊□□廟。狄青知州，日夢廟中有牓，題曰『宰相蔡確』。確是時方爲舉人」云云。墨筆眉批：「夢。」

「王汾作館職，忤王荆公意，判鼓院，凡四年，家貧俸薄，累乞外任不許。一夕夢神告之曰：『子欲得郡，須求元公。』」墨筆眉批：「夢。」

「林希於章衡牓下及第，在期集處，劉庠相揖云：『久欲相見，有小事言之。』希問其故，曰：『庠嘗夢登第，在公後三名，故識公也。』」墨筆眉批：「夢。」

「王荆公初拜僕射，握壻蔡卞手曰：『吾止於此乎？昔年作舉人時，夢升一廳事，人指其牓有僕射廳字，曰：「他日君當爲此官。」今夢驗矣。』」墨筆眉批：「夢。」

「王曾在青州爲舉人時，或令賦梅花詩。曾詩云：『而今未說和羹用，且向百花頭上開。』識者已許曾必狀元及第，仕宦至宰相。」墨筆眉批：「且向百花頭上開。」

「眞宗東封，訪天下隱士，得杞人楊朴。上問曰：『卿臨行有人贈詩否？』朴對曰：『臣妾一首云：更無落魄耽杯酒，切莫猖狂愛詠詩。今日捉將官裏去，這回斷送老頭皮。』上大笑，使之復還山。」墨筆眉批：「鄭景望蒙齋筆談：楊朴，咸平、景德間隱士，居鄭州，能詩。朴性癖，常騎驢往來鄭國。每欲作詩，即伏艸中冥搜，或得之，則躍而出，適遇之者，無不驚。朴死無子。」

「眞宗朝李沆、王旦同執政，四方奏報祥瑞，沆固滅裂之，如有災異，則再三數陳」云云，「文靖，沆謚也。」墨筆眉批：「李文靖。」

「陸經多與人寫碑銘，頗得濡潤。人有問子履近日所寫幾何，對曰：近日寫甚少，總在街上喝道行裏。」硃筆眉批：「喝道行。」

「石曼卿，王氏壻也。以館職通判海州。官滿載私鹽兩船至壽春，託知州王子野貨之。時禁網寬賒，曼卿亦不爲人所忌，於是市中公然賣學士鹽。」硃筆眉批：「學士鹽。」

卷三

「丁謂在崖州方奕棋，其子哭而入」云云。墨筆眉批：「棋。」

「省試，王射虎侯賦云」云云。墨筆眉批：「賦。」

「呂文靖教馬子山云：事不要做到十分。」墨筆眉批：「異聞總錄：呂察問云，其叔曾祖文靖公未達時，嘗夜步月下，逢婦人以羃首立於側，公子不顧，婦人言官人覷我一覷，亦不答。至於再三，漫揭其羃，則滿面皆眼也。叱之曰：『恁嘴臉卻要人看！』婦無語，而立不動。少頃，復過公前，乃謝曰：『官人眞有宰相器量。』遂沒不見。蓋此類出而試人云。」

「滕元發云：『善醫者云：取本草白字藥服之多驗。』蘇子容云：『黑字是後人益之。』」墨筆眉批：「白字本草。」

「館中同列疾王文穆，使陳越寢如文穆之屍，石中立作文穆之妻哭其傍，餘人歌虞殯于前後。〔一〕欽若聞之，密奏，將盡逐之。王文正持其奏不下。」硃筆眉批：「王文穆。」又墨筆眉批：「石中立何事，肯學人妻哭也？」

「猴部頭，猿父也。衣以緋優服，常在昭宗側。」墨筆眉批：「猴部頭。」

「眞宗臨軒策士，夜夢下有菜一苗甚盛，與殿基相高。及拆第一卷，是乃蔡齊。上見其容貌，曰：得人矣。」墨筆眉批：「菜苗。高大奇夢。」

「范仲淹字希文」云云，「賊聞之曰：『無以延州爲意。今小范老子腹中有數萬甲兵，不比大范老子可欺也。』戎人呼知州爲老子，大范謂雍也。」墨筆眉批：「老子知州。」

「陳堯佐字希元」云云，「堯佐退居鄭圃，尤好詩賦。張士遜判西京，以牡丹花及酒遺之。」墨筆眉批：「張士遜遺牡丹花兼酒。」

「狄青字漢臣」。墨筆眉批：「狄公汾州人。汾府有廟。」

「王旦字子明，爲翰林學士」云云。墨筆眉批：「宋之賢相。」

「裴晉公作鑄劍戟爲農器賦」云云。墨筆眉批：「賦。」

「范文正公作金在鎔賦」云云。墨筆眉批：「賦。」

「王沂公有物混成賦」云云。墨筆眉批：「賦。」

「田元均治成都有聲，有訴訟，其懦弱不能自伸者，必委曲問之。蜀人謂之照天蠟燭。」墨筆眉

〔一〕「虞殯」，底本作「虞嬪」，當誤，據文意改。

批：「照天蠟燭。」

「劉隨待制爲成都通判，〔一〕嚴明通達，人謂之水晶燈籠。」墨筆眉批：「水晶燈籠。」

卷四

「楊大年年十一，舉神童至闕下。參政李至令賦喜朝京闕詩，〔二〕」云云。墨筆眉批：「楊大年十一賦京闕詩。」

「李侍讀仲容善飲」云云。硃筆眉批：「李仲容善飲。」

「王嚴光有才不達，自號釣鰲客」云云。硃筆眉批：「王嚴光。」

「唐李德裕爲相，極其貴盛，人之加禮，改具銜候起居之狀，謂之門狀。」硃筆眉批：「門狀。」

「官銜之名，當時選曹補授，須存資歷，開奏之時，先具舊官名品于前，次書擬官于後，使新舊相銜不斷，故曰官銜，亦曰頭銜，如人口銜物，取其連續之意。」硃筆眉批：「官銜。」

「蔡州丁氏精於女工，每七夕禱以酒果，忽見流星墜筵中，明日瓜上得金梭，自是巧思益進。」墨筆眉批：「瓜上金梭。」

「齊李崇爲兖州刺史，州劫盜，崇乃村置一樓，樓懸一鼓，盜發之處，槌鼓亂擊」，「諸村置鼓樓，自此始也。」硃筆眉批：「鼓樓。」

〔一〕「待制」，底本作「侍制」，當誤，據文意改。

〔二〕「李至令賦喜朝京闕詩」，底本作「李至喜令賦朝京闕詩」，疑誤，據清吳省蘭藝海珠塵本改。

卷一百二十一　拾遺記批注〔一〕

封面墨筆批：「傅説夢乘雲繞日而行，筮得利建侯之卦。昁字三卷二。銀燭。崆洞靈瓜。兩五老，三見。素王，三卷四。張儀、蘇秦同志好學。貫月槎。環天，鈞天也。曳影劍吟如龍虎。寒果。崑崙九層。神龜能言。八足八眼之龜。星池。婆侯，扶婁音訛。湯以玉帛聘傅説爲阿衡。昆、暄，聲相類。因霄國皆善嘯。移池國人長三尺，壽萬歲。張儀、蘇秦以墨書之掌股。張茂先撰博物志四百卷，上晉武帝，帝命删爲十卷。任末十四，學無常師，觀書題其衣裳。鵁鶄鳥解人語。」

卷之一

「春皇者，庖犧之别號」條：「於時日月重輪，山明海靜。」墨筆眉批：「日月重輪。」「庖者，包也。言包含萬象，以犧牲登薦於百神，民服其聖，故曰庖犧，亦謂伏犧。」墨筆眉批：「伏犧。」

「炎帝始教民耒耜」條：「因爲豢龍之圃，朱草蔓衍於街衢，卿雲蔚藹於叢薄。築圓丘以祀朝日，飾瑤堦以揖夜光。」墨筆眉批：「豢龍圃。朱草。卿雲。夜光。」「時有流雲灑液，是謂霞漿，服之得道，後天而老。」墨筆眉批：「霞漿。得道。後天而老。」「時有丹雀啣九穗禾。」墨筆眉批：「九穗之禾。」「採峻鍰之銅以爲器。峻鍰，山名也。」墨筆眉批：「峻鍰山。」

「軒轅出自有熊之國」條：「時有黄星之祥。」墨筆眉批：「黄星。」「變乘桴以造舟楫，水物

〔一〕此篇據山西博物院藏批點手稿整理。批點底本爲稗海本，晉王嘉著，明陳汝元校。由張少鯤釋文，王愛國重校。

爲之翔踴，滄海爲之恬波。」墨筆眉批：「變桴爲舟。恬波。」「使九行之士，以統萬國。九行者，孝、慈、文、信、言、忠、恭、勇、義。」墨筆眉批：「九行。」「昆臺者，鼎湖之極峻處也。」墨筆眉批：「昆臺。鼎湖極峻處。」「分别尊卑華戎之位也事出封禪記。」墨筆眉批：「封禪記。」「有石蕖青色，堅而甚輕，從風靡靡，覆其波上，一莖百葉，千年一花。」墨筆眉批：「青蕖。莖葉百。一花千年。」「仙人甯封，食飛魚而死，二百年更生。」墨筆眉批：「甯封。」

「少昊以金德王」條：「窮桑者，西海之濱，有孤桑之樹，直上千尋，葉紅椹紫，萬歲一實，食之後天而老。」墨筆眉批：「萬歲之桑椹，食之後天而老。」「皇娥倚瑟而清歌曰」云云。墨筆眉批：「皇娥歌。」「洽天蕩蕩望滄滄，乘桴輕漾著日傍。」墨筆眉批：「洽天。」「白帝子答歌」云云。墨筆眉批：「白帝子歌。」「桐峰文梓千尋直，伐梓作器成琹瑟。」墨筆眉批：「桐峰文梓之禽琹。」「有水屈曲，亦如龍鳳之狀；有山盤紆，亦如屈龍之勢，故有龍山、鼉山、鳳水之目也。」墨筆眉批：「鳳水。龍山。」

「帝顓頊，高陽氏」條：「有浮金之鐘，沉明之磬。」墨筆眉批：「浮金鐘，沉明磬。」「鯨鯢遊湧，海水恬波。有曳影之劍，騰空而舒。若四方有兵，此劍則飛起，指其方，則剋伐。未用之時，常於匣裏，如龍虎之吟。」墨筆眉批：「海水恬波。曳影劍吟如龍虎。」

「溟海之北有勃鞮之國」條：「人皆衣羽，無翼而飛，日中無影，壽千歲。」墨筆眉批：「此國人日中無影，後頻斯國人日中無影。」

「闇河之北，有紫桂成林」條：「其實如棗，羣仙餌焉。」墨筆眉批：「桂實大棗。」

「帝嚳之妃」條：「妃常夢吞日，則生一子，凡經八夢，則生八子。世謂爲八神，亦謂八翌。翌，明也。亦謂八英。」墨筆眉批：「八夢生八子。八英。」

「有丹丘之國」條：墨筆眉批：「丹丘國。」「又有丹丘千年一燒，黃河千年一清，至聖之君，以爲大瑞。」墨筆眉批：「丹丘千年一燒，黃河千年一清。」「當黃帝時，瑪瑙甕至。」墨筆眉批：「瑪瑙甕。」「至後漢東方朔識之，朔乃作寶甕銘」云云。墨筆眉批：「寶甕銘。」

「帝堯在位」條：「得玉版方尺，圖天地之形，又獲金璧之瑞，文字炳列。」墨筆眉批：「玉版。金璧。」「有善鳴之禽，人面鳥喙，八翼一足，毛色如雉，行不踐地，名曰青鸐。」墨筆眉批：「青鸐。」「查常浮繞四海，十二年一周天。周而復始，名曰貫月查，亦謂挂星查。」墨筆眉批：「貫月查。十二年一周天。挂星槎。」〔一〕

「虞舜在位十年」條：「有五老遊於國都。」墨筆眉批：「五老。」「昔北極之外，有潼海之水，渤潏高隱於日中，有巨魚大蛟，莫測其形也。」墨筆眉批：「北極外潼海有巨魚大蛟，其形莫測。」「銜青砂珠，積成壟阜，名曰『珠丘』。其珠輕細，風吹如塵起，名曰『珠塵』。」墨筆眉批：「珠丘。珠塵。」「故仙人方迴遊南嶽七言讚曰」云云。墨筆眉批：「方迴。」

「冀州之西二萬里」條：「有孝養之國。」墨筆眉批：「孝養之國。」「故舜封爲孝讓之國。」墨筆眉批：「孝讓。」

「南潯之國」條：「有洞穴陰源，其下通地脈。」硃筆眉批：「地脈。」「至禹導川，乘此龍。」墨筆眉批：「禹導川乘龍。」

〔一〕「槎」，傅山全書初版本誤作「查」，據手稿改。

卷之二

「堯命夏鮌治水」條：「白沉於羽淵，化爲玄魚。」墨筆眉批：「鮌化玄魚。」

「禹鑄九鼎」條：墨筆眉批：「九鼎。」

「禹鑿龍關之山」條：「有獸狀如豕。」墨筆眉批：「豕。」「又有青犬行吠於前。」墨筆眉批：「犬。」「又見一神，蛇身人面。」墨筆眉批：「蛇。」

「商之始也」條：「見黑鳥遺卵於地，有五色文，作八百字。」墨筆眉批：「鳥卵。五色文。八百字。」「狄乃懷卵一年而有娠，經十四月而生契。」墨筆眉批：「娠十四月。」「祚以八百，叶卵之文也。」墨筆眉批：「八百祚。」

「傅説賃爲赭衣者」條：「夢乘雲繞日而行，筮得利建侯之卦。」墨筆眉批：「夢乘雲繞日而行。」「湯以玉帛聘爲阿衡也。」墨筆眉批：「阿衡不獨伊尹。」

「紂之昏亂」條：「探高鳥之巢，得赤玉璽。」墨筆眉批：「鳥巢玉璽。」

「師延者」條：墨筆眉批：「師延。」「拊一絃琹，則地祇皆升。」墨筆眉批：「一絃琹。」

「周武王東伐紂」條：「有大蜂狀如丹鳥，飛集王舟。因以鳥畫其旗，翌日而梟紂。名其船曰『蜂舟』。」墨筆眉批：「蜂舟。」

「四年，旃塗國獻鳳雛」條：「育於靈禽之苑，飲以瓊漿，飴以雲實。」墨筆眉批：「靈禽苑，瓊漿。雲實。」

「五年，有因祇之國」條：墨筆眉批：「因祇。」「以五色絲於口中，手引而結之，則成文錦。」

墨筆眉批：「因祇口織五錦。」「有篆文錦，文似大篆之文也。」硃筆旁批：「奇。」「其國丈夫勤於耕稼，一日鋤十頃之地。」墨筆眉批：「一日鋤十頃地。」〔一〕

「六年，燃丘之國」條：「獻比翼鳥，雌雄各一，以玉爲樊。」墨筆眉批：「玉樊。比翼。」「衣雲霞之布，如今朝霞也。」墨筆眉批：「雲霞布衣。」「越鐵峴，泛沸海，有蛇洲、蜂岑。」墨筆眉批：「蛇洲。鐵峴。蜂岑。」

「七年，南陲之南有扶婁之國」條：「或口吐人於掌中，備百戲之樂，宛轉屈曲。」墨筆眉批：「扶婁百戲。」「於指間，見人形或長數分，或復數寸，神怪欻忽，衒麗於時，樂府皆傳其技。」硃筆眉批：「好意思兒。」

「昭王即位」條：「晝而假寐，忽夢白雲蓊蔚而起，有人衣服皆毛羽，因名曰羽人。夢中與語，問以上仙之術。」墨筆眉批：「夢中問羽人之術。」「語王曰：先欲易王之心。」墨筆眉批：「易心。」「乃出方寸綠囊，中有藥，名曰續脈明丸。」墨筆眉批：「續脈明丸。」「以之塗足，則飛天地萬里之外，如遊咫尺之內。」墨筆眉批：「奇藥。塗足飛萬里外。」

「二十四年，塗修國獻青鳳丹鵲」條：墨筆眉批：「青鳳丹鵲。」「扇一名遊飄，二名條翮，三名虧光，四名仄影。」墨筆眉批：「四異扇。」「時東甌獻二女，一名延娟，二名延娛。」墨筆眉批：「東甌二女。」「此二人辯口麗辭，巧善歌笑，步塵上無跡，行日中無影。」墨筆眉批：「日中無影。」〔二〕「或以時鮮甘果，採蘭杜包裹以沉於水。」墨筆眉批：「時鮮。」「綴青鳳之毛爲二裘。」墨

〔一〕「地」字上，傅山全書初版本衍一「之」字，據手稿刪。
〔二〕自「此二人」至此，傅山全書初版本脫，據手稿補。

筆眉批：「鳳裘。」

卷之三

「穆王卽位」條：「巡行天下，馭黃金碧玉之車。」墨筆眉批：「黃金碧玉車。」「王馭八龍之駿，一名絕地，足不踐土；二名翻羽，行越飛禽；三名奔霄，夜行萬里；四名超影，逐日而行；五名踰揮，毛色炳耀；六名超光，一形十影；七名騰霧，乘雲而奔；八名挾翼，身有肉翅。」墨筆眉批：「八龍之駿。絕地。翻雨。奔霄。超影。踰揮。超光。騰霧。挾翼。十影。肉翅。」

「三十六年，王東巡大騎之谷」條：「王設常生之燈以自照。」墨筆眉批：「常生燈。」「又有鳳腦之燈。」墨筆眉批：「鳳腦燈。」「西王母乘翠鳳之輦而來。」墨筆眉批：「西王母。翠鳳之輦。」「曳丹玉之履。」墨筆眉批：「丹玉履。」「又進洞淵紅蘤，嵰州甜雪，崐流素蓮，陰岐黑棗，萬歲冰桃，千年碧藕，青花白橘。」墨筆眉批：「紅蘤。甜雪。黑棗。冰桃。素蓮。碧藕。白橘。」

「扶桑東五萬里」條：「所謂沉流，亦名重泉。生碧藕。」硃筆眉批：「重泉。」墨筆眉批：「碧藕。」「中有白橘花，色翠而實白，大如瓜。」墨筆眉批：「橘實如瓜。」「則有岑華鏤管，咈澤雕鐘。」墨筆眉批：「咈。」「環天者，鈞天也。」墨筆眉批：「環天，鈞天也。」「以其木爲琹瑟，故曰靜瑟。」墨筆眉批：「靜瑟。」「上有青石可爲磬。」墨筆眉批：「石磬。」

「僖公十四年」條：「有白鵶繞煙而噪。」墨筆眉批：「白鵶。」「種仁壽木。」墨筆眉批：「仁壽木。」「俗亦謂烏白臆者爲慈烏。」墨筆眉批：「慈烏。」

「周靈王立二十一年」條：「夜有二蒼龍自天而下。」墨筆眉批：「蒼龍下天。」「又有五老列於徵在之庭，則五星之精也。」墨筆眉批：「五老星精。」「乃以繡紱繫麟角。」墨筆眉批：「麟書。」「云夫子係殷湯之後，水德而爲素王。」墨筆眉批：「素王。」

「二十三年，起昆昭之臺」條：「亦名宣昭。」墨筆眉批：「宣昭。」「其樹千尋，文理盤錯。」墨筆眉批：「異木文理盤錯。」「時有萇弘能招致神異。」墨筆眉批：「萇弘。」「時有容成子諫曰」云云。墨筆眉批：「容成子。」「此石色白如月，照面如雪，謂之月鏡。」墨筆眉批：「月鏡。」「故周人以萇弘媚諂而殺之，流血成石，或言成碧。」墨筆眉批：「萇弘血成碧。」

「有韓房者」條：墨筆眉批：「韓房。」「火齊鏡廣三尺，闇中視物如晝。」墨筆眉批：「火齊鏡。」

「師曠者」條：「妙辨音律。撰兵書萬篇。」墨筆眉批：「師曠兵書萬篇。」「乃燻目爲瞽，以絕塞衆慮。」墨筆眉批：「燻目。」「曠知命欲終，乃述寶符百卷。」墨筆眉批：「寶符。」

「老聃在周之末」條：「惟有黃髮老叟五人。」墨筆眉批：「五老。」「瞳子皆方，面色玉潔，手握青筠之杖。」墨筆眉批：「青筠杖。」〔二〕「及聃退跡爲柱下史」。墨筆眉批：「柱下史。」

「浮提之國」條：墨筆眉批：「浮提。」「出肘間金壺四寸，上有五龍之檢。」墨筆眉批：「金壺。」「佐老子撰道德經，垂十萬言。」墨筆眉批：「道德經十萬言。」「老子曰：更除其繁紊，存五千言。」墨筆眉批：「道德五千言。」

「師涓者」條：墨筆眉批：「師涓。」「善造新曲以代古聲。」墨筆眉批：「新曲。」

「宋景公之世」條：「脯以青茄九江珠檖。」墨筆眉批：「青茄。」「華清井之澄華也。」墨筆眉

〔二〕自「瞳子」至此，傅山全書初版本脫，據手稿補。

批：「井之澄華。」「忽有野人被草負笈。」墨筆眉批：「負笈。」「聞國君愛陰陽之術，好象緯之秘。」墨筆眉批：「象緯。」「遂賜姓子氏，名之曰韋，即子韋也。」墨筆眉批：「子韋。」

「越謀滅吳」條：「得陰峰之瑤，古皇之驥。」墨筆眉批：「古皇驥。」「又有美女二人，一名夷光，二名修明即西施、鄭旦之别名。」墨筆眉批：「夷光，西施别名。修明，即鄭旦。」「吳處以椒華之房，貫細珠爲簾幌。」墨筆眉批：「珠幌。」「越王入國，有丹烏夾王而飛。」墨筆眉批：「丹烏。」「范蠡相越，日致千金。」墨筆眉批：「范相。」「或藏之井塹，謂之寶井。」墨筆眉批：「寶井。」「奇容麗色，溢於閨房，謂之遊宫。」墨筆眉批：「遊宫。」

卷之四

「王即位二年」條：「廣延國來獻善舞者二人，一名旋娟，一名提謨。」墨筆眉批：「旋娟。提謨。」「飴以丹泉之粟。」墨筆眉批：「丹泉粟。」「其舞一名縈塵，言其體輕與塵相亂；次曰集羽，言其婉轉若羽毛之從風。」墨筆眉批：「舞。」「乃設麟文之席，散荃蕪之香。」墨筆眉批：「荃蕪。」「穟於空中自生花實，落地即生根葉。」墨筆眉批：「空中生花，奇特。」

「四年王居正寢」條：「召其臣甘需曰」云云。墨筆眉批：「甘需。」「乃歷蓬、瀛而超碧海。」墨筆眉批：「碧海。」「蓋能去滯慾而離嗜愛，洗神滅念，常遊於太極之門。」墨筆眉批：「至言。」

「七年，沐胥之國來朝」條：墨筆眉批：「沐胥。」「有道術人名尸羅」，「善衒惑之術，於其指端，出浮屠十層，高三尺，及諸天神僊，巧麗特絶。」墨筆眉批：「尸羅道術。」「列幢蓋，舞繞塔而行，人皆長五六分，歌唱之音如眞人矣。」硃筆眉批：「事同前扶婁。」「始出之時，纔一、二寸。」墨筆改「出」爲「入」。

「八年，盧扶國來朝」條：「渡玉河萬里方至。」墨筆眉批：「玉河。」「水不揚波，風不折木，人皆壽三百歲，結草爲衣，是謂卉服。」墨筆眉批：「水不揚波。卉服。」「昔大禹隨山導川，乃旌其地，爲無老純孝之國。」墨筆眉批：「純孝國。」

「九年，昭王思諸神異」條：「有谷將子，學道之人也。」墨筆眉批：「谷將子。」「西王母將來遊，必語虚無之術。」墨筆眉批：「王母。」「昔黄帝時，務成子遊寒山嶺。」墨筆眉批：「務成子。」「昭王常懷此珠，當隆暑之月，體自輕涼，號曰『銷暑招涼之珠』也。」墨筆眉批：「銷暑招涼珠。」〔二〕

「始皇六年」條：「又畫爲龍鳳騫翥如飛，皆不可點睛。」墨筆眉批：「龍鳳不點睛。」

「始皇好神僊之事」條：「有宛渠國之民，乘螺舟而至。」硃筆眉批：「螺舟。」「臣國在咸池，日沒之所九萬里，以萬歲爲一日。」墨筆眉批：「一日萬歲。」「又見冀州有異氣，應有聖人生，果慶都生堯。」墨筆眉批：「冀州聖人異氣，慶都生堯。」

「始皇起雲明臺」條：墨筆眉批：「子午臺。」「東得葱巒錦栢，漂檖龍松。」墨筆眉批：「葱巒。龍松。」「滌嶂霞桑，沉塘員籌，比得冥阜乾漆，陰坂文梓。」墨筆眉批：「霞桑。乾漆。」

「張儀、蘇秦二人同志好學」條：墨筆眉批：「張儀。蘇秦。」「有一先生問二子：『何勤苦也？』儀、秦又問之：『子何國人？』答曰：『吾生於歸谷，亦云鬼谷』。」墨筆眉批：「鬼谷。」

「子嬰則疑趙高，因高於咸陽獄。」墨筆眉批：「趙高。」「高懷有一青丸，大如雀卵。」墨筆眉批：

〔二〕「珠」字上，傅山全書初版本衍一「之」字，據手稿删。

「青丸丹。」「咸見一青雀，從高屍中出，直飛入雲。」墨筆眉批：「青雀。」

卷之五

「漢太上皇微時」條：「若得公腰間佩刀，雜而治之，即成神器，可以尅定天下。」墨筆眉批：「神器。」「上皇曰：余此物名爲匕首，其利難儔。」墨筆眉批：「匕首。」「呂氏改其庫，名曰靈金藏。」墨筆眉批：「靈金。」

「孝惠帝二年」條：「有泥離之國亦來朝，其人長四尺，兩角如璽。」墨筆眉批：「泥離。四尺之人。」「帝云：方士韓稚解絕國人言。」墨筆眉批：「韓稚。」「立仙壇於長安城北，名曰『祠韓館』，俗云『司寒之神』，祀於城陰。」墨筆眉批：「祠韓，司寒。」

「漢武帝思懷往者李夫人」條：「親侍者覺帝容色愁怨，乃進洪梁之酒，酌以文螺之巵。」墨筆眉批：「洪梁之酒。文螺之巵。」「帝息於延涼室，臥夢李夫人授帝蘅蕪之香。」墨筆眉批：「夢。蘅蕪香。」「遂改延涼室爲遺芳夢室。」墨筆眉批：「遺芳夢。」「黑河之北，有暗海之都也，出潛英之石。」墨筆眉批：「暗海潛英之石。」「乃築靈夢臺，歲時祀之。」墨筆眉批：「靈夢。」

「元封元年」條：「浮忻國貢蘭金之泥。」墨筆眉批：「蘭金之泥。」「百鑄，其色變白，有光如銀，名曰銀燭。」墨筆眉批：「銀燭。」「及使絕國，多以此泥爲璽封。」墨筆眉批：「金泥璽封。」

「日南之南有淫泉之浦」條：「其水小處可濫觴褰涉。」墨筆眉批：「水小處可濫觴。」「時有鳧鴈色如金。」墨筆眉批：「金鳧。」「後寶鼎元年，張善爲日南太守。」墨筆眉批：「張善。」「昔始皇爲塚，斂天下瓌異。」墨筆眉批：「始皇冢。」「後人更寫此碑文，而辭多怨酷之言，乃謂爲『怨碑』。」墨筆眉批：「怨碑。」

「董偃常臥延清之室」條：墨筆眉批：「董偃。」

「太初二年，大月氏國貢雙頭雞」條：墨筆眉批：「雙頭雞。」「聲似鵾雞，翱翔雲裏，一名晅雞。昆、晅之音相類。」硃筆眉批：「晅、昆聲相類。」又墨筆眉批：「昆、晅音相類。」

「天漢二年」條：「其俗淳和，人壽三百歲，有壽木之林，一樹千尋，日月爲之隱蔽。」墨筆眉批：「壽林。」

「太始二年」條：「西方有因霄之國，人皆善嘯。丈夫嘯聞百里，婦人嘯聞五十里。」墨筆眉批：「因霄嘯。」「重沓，以爪徐刮之，則嘯聲逾遠。」硃筆眉批：「沓。」

卷之六

「昭帝元始元年」條：「日照則葉低蔭根，莖若葵之衞足，名曰『低光』。」墨筆眉批：「低光荷。」「泥如紫色，名『紫泥菱』，食之不老。」墨筆眉批：「食菱不老。」「乃命以文梓爲船，木蘭爲拖。」墨筆眉批：「文梓船。」「歌曰：秋素景兮泛洪波，揮纖手兮折芰荷。涼風淒淒揚棹歌，雲光開曙月低何。」墨筆眉批：「歌。」「堙毀臺池，鸞舟荷芰，隨時廢滅。」墨筆眉批：「鸞舟。」

「宣帝地節元年」條：「樂浪之東有背明之國。」墨筆眉批：「背明之國。」「見日出於西方，其國昏昏常闇。」墨筆眉批：「見日出於西方。」「有浹日之稻，種之十旬而熟。」硃筆眉批：「稻。」「有搖枝粟，其枝長而弱，無風常搖，食之益髓。」硃筆眉批：「粟。」「有挾劍豆，其莢形似人挾劍」云云。墨筆眉批：「豆。」「有延精麥」云云。墨筆眉批：「麥五種。」「有醇和麥，爲麴以釀酒，一醉累月。」墨筆眉批：「醇和酒一醉累月。」「有通明麻，食者夜行不持燭。」墨筆眉批：「通明麻。」「有紫菊謂之日精，一莖一蔓，延及數畝。」墨筆眉批：「紫菊日精。」「有夢草，葉如蒲，莖如著，採之以占吉凶。」墨筆眉批：「夢草。」

「元鳳二年」條：「有一連理桂樹，上枝跨於渠水。」墨筆眉批：「連理桂。」「以香金爲鉤，縭絲爲綸。」墨筆眉批：「香金鉤。」

「二年，含塗國貢其珍怪」條：墨筆眉批：「含塗國。」「鳥獸皆能言語。」墨筆眉批：「鳥獸言語。」

「張掖郡有郅族之盛」條：「郅奇，字君珍。」墨筆眉批：「郅奇。」「以淚浸地卽鹹，俗謂之鹹鄉。」墨筆眉批：「淚浸地能鹹。」「表銘其邑曰孝感鄉。」墨筆眉批：「孝感。」

「漢成帝好微行」條：「至宵遊宮，乃秉燭宴幸。」墨筆眉批：「宵遊。」「造飛行殿，方一丈，如今之輦選。」墨筆眉批：「飛行殿。」「耳中若聞風雷之聲，言其行疾也，名曰雲雷宮。」墨筆眉批：「雲雷宮。」

「明帝陰貴人夢食瓜甚美」條：「瓜名穹隆，長二尺。」墨筆眉批：「瓜名穹隆。」「昔道士從蓬萊山得此瓜，云是崆峒靈瓜。」墨筆眉批：「崆峒靈瓜。」

「章帝永寧元年」條：「條支國來貢異瑞。」墨筆眉批：「條支國。」「有鳥名鳷鵲，形高七尺，解人語。」墨筆眉批：「解人語。」

「安帝好微行於郊坰」條：「瑯琊王溥，卽王吉之後，吉先爲昌邑中尉，奕世衰凌，及安帝時，家貧不得仕，乃挾竹簡插筆於洛陽市傭書。」墨筆眉批：「王溥傭書。」「九族宗親，莫不仰其衣食，洛陽稱爲善筆而得富。」墨筆眉批：「善筆得富。」「溥先時家貧，穿井得鐵印，銘曰」云云。墨筆眉批：「鐵印銘。」

「靈帝初平三年」條：「歌曰：涼風起兮日照渠，青荷晝偃夜葉舒，唯日不足樂有餘，清絲流管歌玉鳧，千年萬歲喜難踰。」墨筆眉批：「歌。」「渠中植蓮，大如蓋」，「其葉夜舒晝卷，一莖有四蓮叢生，名曰『夜舒荷』。」墨筆眉批：「夜舒荷。」「又使内豎爲驢鳴。」墨筆眉批：「爲驢鳴何樂？」〔一〕

「郭況，光武皇后之弟也」條：「時人謂郭氏之室，不雨而雷。」墨筆眉批：「不雨而雷。」「故東京謂郭氏家爲瓊廚金穴。」墨筆眉批：「瓊廚金穴。」

「劉向於成帝之末」條：「夜有老人着黄衣，植青藜杖，扣閣而進。」墨筆眉批：「青藜杖。」「我是太一之精，天帝聞金卯之子，有博學者。」墨筆眉批：「金卯子。太乙之精。」

「賈逵年五歲」條：墨筆眉批：「賈逵。」「其姊韓瑶之婦。」墨筆眉批：「韓瑶。」「經文通遍於閭里，每有觀者稱云：振古無倫。」墨筆眉批：「振古無倫經學。」「賈逵非力耕所得，誦經口倦，世所謂舌耕者也。」墨筆眉批：「舌耕。」

「何休木訥多智」條：墨筆眉批：「何休。」「作左氏膏肓、公羊廢疾、穀梁墨守，謂之『三闕』。」墨筆眉批：「春秋三闕。」「京師謂康成爲經神，何休爲學海。」墨筆眉批：「經神。學海。」

「任末年十四時」條：墨筆眉批：「任末。」「學無常師，負笈不遠嶮阻。」墨筆眉批：「學無常師。」「時人謂任氏爲經苑。」墨筆眉批：「經苑。」

〔一〕「爲」，傅山全書初版本誤作「作」，據手稿改。

「曹曾，魯人也」條：墨筆眉批：「曹曾。」「曾慮先文湮沒，乃積石爲倉，以藏書。故謂曹氏爲書倉。」墨筆眉批：「書倉。」

卷之七

「文帝所愛美人」條：「姓薛名靈芸。」墨筆眉批：「薛靈芸。」「咸熙元年，谷習出守常山郡。」墨筆眉批：「谷習。」「故行者歌曰」云云。墨筆眉批：「歌。」「青槐夾道多塵埃，〔一〕龍樓鳳闕望崔嵬。」墨筆眉批：「鳳闕。」「改靈芸之名曰夜來。」墨筆眉批：「夜來。」「宫中號曰鍼神。」墨筆眉批：「鍼神。」

「魏明帝起凌雲臺」條：「太山下有連理文石，高十二丈。」硃筆眉批：「連理文石。」「苑囿及民家草樹，皆生連理。」墨筆眉批：「連理。」

「任成、王彰」條：「王善左右射。」墨筆眉批：「左右射。」「時樂浪獻彪虎，文如錦斑。」墨筆眉批：「虎。」「彰曳虎尾以繞臂，虎弭耳無聲，莫不服其神勇。」墨筆眉批：「神勇。」「時南越獻白象子。」墨筆眉批：「白象。」

「建安三年」條：「胥徒國獻沉明石鷄。」墨筆眉批：「沉明石鷄。」「西方貢珍怪，有虎鬼鷰。」墨筆眉批：「虎鬼燕。」

「明帝即位二年」條：「昆明國貢嗽金鳥。」墨筆眉批：「嗽金鳥。」

「咸熙二年」條：「次檢寶庫中，得一玉虎頭枕。」墨筆眉批：「玉虎頭枕。」

〔一〕「多」，傅山全書初版本脱，據中華書局一九八一年校注本补。

「魏禪晉之歲」條：「得一白鸞，以爲神物。」墨筆眉批：「白鸞。」

「薛夏，天水人也」條：「母孕夏時，夢有人遺一篋衣云。」墨筆眉批：「薛夏。夢。」「帝手制書與夏題云『入室生』。位至祕書丞。」墨筆眉批：「入室生。」

「田疇，北平人也」條：墨筆眉批：「田疇。」「虞曰：子萬古貞士也。」墨筆眉批：「貞士。」

「曹洪，武帝從弟」條：「洪以其所乘馬上帝，其馬號曰『白鵠』。」墨筆眉批：「曹家白鵠。」

卷之八

「孫堅母姙堅之時」條：「夢腸出繞腰。」墨筆眉批：「夢。」「王於翼軫之地，鼎足於天下。」墨筆眉批：「鼎足。」

「吳主趙夫人」條：「巧妙無雙，能於指間以綵絲織雲霞龍蛇之錦，大則盈尺，小則方寸，宮中謂之機絕。」墨筆眉批：「機絕。」「既成，乃進於吳主，時人謂之鍼絕。」墨筆眉批：「鍼絕。」「神膠出鬱夷國，接弓弩之斷弦，百斷百續也。」墨筆眉批：「神膠續斷弦。」「舒之則廣縱數丈，卷之則可内於帳中，時人謂之絲絕。」墨筆眉批：「絲絕。」「故吳有三絕，四海無其儔也。」墨筆眉批：「吳有三絕。」

「黄龍元年」條：「時越雟之南，獻背明鳥。」墨筆眉批：「背明鳥。」

「張承之母孫氏」條：墨筆眉批：「張承。」

「呂蒙入吳」條：「蒙乃博覽羣籍，以易爲宗。常在孫策座上，酣醉忽臥，於夢中誦周易一部。」墨筆眉批：「夢誦周易。」「蒙曰：向夢見伏羲、文王、周公與我論世祚興亡之事。」硃筆眉批：「奇夢。」衆座皆云：「呂蒙囈語通周易。」墨筆眉批：「呂蒙囈語通周易。」

「孫和悅鄧夫人，嘗置膝上」條：「醫曰：得白獺髓和玉與琥珀屑，當滅此病。」墨筆眉批：「白獺髓。」

「孫亮作綠琉璃屏風」條：「常寵四姬，皆振古絕色。一名朝姝，二名麗居，三名洛珍，四名潔華。」墨筆眉批：「朝姝。麗居。洛珍。潔華。」「百浣不歇，因名曰百濯香。」墨筆眉批：「百濯香。」

「先主甘后」條：墨筆眉批：「甘后。」

「糜竺用陶朱計術」條：「今以青蘆杖一枚，長九尺，報君棺槨衣服之惠。」墨筆眉批：「青蘆杖。」

「周羣閑算術讖說」條：「一白猿從絕峰而下，對羣而立。」墨筆眉批：「周羣。」「猿化爲一老翁，握中有玉版長八寸，以授羣。」墨筆眉批：「白猿玉版。」

卷之九

「武帝爲撫軍時」條：「卽遷爲酒泉太守。地有清泉，其味若酒。」墨筆眉批：「酒泉地有清泉，味若酒。」

「咸寧四年立芳蔬園」條：墨筆眉批：「芳蔬園。」「有菜名曰雲薇，類有三種。」墨筆眉批：「雲薇。」「一名芸芝，其色紫者爲上蔬。」墨筆眉批：「芳蔬一名芸芝。」

「張華爲九醞酒」條：「以三薇漬麴糵。」墨筆眉批：「九醞三薇。」「以之釀酒，清美醇鬯。」

墨筆眉批：「醇醪。」「閭里歌曰：寧得醇酒消腸，不與日月齊光。」墨筆眉批：「寧得醇酒消腸，不與日月爭光。」「至元熙元年，太守令高堂忠奏熒惑犯紫微。」墨筆眉批：「高堂忠。」

「晉太康元年」條：「帝問其故，曰：昔舜時，黄雲興於郊野，夏代白雲蔽於都邑，殷代玄雲覆於林藪，斯皆應世之休徵。」墨筆眉批：「虞黄雲。夏白雲。殷玄雲。」「果有羽山之民，獻火浣布萬疋。其國人稱，羽山之山，有文石生火，煙色以隨，四時而見，名爲『淨火』。」墨筆眉批：「羽山火浣布。文石淨火。」「當虞、舜之時，其國獻黄布，漢末獻赤布，梁冀製爲衣，謂之丹衣。」墨筆眉批：「赤布丹衣。」

「因墀國獻五足獸」條：墨筆眉批：「因墀國。〔二〕五足獸。」「東方有解形之民，使頭飛於南海」云云。墨筆眉批：「解形之民。」

「太始元年」條：「有頻斯國人來朝，以五色玉爲衣。」墨筆眉批：「頻斯國。〔三〕五色玉衣。」「壺中有漿，凝如脂，嘗一滴則壽千歲。」墨筆眉批：「千歲漿。」「其國有大楓木成林，高六七十里。」墨筆眉批：「大楓。」「旁有丹石井，非人工所鑿，下及漏泉。」墨筆眉批：「丹井。」「其國人皆多力，不食五穀，日中無影。」墨筆眉批：「國人日中無影。」「水中有白蛙，兩翅。」墨筆眉批：「白蛙。」「有青雀銜玉杓以授子晉。」墨筆眉批：「青雀啣玉授王子晉。」「白蛙化爲雙白鳩入雲。」墨筆眉批：「白蛙化鳩。」

〔二〕「因墀國」三字，傅山全書初版本脱，據手稿補。

〔三〕「頻斯國」三字，傅山全書初版本脱，據手稿補。

「張華字茂先」條：　墨筆眉批：「張茂先。」〔一〕「撰博物志四百卷，奏於武帝。」墨筆眉批：「博物志四百卷。」「可更芟截浮疑，分爲十卷。」墨筆眉批：「芟爲十卷。」「卽於御前賜青鐵硯。」墨筆眉批：「青鐵硯。」「賜麟角筆。」墨筆眉批：「麟角筆。」「南人以海苔爲紙，其理縱橫邪側，因以爲名。」墨筆眉批：「側理紙。」

「惠帝元熙二年」條：「常山獻傷魂鳥，狀如鷄，毛色似鳳。」墨筆眉批：「傷魂鳥。」

「太始十年」條：「有扶支國獻望舒草。」墨筆眉批：「扶支國。」

「晉祖梁國獻蔓金苔」條：　墨筆眉批：「蔓金苔。」「置漆盤中，照耀滿室，名曰『夜明苔』。」墨筆眉批：「夜明苔。」

「石季倫愛婢名翔風」條：　墨筆眉批：「翔風。」「使所愛者踐之，無跡者賜以眞珠百琲。」墨筆眉批：「那得百琲眞珠。」「春華誰不羡，卒傷秋落時。突煙還自低，鄙退豈所期。桂芳徒自蠹，失愛在娥眉。坐見芳時歇，憔悴空自嗤。」墨筆眉批：「翔風五言詩。」

「石虎於太極殿前起樓」條：「雜寶異香爲屑，使數百人於樓上吹散之，名曰『芳塵』。」墨筆眉批：「香屑芳塵。」

卷之十

「崑崙山有昆陵之地」條：　墨筆眉批：「崑崙。」「又有祛塵之風。」墨筆眉批：「祛塵風。」「崑崙山者，西方曰須彌山，對七星之下，出碧海之中，上有九層，第六層有五色玉樹。」墨筆眉

〔一〕「張茂先」，傅山全書初版本誤作「張華」，據手稿改。

批：「須彌山。玉樹。」「第三層有禾穟，一株滿車，有瓜如桂。」墨筆眉批：「瓜如桂。」「有柰冬，生如碧色。」墨筆眉批：「柰冬。」「第五層有神龜，長一尺九寸，有四翼，萬歲則升木而居，能言。」墨筆眉批：「神龜四翼能言。」又硃筆眉批：「龜。」「傍有瑤臺十二，各廣千步，皆五色玉爲臺。」墨筆眉批：「瑤臺十二。五色玉臺。」

「蓬萊山」條：墨筆眉批：「蓬萊。」「有鳥名鴻鵝，色似鴻，形如禿鶖，腹内無腸，羽翮附骨而生，無皮肉也。」墨筆眉批：「鴻鵝無腸，羽翮附骨。」「有浮筠之幹，葉青莖紫。」墨筆眉批：「浮筠。」

「方丈之山」條：墨筆眉批：「方丈山。」「西王母常遊居此臺上。」墨筆眉批：「王母。」「臺左右種恆春之樹，葉如蓮花，芬芳如桂花。」墨筆眉批：「恆春樹。」

「瀛洲」條：墨筆眉批：「瀛洲。」「東有淵洞，有魚長千丈。」墨筆眉批：「千丈魚。」「有樹名影木，日中視之如列星，萬歲一實，實如瓜，青皮黑瓤，食之骨輕。」墨筆眉批：「影木實如瓜，食之骨輕。」「時時有香風冷然而至。」墨筆眉批：「香風。」「有草名芸苗，狀如菖蒲，食葉則醉，餌根則醒。」墨筆眉批：「芸，醉醒草。」

「員嶠山」條：墨筆眉批：「員嶠。」「其粟食之，歷月不饑。」墨筆眉批：「歷月不饑。」「木名猗桑，煎椹以爲蜜。有冰蠶，長七寸，黑色，有角有鱗。」墨筆眉批：「猗桑。冰蠶。」「池中有神龜，八足六眼。」墨筆眉批：「八足六眼之龜。」「南有移池國，人長三尺，壽萬歲。」墨筆眉批：「移池國人長三尺，壽萬歲。」「人皆雙瞳，修眉長耳。」墨筆眉批：「雙瞳。」「扶桑萬歲一枯，其人視之如旦暮也。」墨筆眉批：「扶桑萬歲一枯。」「北有浣腸之國，甜水繞之，味甜如蜜。」墨筆眉批：「甜水。」

「岱輿山」條：墨筆眉批：「岱輿。」「有草名莽煌，葉圓如荷，去之十步，炙人衣則燋。刈之爲席，方冬彌温。」墨筆眉批：「莽煌草席。」「風吹沙起若霧，亦名金霧。」墨筆眉批：「金霧。」「北有玉梁千丈。」墨筆眉批：「玉梁。」「傍有丹桂、紫桂、白桂，皆直上百尋，可爲舟航，謂之文桂之舟。」墨筆眉批：「文桂舟。」「有七色芝生梁下，其色青光輝燿，謂之蒼芝。」墨筆眉批：「青色芝。」「熒火大如蜂，聲如雀，八翅六足。梁有五色蝙蝠。」墨筆眉批：「熒火翅六足。五色蝙蝠。」「有獸名嗽月，形似豹。」墨筆眉批：「嗽月。」「有遥香草，其花如丹，光耀入月，葉細長而白，如忘憂之草。」墨筆眉批：「忘憂。」「久食延齡萬歲。」墨筆眉批：「遥香草延齡。」

「昆吾山其下多赤金」條：墨筆眉批：「昆吾山。」〔二〕「越王勾踐使工人以白馬白牛祠昆吾之神，採金鑄之以成八劍：一名掩日。」墨筆眉批：「八劍。〔三〕掩日。」「二名斷水。」墨筆眉批：「斷水。」「三名轉魄。」墨筆眉批：「轉魄。」「四名懸翦。」墨筆眉批：「懸翦。」「五名驚鯢。」墨筆眉批：「驚鯢。」「六名滅魂。」墨筆眉批：「滅魂。」「七名卻邪。」墨筆眉批：「卻邪。」「八名眞剛。」墨筆眉批：「眞剛。」「以之切玉斷金，如削土木矣。」墨筆眉批：「切玉。」「其山有獸，大如兔，毛色如金。」墨筆眉批：「金兔。」「王乃召其劍工，令鑄其膽腎以爲劍，一雌一雄。號干將者雄，號鏌鋣者雌，其劍可以切玉斷犀。」墨筆眉批：「切玉劍。干將。鏌鋣。」「張華使雷煥爲豐城縣令，掘而得之。」墨筆眉批：「張茂先。雷煥。」

「洞庭山浮於水上」條：墨筆眉批：「洞庭。」「故云：瀟湘洞庭之樂，聽者令人難老。」墨筆

〔二〕「山」字，傅山全書初版本脱，據手稿補。
〔三〕「八劍」二字，傅山全書初版本脱，據手稿補。

眉批：「聽樂難老。」「屈原以忠見斥，隱於沅湘，披蓁茹草，混同禽獸。」墨筆眉批：「屈平。」「被王逼逐，乃赴清冷之淵，楚人思慕，謂之『水仙』。」墨筆眉批：「楚人謂之水仙。」「又有靈洞，入中常如有燭於前。」墨筆眉批：「靈洞。」「採藥石之人，入中如行十里，逈然天清霞耀。」墨筆眉批：「採藥人入洞。」

封底墨筆批：「九鼎占休咎。百川恬澈。白猿化一老翁，已衰邁。商帝玉帛聘傅說爲阿衡。緒衣春巖自給。賈逵舌耕。因霄國人善嘯，聲如笙竽，聞百里。瀟湘洞庭之樂，聽者令人難老。蔥巒錦柏。周穆王馭八龍之駿，其六名『超光』，壹形十影；八名『挾翼』，身有肉翅。含塗國鳥獸皆能言語。日南之南有淫泉，其水激石之聲，似人歌笑，小處可濫觴褰涉。條支國貢鳥，名鳿鵲，解人語。」

卷一百二十二　雲溪友議批注〔一〕

封面墨筆批：「巫山四首：沈佺期、王無競、李端、皇甫冉。鄭太穆、符載、戎昱。于襄陽豪爽，一卷。馮道明頑皮捉雍陶，可謂甕中捉鱉矣。李肱、王殷，二卷五。玉泉關公祠謂之三郎祠，鬼助土木之功，見三卷二。」此處又硃筆批：「三卷二。」墨筆批：「玉蕭指環，三卷。蔡京僧成進士。陸暢詩，四卷六。天母土、日兄。婁千寶、呂元芳二士神相，六卷。李羣玉黄陵廟詩，六卷。」硃筆批：「李宣古鉛粉傅面，〔二〕七卷。」墨筆批：「戎昱邀憲宗之知，八卷。胡釘鉸三首，九卷。捧劍，九卷三葉。李涉風雨蕭蕭江上村，九卷五。題葉事有顧況、盧渥二人，十卷。李膺，李羣玉之祖，十一卷。王梵志詩，見十一卷。擬權龍襃，十一卷七。張保徹似玄宗。」

卷第一

「王僕射起再主禮闈」條：墨筆眉批：「王起。」「朕近見二字，一『⿰歹乃』，一『穷』，莫能詳焉。」墨筆眉批：「⿰歹乃。穷。」

「李筌郎中爲荊南節度判官」條：墨筆眉批：「集閫外春秋十卷。」墨筆眉批：「閫外春秋。」「筌後爲鄧州刺史，常夜占星宿而坐。」墨筆眉批：「李筌。」

〔一〕此篇據山西博物院藏批點手稿整理。批點底本爲稗海本，唐范攄著，明陳汝元校。由梁秀芝釋文，王愛國重校。

〔二〕「李宣古」，手稿作「呂宣古」，據卷七改。

「王軒少爲詩」條：墨筆眉批：「王軒。」「後有蕭山郭凝素者，聞王軒之遇，每適於浣溪日夕長吟。」墨筆眉批：「郭凝素。」「進士朱澤嘲之，聞者莫不唅笑。」墨筆眉批：「朱澤。」

「顔魯公爲臨川内史」條：「邑有楊志堅者，嗜學而居貧，鄉人未之知也。」墨筆眉批：「楊志堅。」

「濠梁人南楚材」條：墨筆眉批：「南楚材。」「其妻薛媛善書畫，妙屬文。」墨筆眉批：「薛媛。」「薛媛寫眞寄夫詩」云云。墨筆眉批：「薛媛。」

「愼氏者，毗陵慶亭儒家之女也」條：墨筆眉批：「愼氏。」「三史嚴灌夫因游彼，結媚好，同載歸蘄春。」墨筆眉批：「嚴灌夫。」

「秭歸縣繁知一聞白樂天將過巫山」條：墨筆眉批：「繁知。」「沈佺期詩曰」云云。墨筆眉批：「沈佺期。」「王無競詩曰」云云。墨筆眉批：「王無競。」「李端詩曰」云云。墨筆眉批：「李端。」「皇甫冉詩曰」云云。墨筆眉批：「皇甫冉。」「故太尉李德裕鎮渚宮，嘗謂賓客曰」云云。墨筆眉批：「李德裕。」「段記室成式曰」云云。墨筆眉批：「段成式。」

「麻姑山山谷之秀」條：「鄧仙客至延康，四五代爲國道師。」墨筆眉批：「鄧仙客。」「忽有少年偶題一絶句，不言姓字，但云天嶠遊人耳。」墨筆眉批：「天嶠遊人。」

「鄭太穆郎中」條：墨筆眉批：「鄭太穆。」「致書于襄陽于司空頔。鄭書傲睨自若，似無郡吏之禮。」墨筆眉批：「于頔。」「又有匡廬符載山人遣三尺童子齎數幅文書。」墨筆眉批：「符載。」「又有崔郊秀才者，寓居于漢上。」墨筆眉批：「崔郊。」「連帥愛之，以類無雙，給錢四十萬。」墨筆眉批：「薛太保。無雙。」「初，有客自零陵來，稱戎昱使君席上有善歌者。」墨筆眉批：「戎昱。」

「雍陶員外」條：墨筆眉批：「雍陶。」「其舅雲安劉敬之罷舉歸三峽，素事篇章。」墨筆眉批：「劉敬之。」「忽有馮道明下第請謁，云與員外故舊。」墨筆眉批：「馮道明。」

「李相公紳督大梁日」條：「閩鎮海軍進健卒四人：一曰富蒼龍，二曰沈萬石，三曰馮五千，〔二〕四曰錢子濤。」墨筆眉批：「富蒼龍。沈萬石。馮五千。〔三〕錢子濤。」「李公旣治淮南，決吳湘之獄而持法清峻。」墨筆眉批：「吳湘之獄。」「李元將評事及第後，嘗僑寓江都。」墨筆眉批：「李元將。」「李公羈旅之年，每止於元將之館而叔呼焉；榮達之後，元將稱弟、稱姪，皆不悅也。」墨筆旁批：「胡之極。豈有此理！」「宣州館驛崔巡官下其僕，與市人皆抵極法。」墨筆眉批：「崔巡官。」「又有少年，勢似疎簡，自云辛氏郎君。」墨筆眉批：「辛郎君。」「以古風求知呂光化温，謂齊員外煦及弟恭曰」云云。墨筆眉批：「呂温。齊煦。」「李初貧，遊無錫惠山寺」，「凭笈書寢，有老僧齋罷，見一黑蛇上刹前李樹，食其子焉。」墨筆眉批：「李紳。蛇。」

卷第二

「房千里博士」條：墨筆眉批：「房千里。」「有進士韋滂者，自南海邀趙氏而來，十九歲，爲余妾。」墨筆眉批：「韋滂。趙氏。」「逢許渾侍御赴弘農公番禺之命。」墨筆眉批：「許渾。」

「劉長卿郎中」條：墨筆眉批：「劉長卿。」「宋雍初無令譽及嬰瞽疾，其詩名始彰。」墨筆眉批：「宋雍。」「盧員外綸作擬僧之詩，僧清江作七夕之詠。」墨筆眉批：「盧綸。清江。」

〔二〕「馮五千」，傅山全書初版本誤作「馬五千」，據批點底本與手稿改。
〔三〕「馮五千」，傅山全書初版本誤作「馬五千」，據批點底本與手稿改。

「武后朝嚴安之」條：「嚴安之，挺之昆弟也。」墨筆眉批：「嚴安之、嚴挺之。」「娶裴卿之女，纔三夕。」墨筆眉批：「裴卿女。」「夢一人佩服金紫，美鬚髯，曰：諸葛亮也，來爲夫人兒。」墨筆旁批：「大不然。」「既娠，而產嬰孩，其狀端偉，頗異常流。」墨筆眉批：「嚴武。」「大人常厚玄英，未嘗慰省阿母。」墨筆眉批：「玄英。」「杜甫拾遺乘醉言曰」云云。墨筆眉批：「杜工部。」「房太尉綰亦微有所忤，憂怖成疾。」墨筆改「綰」爲「琯」。又墨筆眉批：「房琯。」「武母恐害損賢良，遂以小舟送甫下峽。母則可謂賢也。」墨筆眉批：「嚴武母。」摭言：工部醉後，厲聲問嚴武曰：『公是嚴挺之子？』武變色曰：『僕乃杜審言兒。』」「或謂章仇大夫兼瓊爲陳拾遺雪獄，陳冕字子昂。高適侍御與王江寧昌齡。申寃，當時同爲義士也。」墨筆眉批：「兼瓊。陳子昂。高適。王昌齡。」「支屬刺史章彝因小瑕，武一杖殺之。」墨筆眉批：「章彝。」

「余以曾子回車不入勝母之閭」條：「余以曾子回車不入勝母之閭。」墨筆旁批：「言何不倫至此？」「呂不韋有銅輪之媚。」墨筆改「銅」爲「桐」。又硃筆旁批：「無端突此一段，何爲？」「渚宮有李令者日宰延安。」墨筆眉批：「李令。」「有歸評事任江陵鹺院。」墨筆眉批：「歸評士。」「李令既識歸君，累求救貸，悉皆允諾。忽云某欲尋親湖外，輒假舍而安家族」云云。硃筆眉批：「小人何所不至，挐着老婆圖賴。」又墨筆眉批：「無賴狗奴。」「舉士沈擢既違名路」云云。墨筆眉批：「沈擢。」

「文宗元年秋，詔禮部高侍郎鍇復司貢籍」條：墨筆眉批：「高鍇。」「一詩最佳者，則李肱也。」墨筆眉批：「李肱。」「次則王股。」硃筆旁批：「是何名？」墨筆眉批：「李肱、王股逕可作對。」「有劉安之識，可令著書。」墨筆眉批：「劉安。」「執馬乎之正，可以爲傳。」墨筆眉批：「馬乎。」

「登州賈者馬行餘轉海」條：墨筆眉批：「馬行餘。」「時遇西風，吹到新羅國。其國君聞行餘自中國至，接以賓禮。」墨筆眉批：「新羅國君。」

「李尚書訥夜登越城樓」條：「在籍之妓盛小蘂也。」墨筆眉批：「盛小蘂。」「小蘂是梨園，供奉南不嫌女甥也。」墨筆眉批：「南不嫌。」「時察院崔侍御元範，自府幕而拜。」墨筆眉批：「崔元範。」「聽盛小蘂歌送崔侍御，浙東廉使李訥詩曰」云云。墨筆眉批：「李訥。」「崔元範詩曰」云云。墨筆眉批：「崔元範。」「團練判官楊知至詩曰」云云。墨筆眉批：「楊知至。」「觀察判官封彥沖詩曰」云云。墨筆眉批：「封彥沖。」「觀察使盧鄴詩曰」云云。墨筆眉批：「盧鄴。」「前進士高湘詩曰」云云。墨筆眉批：「高湘，前進士。」「處士盧激詩曰」云云。墨筆眉批：「盧激。」

「滕倪苦心爲詩」條：墨筆眉批：「滕倪。」

卷第三

「盧著作肇爲華州紇于公泉防禦判官」條：墨筆眉批：「盧肇。紇于泉。」「老人是華岳神姥也。」墨筆眉批：「華岳神母。」「又問：『釜中煮者何物？』母曰：『橡子也。』」墨筆眉批：「橡子。」

「余以鬼神之道難明」條：「玉泉祠，天下謂四絕之境，或言此祠鬼助土木之功而成祠，曰『三郎神』，三郎卽關三郎也。」墨筆眉批：「關三郎祠。」

「李八座翺潭州席上」條：「殷堯藩侍御當筵而贈詩曰」云云。墨筆眉批：「殷堯藩。」「明府詰其事，乃姑蘇臺韋中丞愛妾所生之女也。」墨筆眉批：「韋中丞。」「舒元與侍郎聞之，自京馳詩贈李公曰」云云。墨筆眉批：「舒元與。」

「李尚書初守廬江」條：「李尚書」旁墨筆批：「翱。」「死而無恨，乃長嘯也。」墨筆眉批：「嘯。」「後鎮山南，夜聞長笛之音，而劉亮不絕。」墨筆眉批：「笛。」「夫徐晃持刑而行伍齊整。」墨筆旁批：「引喻亦迂。」墨筆眉批：「徐晃。」「慕容貸法而兵士傾心。」墨筆眉批：「慕容。」「雖楊、杜之齊勳。」「楊」字旁墨筆批：「誰？」又墨筆尾批：「徐晃傳云：『操案行諸營壘，士卒皆離陣觀，而晃軍營整齊，將士駐陣不動。』此云『持刑』，不解。」

「劉侍郎軻者」條：墨筆眉批：「劉軻。」「又於曹溪探釋氏關戒，遂披僧服焉釋名溢納。」墨筆眉批：「溢字有平、去二音，博雅，清也。又水名，在潯陽。」「是夜夢書生來謝，持三鷄子，勸軻立食之。」硃筆眉批：「三鷄子。」「軻嚼一卵而吞，二者猶未食，手握之而覺。」墨筆眉批：「夢嚼一卵。」「劉公居史館而持兩端者，杜微之聾也；推蜀賢於葛亮，阮籍之醉也。」墨筆眉批：「杜微之聾。阮籍之醉。」

「西州韋相公皋」條：墨筆眉批：「韋皋。」「昔遊江夏，止於姜使君之館。」墨筆眉批：「姜使君。」「姜氏孺子曰荊寶。」墨筆眉批：「荊寶。」「荊寶有小青衣，曰玉簫。」墨筆眉批：「簫。」「玉簫亦勤於應奉。」墨筆眉批：「玉簫。」「時廉使陳常侍得韋君季父書。」墨筆眉批：「陳常侍。」「寶命青衣從往。」「從往」旁墨筆批：「賢引。」「既不至，玉簫乃默禱於鸚鵡洲。」墨筆眉批：「鸚鵡洲。」「時屬大軍之後，草創事繁，經蓂莢數凋。」墨筆旁批：「此句大掉耳。」「想念之懷無由再會。」墨筆旁批：「『想念』是何語？」「時有祖山人者。」墨筆眉批：「祖山人。」「獨東川盧八座送一歌姬，未當破瓜之年。」墨筆眉批：「盧八座。」「後有司空林公弛其規准。」墨筆眉批：

「林司空。」「雍陶先輩感亂後詩曰」云云。墨筆眉批：「雍陶。」「于是黜韋帥之功，削成都之爵。」墨筆眉批：「若然，自是林司空所致，與韋何干？」「夫淮陰叛國」云云。墨筆旁批：「引喻又迂。」「所失不合教戎。」墨筆旁批：「亦不爲過。」

卷第四

「張延賞相公累代台鉉」條：墨筆眉批：「張延賞。」「其妻苗氏，太宰晉卿之女也。」墨筆眉批：「苗夫人。」「夫人有才鑒，甚別英鋭，特選韋皋秀才。」墨筆眉批：「韋皋。」「清河公喜其往也，贐以七驢馱物。」墨筆眉批：「七驢。」「清河公覩之，莫可測也。」墨筆旁批：「此句何謂？」「乃改易姓名，以韋作韓，以皋作翱。」墨筆眉批：「韓翱。」「婦人之言，不足云爾」，注：「初有昝樞巫者，每述禍祟，其言多中。」墨筆眉批：「昝巫。」「所以郭泗濱詩曰」云云。墨筆眉批：「郭泗濱。」

「江曲韋大夫丹」條：墨筆眉批：「韋丹。」「與東林靈轍上人隳忘形之契。」墨筆眉批：「靈轍。」

「邕州蔡大夫京者」條：墨筆眉批：「蔡京。」「因道場見於僧中，令京挈瓶鉢」云云。硃筆眉批：「小沙彌。」「既爲御史，覆獄淮南，李相公紳憂悸而已，頗得繡衣之稱。」墨筆眉批：「此卽爲吳湘案。」「謫居灃州，爲厲員外玄所辱。」墨筆眉批：「厲玄。」「有始而無卒焉。」注：「謂丁遐秀才等。」墨筆眉批：「丁遐。」「或有識者曰：野人張頂也。」墨筆眉批：「張頂。」「道經湘口，零陵鄭太守史與京同年。」墨筆眉批：「鄭史。」「座有瓊枝者，鄭君之所愛而席之最姝也。」墨筆眉批：「瓊枝。」

「昔張茂先謂陸機」條：「予以宋、齊已降，朱、張、顧、陸時有奇藻者歟。」墨筆旁批：「是何文法？」用硃筆圈去「者歟」二字。「陸郎中暢蚤耀才名輦轂，不改於鄉音。」墨筆眉批：「陸暢，吳音。」「自賀祕書知章、賈相耽、顧著作況」。墨筆眉批：「賀知章。賈耽。顧況。」「譏調秦人。」墨筆旁批：「此句又不知何說。」「又經崔諫議玄亮林亭曰」云云。墨筆眉批：「崔玄亮。」「王大夫仲舒從事終日長吟。」墨筆眉批：「王仲舒。」「涔，予姪得耳。」注：「陸涔員外，暢之姪也。」墨筆眉批：「陸涔。」「及登蘭省，遇雲陽公主下降劉都尉。」墨筆眉批：「雲陽公主。劉都尉。」「詠簾詩曰：勞將素手捲鰕鬚，瓊室流光更綴珠。玉漏報來過夜半，可憐潘岳立躊躇。」硃筆眉批：「過。」「詠行障詩曰：碧玉爲竿丁字成，鴛鴦繡帶短長馨。」墨筆眉批：「馨字押得好。意如寧馨之馨。」「雲陽公主貴，出嫁五侯家；天母看調粉，日兄憐賜花。」墨筆眉批：「天母。日兄。舊唐書謝偃惟皇誡德賦：既兄日而姊月，亦父乾而母坤。」又墨筆根批：「舊唐書祝欽明后助祭議云：舊說以天子父天、母地、兄日、姊月，所以祀天於南郊，祭地於北郊，朝日於東門之外，以昭事神，訓人事。」「例外之物，別賜宮錦五十段，楞伽瓶及唾盂。」墨筆眉批：「楞伽瓶。」「此篇或謂內學宋若蘭、若昭姊妹所作。」墨筆眉批：「宋若蘭、若昭。」

「致仕尚書白舍人」條：墨筆眉批：「白香山。」「初到錢唐，令訪牡丹花。獨開元寺僧惠澄近於京師，得此花。」墨筆眉批：「惠澄。」又硃筆眉批：「牡丹。」「會稽徐凝自富春來。」墨筆眉批：「徐凝。」「時張祜榜舟而至。」墨筆眉批：「張祜。」「雖綦毋潛云：『塔影挂青漢，鍾聲和白雲。』此二句未爲佳也。」墨筆眉批：「綦毋潛。」「先是，李補闕林宗、杜殿中牧與白公輦下較文。」墨筆眉批：「李林宗。杜牧。」「嘗謂樂天爲囁嚅翁。」墨筆眉批：「囁嚅翁。」「觀廬肇先輩題處曰」云云。墨筆眉批：「盧肇。」

卷第五

「崔涯者，吳楚之狂生」條：墨筆眉批：「崔涯。」「但呼妻父雍老而已。」墨筆眉批：「雍老。」

「李相公林甫當開元之際」條：「舉子尉遲匡，幽、幷耿槩之士也。」墨筆眉批：「尉遲匡。」

「徐侍郎安貞久居中書省」條：墨筆眉批：「徐安貞。」「孔北海邕遊嶽。」墨筆改「孔」爲「李」。並墨筆眉批：「李邕。」

「雲溪子素聞三鄉之味」條：墨筆眉批：「三鄉。」「進士陸貞洞詩曰」云云。墨筆眉批：「陸貞洞。」「王祝詩曰」云云。墨筆眉批：「王祝。」「劉谷詩曰」云云。墨筆眉批：「劉谷。」「王條詩曰」云云。墨筆眉批：「王條。」「李昌鄴詩曰」云云。墨筆眉批：「李昌鄴。」「王碩詩曰」云云。墨筆眉批：「王碩。」「李縞詩曰」云云。墨筆眉批：「李縞。」「張綺詩曰」云云。墨筆眉批：「張綺。」「高衢詩曰」云云。墨筆眉批：「高衢。」「韋永詩曰」云云。墨筆眉批：「韋永。」「賈馳詩曰」云云。墨筆眉批：「賈馳。」

「太僕韋卿覲欲求夏州節度使」條：墨筆眉批：「韋覲。」「時湖上崔大夫侃充京尹。」墨筆眉批：「崔侃。」「宣宗皇帝召覲至殿前，獲明寃狀，復召宰臣諭曰」云云。墨筆眉批：「賢哉唐宣宗！」「雲溪子曰：昔晉獻因驪姬之譖」云云。硃筆旁批：「掉迂！」「察院李公明詩曰」云云。墨筆眉批：「李公明。」

卷第六

「晉許負謂薄姬必貴」條：「淛東李尚書襄聞婺女二人有異術，曰婁千寶、呂元芳。發使召之。」墨筆眉批：「婁千寶。呂元芳。李襄。」「二人」旁硃筆批：「士。」「元芳曰：崔副使翊言、李推官正範，器度相似，但作省郎，止於郡守、團練。李判官復古自此大醉，不過場，何論官矣。觀察判官任轂止於小諫，不換朱衣。楊損口使評事，雖骨體清瘦，幕中諸賓福壽皆不如。盧判官纁雖郎，狀貌光澤，若比團練。」墨筆眉批：「崔翊言。李正範。李復古。任轂。楊損。盧纁。」「時羅郎中紹權赴任明州，竇弘餘少卿常之子也赴台州。」墨筆眉批：「羅紹權。竇弘餘。」「又杜勝給事在杭州日」。墨筆眉批：「杜勝。」「而丞旨以蔣伸侍郎拜相。」墨筆眉批：「蔣伸。」「鍾離侑少詹昔歲閒居東越。」墨筆眉批：「鍾離侑。」

「明皇幸岷山」條：「伶官張野狐觱栗，雷海青琵琶，李龜年唱歌，公孫大娘舞劍。」墨筆眉批：「張野狐。雷海青。李龜年。公孫娘。」「又寧王吹簫，薛王彈琵琶，皆至精妙。」墨筆眉批：「寧王。薛王。」「龜年曾於湘中採訪使筵上唱：紅豆生南國，秋來發幾枝？贈君多綵纈，此物最相思。」硃筆改「纈」爲「襭」。又墨筆眉批：「思餘書葉。」「龜年唱罷，忽悶絕仆地。以左耳微暖，妻子未忍殯殮。經四日，乃甦，曰：我遇二妃，令教侍女蘭苕唱祓禊畢，放還。」墨筆眉批：「蘭苕。」又硃筆眉批：「也奇事。」「後李校書男羣玉既解天祿之任。」墨筆眉批：「李羣玉。」「小孤洲北浦雲邊，二女明粧共儼然。」墨筆旁批：「『共儼然』三字靡腐。」「猶似含嚬望巡狩，九疑如黛隔湘川。」墨筆旁批：「調俗。」「黃陵廟前莎草春，黃陵兒女茜裙新；輕舟小楫唱歌去，水遠山長愁殺人。」墨筆眉批：「黃陵春韻一篇絕唱，不可及也。」「黃陵廟前春已空，子規滴血啼松風；不知精爽落何處，疑是行雲秋色中。」墨筆旁批：「文章話了。」「潯陽太守段成式郎中，素與李爲詩酒之交。」墨筆眉批：「段成式。」

「眞娘者，吳國之佳人」條：墨筆眉批：「眞娘。」「有舉子譚銖者，吳門秀逸之士也。」墨筆眉批：「譚銖。」

「東川處士柳全節，習百家之言」條：墨筆眉批：「柳全節。」「或呼爲柳尊師，又曰柳百經。」墨筆眉批：「百經。」「有子棠應進士舉，才思優贍，見者奇之。麗嚴舍人瞻眄諸歌姬，方戲於階。」墨筆眉批：「柳棠。麗嚴。」「時裴諫議休因封事出漢州。」墨筆眉批：「裴休。」「有宴，召馮戡。胡據、柳棠三舉士。」墨筆眉批：「馮戡。胡據。」「不謁府主楊尚書汝士。」墨筆眉批：「楊汝士。」「至暮竟來。」在「竟」、「來」之間墨筆旁批：「不。」「靖安李宗閔尚書，與楊公中外昆弟，況有朗陵之分，東川益怒，爲書讓其座主，高鍇侍郎曰」云云。墨筆眉批：「李宗閔。朗陵之分。高鍇。」「若以篇章取之，寧失於何植、王條也。」墨筆眉批：「何植。王條。」「遂之劍州王使君。使君者，善畫松竹狗兔。」墨筆眉批：「王使君。」「畫師之子，安得無禮於先輩乎！」墨筆眉批：「畫師。」

卷第七

「宣宗十二年」條：「前進士陳玩等五人。」墨筆眉批：「陳玩。」「詔中書舍人李潘等對。」墨筆眉批：「李潘。」「對曰：錢起湘靈鼓瑟詩，有二『不』字。」墨筆眉批：「錢起，二不字。」

「故荆州杜司空琮」條：墨筆眉批：「杜琮。」「李宣古者，數陪遊讌。」墨筆眉批：「李宣古。」「長林公主聞之，不待穿履，奔出而救之。」墨筆眉批：「長林公主。」又硃筆旁批：「豈赤脚出來耶？」「能歌姹女顏如玉，解飲蕭郎眼似刀。」墨筆眉批：「『眼似刀』，俗。」「杜公賞詩，既物十箱，希無愧於一醉也。後二子裔休、孺休，皆以進士登科。」墨筆眉批：「杜裔休、孺休。」「崔雲娘者，形貌瘦瘠。」墨筆眉批：「崔雲娘。」「杜牧侍郎罷宣城幕。」墨筆眉批：「杜牧。」「復州陸巖夢桂州筵上」云云。墨筆眉批：「陸巖夢。」「何事最堪悲，雲娘只首奇。」墨筆旁批：「只首何説？」「不須當戶立，頭上有鍾馗。」硃筆眉批：「頭上有鍾馗。」

「平曾以憑人傲物」條：墨筆眉批：「平曾。」「薛平僕射出鎮浙西。」墨筆眉批：「薛平。」「曾後遊蜀川，謁少師李固言相公，在成都賓館，則李珪郎中、郭圓員外、陳會端公、袁不約侍郎、采擇書記、薛重評事，皆遠從公，可謂蓮幕之盛矣。」墨筆眉批：「李固言。李珪。郭圓。陳會。袁不約。采擇。薛重。」「乃與賈島齊譴，爲時所忽至於潦倒。」墨筆眉批：「賈島。」「後温庭筠爲賦，亦譏刺，少類平、賈，而謫方城尉。」墨筆眉批：「温庭筠。」「舉子紀唐夫有詩送之。」墨筆眉批：「紀唐夫。」

「襄陽牛相公赴舉之秋」條：墨筆眉批：「牛僧儒。」「每爲同袍見忽。」硃筆眉批：「同袍。」「對客展卷，飛筆塗竄其文，且曰：『必先輩，未期至矣』。」墨筆眉批：「塗竄人文字，亦有礙哉！」「因誡子弟咸、元、承、雍等曰」云云。墨筆眉批：「劉咸。劉元。劉承。劉雍。」「昔主父偃家爲孫弘所夷。」「孫」字上硃筆旁批：「公。」「牛僧儒詩曰：粉署爲郎四十春，今來名輩更無人；休論世上升沉事，且鬬樽前見在身。」墨筆眉批：「牛丞相眞小人哉！」「刺使劉禹錫詩曰：昔年曾忝漢朝臣，晚歲空餘老病身。」上句旁墨筆批：「無義謂淡話七字。」「追思往事咨嗟久，幸喜清光笑語頻。」墨筆旁批：「又嘽。」「猶有當時舊冠劍，待公三日拂埃塵。」墨筆旁批：「急了。」「中山公謂諸賓友曰：予昔與丞相德輿庚詞，同舍郎莫之會也，與韓退之愈優劣人物，兩淛袁給事同肩與李表臣程突梯而侮李兵部紳，與柳子厚宗元評脩國史，而薄侍郎衮，與光化論制誥而鄙席舍人夔。予二十八年在外，五爲刺史，而不復親臺省，以此將知清途隔絕，其自取乎！或有淡薄相待，緘翰莽鹵者，每吟張博士籍詩」云云。墨筆眉批：「權德輿。韓退之。李同肩。李程。李紳。衮。柳子厚。席夔。張籍。」「今日爲文，都不愜意，洛中白二十二居易苦好予秋水詠」云云。墨筆眉批：「白居易。」「蘇州韋十九郎中應物詩曰」云云。墨筆眉批：「韋應物。」「楊虞卿校書過華山詩曰」云云。墨筆眉批：「楊虞卿。」「河勢崑崙遠，山形菡萏秋。」墨筆眉批：「菡萏亦上聲，重押而不覺其不響。」「因作一口號，贈歌人朱嘉榮曰」云云。墨筆改「朱」爲「米」。又墨筆眉批：「米嘉榮。」「昔赴吳臺，楊州大司馬杜公鴻漸爲余開宴。」墨筆眉批：「杜鴻漸。」

卷第八

「石雄僕射」條：墨筆眉批：「石雄。」「初與康誂同爲徐州帥王侍郎智興首校。」墨筆眉批：「王智興。康誂。」「有李弘約者。」墨筆眉批：「李弘約。」「既入石州境，心復遲疑，恐石君怒，遇里有神祠祈享，皆謂甚靈。弘約乃號啓於神。」墨筆眉批：「石州神祠。」「先是，韋相公執誼得罪，薨變於此。」墨筆眉批：「韋執誼。」「柳宗元員外與韋丞相有齠年之好，三致書與廣州趙尚書宗儒。」墨筆眉批：「柳宗元。趙宗儒。」「是以結怨侯門，取尤羣彦。」注：「光福王起侍郎自長慶三年知舉」云云。墨筆眉批：「王起。」

「南中丞卓吳楚游學十餘年」條：墨筆眉批：「南卓。」「似無容足之地，惟城南鬻飯老嫗待之無厭色。」墨筆眉批：「蔡城南鬻飯嫗。」「先是，柳子厚在柳州，呂衡州溫嘲謔之曰」云云。墨筆眉批：「呂溫。」「吳武陵郎中、劉軻侍郎俱服其才識焉。」墨筆眉批：「吳武陵、劉軻。」「與崔詹事黯因諫諍出宰。」墨筆眉批：「崔黯。」

「憲宗皇帝朝」條：「宰相對曰：恐是包子虛、冷朝陽，皆不是也。」墨筆眉批：「包子虛。冷朝陽。」「侍臣對曰：此是戎昱詩也。京兆尹李鑾擬以女妻昱，令改其姓。昱固辭焉。」墨筆眉批：「李鑾。戎昱。」「斛律斯者，長安退將也。」墨筆眉批：「斛律斯。」「上高樓，看星坐。」墨筆旁批：「晚唐句法。」〔一〕「蘇郁曰」云云。墨筆眉批：「蘇郁。」

「宋言端公」條：墨筆眉批：「宋言。」「言本名嶽。因晝寐，似有人報」云云。墨筆眉批：「夢。」「時京兆尹張大夫毅夫以馮參軍解送舉人有私。」墨筆眉批：「馮涯。張毅夫。」

「安邑李相公吉甫初自省郎爲信州刺史」條：墨筆眉批：「李吉甫。」「時吳武陵郎中，貴溪人也。」墨筆眉批：「吳武陵。」「元和二年，崔侍郎邠重知貢舉。」墨筆眉批：「崔侍郎。」「其榜尚在懷袖，忽報中使宣口勑」云云。墨筆眉批：「鬼神照管舉人恁地妙。」

「欒坤員外，素名冲」條：墨筆眉批：「欒坤卽欒冲。」「衣禱華嶽廟。」硃筆改「衣」爲「夜」。

「潞州沈尚書絢宣宗九載主春闈」條：墨筆眉批：「沈絢。」「絢曰：『莫先沈先也。』太夫人曰：『沈先早有聲價。沈擢次之。二子科名、不必在汝，自有他人與之。吾以沈儋孤卑，鮮有知者，

〔一〕自「上高樓」至此，傅山全書初版本脫，據手稿補。

汝其不慭，孰能見哀？』」墨筆眉批：「沈先。沈擢。沈儋。」

卷第九

「左傳稱筮短龜長」條：「李相公回以舊名躔，累舉未捷。」墨筆眉批：「李躔。」「又訪龜者鄒生，生曰」云云。墨筆眉批：「鄒生。」「淮南從事力薦畢丞相諴，後又舉趙渭南嘏。」墨筆眉批：「畢諴。趙嘏。」「至武宗登極，與上同名，始改爲回。」墨筆眉批：「李回。」「永興魏相公謩爲給事。」墨筆眉批：「魏謩。」

「列子終于鄭」條：「今墓在郊藪，謂賢者之跡，而或禁其樵採焉。」墨筆眉批：「列子墓。」「里有胡生者，性落魄，家貧，少爲洗鏡鉸釘之業。倏遇甘果名茶美醞，輒祭列禦冠之祠壠。」墨筆改「壠」爲「隴」。又墨筆眉批：「胡釘鉸。」「太守名流，皆仰矚之，而門多長者。或有遺賂，必見拒也。」硃筆眉批：「胡釘鉸豈可忽耶？」

「咸陽郭氏」條：「內有一蒼頭，名曰捧劍。」墨筆眉批：「捧劍。」

「廖有方校書」條：墨筆眉批：「廖有方。」「郎君今春所埋胡綰秀才，卽某妻室之季兄。」墨筆眉批：「胡綰。」「執袂各恨東西。」硃筆改「恨」爲「限」。「明年，李侍郎逢吉放有方及第，改名游卿，聲動華夷，乃皇唐之義士也。其主驛載克勤堂牒本道節度甄昇，至於顯職，克勤名誼與廖君同述焉。」墨筆眉批：「李逢吉。載克勤。甄昇。」

「李博士涉諫議」條：墨筆眉批：「李涉。」「悉分匡廬隱士。」注：「何、戴山人等也。」墨筆眉批：「何、戴山人。」「宋態者，故吳興劉員外愛姬也劉全白也。」墨筆眉批：「宋態。劉全白。」

「後番禺舉子李彙征客游於閔越。」墨筆眉批：「李彙征。」「韋氏乃杖履迎賓，年已八十餘，自稱曰『野人韋思明』。」墨筆眉批：「韋思明。」「於是共論數十家歌詩次第及李涉絶句」云云。墨筆眉批：「奇遇。」

「安人元相國應制科之選」條：墨筆眉批：「元稹。」「有薛濤者，能篇詠，饒詞辯。」墨筆眉批：「薛濤。」「府公嚴司空綬知微之之欲，每遣薛氏往焉。」墨筆眉批：「嚴綬。」「元公既在中書，論與裴晉公度子弟譔及第，議出同州。」墨筆眉批：「裴譔。」「乃有徘優周季南、季崇及妻劉採春自淮甸而來。」墨筆眉批：「周季南。劉採春。」「盧侍郎簡求戲曰」云云。墨筆眉批：「盧簡求。」「初娶京兆韋氏字蕙藂，官未達而苦貧。繼室河東袁氏字柔之，二夫人俱有才思。」墨筆眉批：「韋氏蕙藂。袁氏柔之。」

卷第十

「裴中郎諴，晉國公次子」條：墨筆眉批：「裴諴。」「與舉子温岐爲友，好作歌曲。」墨筆眉批：「温岐。」「不是廚中弗，爭如炙裏心。」「如」字旁硃筆批：「知。」「幹蠟爲紅燭，情知不自由。」墨筆眉批：「幹。」「飲筵競唱其詞，而打令也。」墨筆眉批：「打令。」「詞曰：一尺深紅朦麴塵，舊物天生如此新。」墨筆改後一句爲「天生舊物下如新。」「胡州崔郎中芻言初爲越副戎。」墨筆眉批：「崔芻言。」「有德華周氏者，乃劉採春女也。」墨筆眉批：「周德華。」「滕邁郎中一首」云云。墨筆眉批：「滕邁。」「賀知章秘監一首」云云。墨筆眉批：「賀知章。」「楊巨源員外一首」云云。墨筆眉批：「楊巨源。」「江邊楊柳麴塵絲。」墨筆旁批：「又作『緑烟絲』。」「劉禹錫尚書一首」云云。墨筆眉批：「劉禹錫。」「韓琮舍人二首」云云。墨筆眉批：「韓琮。」「杜牧舍人云」云云。墨筆眉批：「杜牧。」「是以姚合郎中苦吟道傍亭子詩」云云。墨筆眉批：「姚合。」

「王建校書爲渭南尉」條：墨筆眉批：「王建。」「時謂長孫翺、朱慶餘各有一篇」云云。墨筆眉批：「王孫翺。朱餘慶。」「元公秀明經制策入仕。」硃筆改「秀」爲「德秀」。注：「秀字紫芝，爲魯山令。」墨筆眉批：「元紫芝德秀。」「渭南先與内官王樞密盡宗人之分。」墨筆眉批：「王樞密。」又于「渭南」旁硃筆批：「王建。」

「近日舉場爲詩」條：「章正字孝標，對月落句」云云。墨筆眉批：「章孝標。」「有類乎秦交」云云。墨筆眉批：「秦交。」「獨章君爲燕歸詩，留獻庾侍郎承宣。」墨筆眉批：「庾承宣。歸燕詩。」「前輩有章八元，後有章孝標，皆桐盧人。名雖遠而位俱不達。後五十年來，有閔川歐陽澥者，四明詹之孫也。」注：「賈陵、陳羽、李觀、李絳、韓愈、王涯、劉遵古、崔羣、馮宿、李博等，與四明同年，其名流於海岳。」墨筆眉批：「章八元。歐陽澥。賈陵。陳羽。李絳。韓愈。王涯。劉遵古。崔羣。馮宿。李博。」「亦爲燕詩以獻主司鄭愚侍郎。」墨筆眉批：「鄭愚。」

「明皇代以楊貴妃號國寵盛」條：硃筆改「號」爲「虢」。「顧況著作聞而和之。」墨筆眉批：「顧況。」「盧渥舍人應舉之歲，偶臨御溝，見一紅葉。」墨筆眉批：「盧渥。」

「紇于尚書泉苦求龍虎之丹」條：墨筆眉批：「紇于泉。」「及大延方術之士，作劉弘傳，雕印數千本。」墨筆眉批：「劉弘。」「皇甫大人在夏口之日，勤求藝術。」墨筆眉批：「皇甫大人。」「訪其姓名，答曰：黄山隱也。」墨筆眉批：「黄山隱。」「敢箴公侯，罪無于吉致孫策鏡裏之殃，來非許邁起劉恢舟中之顧。」墨筆眉批：「于吉。許邁。孫策。劉恢。」

卷第十一

「鄧州有老僧，日食二鳲鳩」條：墨筆眉批：「鳲鳩僧。」「僧後不食此味，覩驗，衆皆敬異，號曰南陽鳲鳩和尚。」墨筆尾批：「是何說？」

「興元縣西墅有蘭若」條：「以餅裹腐屍肉而食，數啖不已。」墨筆旁批：「也古怪。」「此事柳僕射仲郢在興元日親驗也。」墨筆眉批：「柳仲郢。」

「寶誌大師嘗於臺城對梁武帝喫鱠」條：墨筆眉批：「寶誌。鱠。」「若留守王僕射逢、裴相公休、鳳陽白中令敏中、夏侯相孜、崔僕射安潛，皆嚴飾道場。」墨筆眉批：「王逢。裴休。白敏中。夏侯孜。崔安潛。」「李常侍續分陝之日」。墨筆眉批：「李續。」「岳牧李員外膺，羣玉校書者，卽岳牧從孫也。」墨筆眉批：「李膺。」「羣玉後過岳陽，題詩曰：『昔年曾接李膺歡，遠泛仙舟醉碧瀾。』」墨筆旁批：「既係從祖輩，如何直寫其名？」「襄州李八座翺斷僧相打」云云。墨筆眉批：「李翺。」「婺州陸郎中長源判僧常滿、智眞等同於娼家飲酒，烹宰鷄鵝等事」云云。墨筆眉批：「陸長源。常滿。智眞。」「又斷金華觀道士盛若虛」云云。墨筆眉批：「道士盛若虛。」「浙西韓相公滉斷法雲晏等五人聚集賭錢，因有喧爭」云云。墨筆眉批：「韓滉。」

「雲溪子昔游西霞峰」條：「嘗遇玄朗上人者，乃南泉禪宗普願大師之嗣孫也。」墨筆眉批：「玄朗。」「南泉既逝，崔行儉員外爲之銘曰」云云。墨筆眉批：「崔行儉。」「則吟以王梵志詩。」墨筆眉批：「王梵志。」

「方彫雲爲白太傅所知」條：墨筆眉批：「方彫雲。」「爲詩以獻盧尚書弘宣。」墨筆眉批：

「盧弘宜。」「詩曰：荷衣拭淚幾回穿，欲謁朱門抵上天。不是尚書輕下客，山家無物與三權。」硃筆尾批：「『三權』何說？」

「夔州游使君符邀客看花」條：墨筆眉批：「夔州游符。」「盧子發詩曰」云云。墨筆眉批：「盧子發。」

「詠螃蠏呈浙江從事皮日休」條：墨筆眉批：「皮日休。」

「鄭愚醉題廣州使院」條：墨筆眉批：「鄭愚。」「太守貪殘似虎狼。」硃筆旁批：「不成話。」

「李日新題仙娥驛」條：「更有臺中牛肉炙，尚盤數臠紫光毬。」墨筆眉批：「『臠』，原有平、上二聲，今習讀平聲。廣韻『銑』中收之。」

「張祜客於丹徒」條：「有朱檀者，輕佻侮慢祜之篇詠。」墨筆眉批：「朱檀。」

卷第十二

「温州顔郎中」條：墨筆眉批：「顔郎中。」「祜爲冬瓜堰官」。墨筆眉批：「冬瓜堰。」「錢塘酒徒朱沖和小舟經過。」墨筆眉批：「朱沖和。」

「韋鵬翼戲題盱眙邵明府壁詩」條：墨筆眉批：「韋鵬翼。」

「樂營子女席上戲賓客」條：「嶺南掌書記張保徹。」墨筆眉批：「張保徹書記。」「詩曰：憶昔前年富貴時，如今頭腦尚依稀。布袍破後思宮内，錦袴穿時憶御衣。鶻子背攢高力士，嬋娥翻畫太眞妃。如今憔悴離南海，恰似當時幸蜀歸。」墨筆眉批：「當時如此詩，遂在本朝公然爲之，亦無指謫者，何也？」

「蕭田縣有染家巨富」條：「有柳逢秀才旅遊掇席，主人不樂，柳生怒而題壁」云云。墨筆眉批：「柳生掇席。」

「浙東孟簡尚書六衙按覆囚徒」條：墨筆眉批：「孟簡。」「孔顒獻詩」云云。墨筆眉批：「孔顒。」「批其狀曰：薛涉不知典教，豈辯賢良？」墨筆眉批：「薛涉。」

「池州杜少府慥、亳州韋中丞仕符二君」條：墨筆眉批：「杜慥。韋仕符。」「譙中舉子張魯封爲詩謔其實佐。」墨筆眉批：「張魯封。」

「戲酹張十五秀才見寄池、亳二州之事」條：「宣武軍掌書記李書曰」云云。墨筆眉批：「李書。」「秋浦亞卿顏叔子，譙中都憲老桑門。如今柳巷通車馬，惟恐他時立棘垣。」「卿」字旁墨筆批：「杜」，「都憲」旁墨筆批：「韋」。墨筆尾批：「連上是一事。」

「題大梁臨汴驛」條：「進士姚嶸」云云。墨筆眉批：「姚嶸。」

「麻衣黎瓘者」條：墨筆眉批：「黎瓘。」

「元丞相載妻王氏字韞秀」條：墨筆眉批：「王韞秀。」

「朱慶餘校書」條：墨筆眉批：「朱餘慶。」「遇水部郎中張籍知音，遍索慶餘新製篇什數通。」墨筆眉批：「張籍。」「張籍郎中酬曰：越女新粧出鏡心，自知明艷更沉吟。」墨筆眉批：「『鏡心』兩字，生辟者。」

卷一百二十三　宣室志批注〔一〕

卷之一

「李揆於乾元中爲禮部侍郎，嘗一日晝坐於堂之前軒。忽聞堂中有聲極震，若牆圮。揆驚入視之，見一蝦蟇俯於地，高數寸，魁然殊狀。」墨筆眉批：「蝦蟆找中書堂揆。」

「有石憲者，其籍編太原，以商爲業，常貨於代北。」墨筆眉批：「石憲。」

「忽夢一僧，蜂目，被褐衲，其狀甚異，來憲前，謂憲曰」云云。硃筆眉批：「蛙。」

「憲曰：『此蛙能易形以感於人，豈非怪之尤者乎？』於是盡殺之。」墨筆於末句旁批：「何必尒！」

「寶曆初，長沙有民王叟者，家貧，營田爲業。一日耕於野，爲蚯蚓螫其臂，痛楚甚。」墨筆眉批：「蚓。」

「有御史韋君，嘗從事江夏。復以奉使至京，既還，道次商於館亭中。忽見亭柱有白蜘蛛曳而下，狀甚微。」墨筆眉批：「白蜘蛛。」

「吴郡陸顒，家于長城之東，其世以明經仕。」墨筆眉批：「陸顒。」

〔一〕此篇據臺北圖書館藏批點手稿之複印件釋文，批點底本爲明會稽商氏半埜堂校刻本。由堀川英嗣整理。傅山全書初版本未收。

「顛自幼嗜面，爲食愈多而質愈瘦」云云。硃筆眉批：「麵寶蟲。」

「大曆中，彭偃未仕時，嘗有人謂曰：『君當得珠而貴，後且有禍。』」硃筆眉批：「珠禍。」又墨筆眉批：「彭偃。」

「及朱泚反，召偃爲僞中書舍人，偃方悟得珠，乃朱泚也。果誅死。」墨筆眉批：「朱泚。」

「跋扈李師道既以青、齊叛，章武帝將討之，凡數年而王師失利，師道益驕。嘗一日坐於堂，其榻前有銀鼎，忽相鼓，其一鼎耳足皆墜。後月餘，劉倍手刃師道，青、齊遂平。」墨筆眉批：「李師道。劉倍。」又硃筆眉批：「銀鼎。」

「唐丞相王涯，大和九年掌邦賦，又主鹽鐵。其子仲翔嘗一日避暑於山亭，忽見家僮數十咸若無首，被血來仲翔前。」墨筆眉批：「王涯。王仲翔。」又硃筆眉批：「僮異。」

「新昌里尚書溫造宅，桑道茂嘗居之。」墨筆眉批：「溫造。桑道茂。」

「於是以鐵數千鈞鎮於柏樹下。既而告人曰：『後有居者，發吾所鎮之鐵，則其家長當死。』」硃筆眉批：「樹下鐵。」

「丞相李宗閔，大和七年夏出鎮漢中。」「又明年夏中，嘗退朝于靖安里第，其榻前有熨斗，忽跳擲久之。」墨筆眉批：「李宗閔。」又硃筆眉批：「熨斗。」

「柳公濟尚書，唐大和中奉詔討李同捷。既出師，無何，麾槍忽折。」墨筆眉批：「柳公濟。」又墨筆於「捷」字旁批：「捷。」又硃筆眉批：「麾槍。」

「凡出軍征討，有烏鳶隨其後者，皆敗亡之徵。」硃筆眉批：「烏鳶。」

「有曾敬玄者，嘗爲北都裨將。」硃筆眉批：「曾敬玄。」

「李師道叛時」云云，「後捨家爲僧，住持太原凝定寺。」墨筆眉批：「太原凝定寺。」

「大和九年，羅立言爲京兆尹，嘗因入朝，既冠帶，引鏡自照，不見其首。」墨筆眉批：「羅立言。」又硃筆眉批：「鏡。」

「雲花寺有聖畫殿，長安中謂之七聖畫。」硃筆眉批：「七聖畫。」

「戶既啟，有七鴿翩翩望空飛去。其殿中采繪，儼若四偶，惟西北墉未盡其飾焉。」墨筆眉批：「七鴿。」

「唐故尚書李公詵鎮北門時，有道士尹君者。隱晉山，不食粟，嘗餌柏葉，雖髮盡白，而容貌若童子，往往獨遊城市。」墨筆眉批：「李詵。」又硃筆眉批：「尹君。餌柏。」

「北門從事馮翊嚴公綬，好奇者。慕尹之得道，每旬休，卽驅駕而詣焉。」墨筆眉批：「嚴綬。」

「明年秋，有昭聖觀道士朱太虛，因投龍至晉山，忽遇尹君在山中。」墨筆眉批：「朱太虛。『投龍』何說？」

「浮屠氏契虛者，本姑臧李氏子，其父爲御史。」墨筆眉批：「契虛。」

「嘗一日，有道士喬君，顏貌清瘦，須髮盡白，來詣契虛。」墨筆眉批：「喬君。」

「喬君曰：師當備食于商山逆旅中，遇桻子，卽搞而於商山饋焉。」墨筆眉批：「桻子。『搞』字不音。」

「其夕，卽登玉山，涉危險，逾岩巘，且八十，至一洞，水出洞中，桻子與契虛共負巨石寘洞口，以壅其流。三日，洞水方絕。」墨筆眉批：「此處寫得不明白。水既从洞中出，以石壅之，則水不得出，而洞中當益深泓矣。如何云『三日洞水絕』也？豈水因厄塞而頓絕？」

「又行百餘里，入一洞中。及出，見積水無窮。」墨筆於「及出」旁批：「穿洞。」

「桻子指語：此稚川也！」墨筆眉批：「稚川。」

「見一人袒而瞬目，髮長數十尺，凝膩黯黑，洞瑩心目。」墨筆眉批：「瞬。」

「桻子曰：此人楊外郎也。外郎廼隋氏宗室，嘗爲外郎於南宮。」墨筆眉批：「楊外郎。」

「此非瞬目，乃徹視也。夫徹視者，寓目於人世爾。」墨筆眉批：「徹視。」

「桻子曰：此人姓一，支潤其名，亦人間之人，得道而至此者。」墨筆眉批：「一支潤。」

「有滎陽鄭紳與吳興沈津俱自長安東出關，〔一〕行至華山下，會天暮大雨，二人遂止。」墨筆眉批：「鄭紳。沈津。」

「唐玄宗嘗夢僊子十餘輩」云云，「及樂闋，有一僊八揖而言曰：陛下知此樂乎？此神仙紫雲曲也。」硃筆眉批：「紫雲曲。」

卷之二

「至德二年十月二十三日，豐樂里開業寺有神人足跡甚長，自寺外門至佛殿。」硃筆眉批：「金天王寫背書。」

「陳少遊鎮淮南時，嘗遣軍卒趙某使京師遺公卿書。」墨筆眉批：「陳少遊。」

「行未數里，探衣中，皆冥楮耳，即棄道傍。」硃筆眉批：「楮錢。」

「晝夜兼行，餘旬至成都。訪蕭敬之，以書付之。」墨筆眉批：「蕭敬之。」

「元載布衣時，嘗與故禮部侍郎張謂友善。」墨筆眉批：「元載。張謂。」

「俄聞廟中有聲曰：『元相國、張侍郎且至，羣盜當速去，無有驚於貴人。』羣盜惶怖馳去。」

〔一〕「滎陽」，原書作「榮陽」，據太平廣記改。

硃筆眉批：「元、張聞神語。」

「貞元初，陳郡袁生者，嘗任參軍於唐安。罷秩游巴川，舍于逆旅氏。」墨筆眉批：「袁生。」

「我赤水神，有祠在新明之南。」硃筆眉批：「赤水神。」

「神曰：此僧所居縣東蘭若道成師也。」墨筆眉批：「道成。」

「既歸，欲爲計其工費，然以初官，貧甚，無以爲資，因自念曰：神人所言系道成師之生魂，因而困憊，僧本不知。又云，從此去旬餘當解脫矣。吾今假以神語，俾其建廟，無乃不可乎？」墨筆旁批：「此事豈可語傳？」

「夫置神廟者，所以佑兆人，祈福應。今既有害於我，安得不除之乎？」墨筆旁批：「惡僧。」

「行抵三峽，忽遇一白衣立於道左，視之，乃赤水神也：『向托君修我祠宇，奈何致道成毀我之舍，棄我之像，使一旦無所歸，君之罪也。今君棄逐窮荒，亦我報讐爾。』袁生謝曰：『毀君者，道成也。何爲罪我而爲讐也？』神曰：『道成雖爲僧，而餘福尤盛，吾不能爲災。今君祿與命衰，背棄宿約，故我得而爲謀矣。』」墨筆眉批：「赤水神逕無奈此惡僧，何耶？」

「王鍔之鎮太原也，忽一日亭午，有小吏見一神人，長丈餘，介金仗劍，自衙門緩步而來，既而佇立久之，若有所伺。小吏見之，懼甚，白於衙將靳垣、張和。偕視之，如小吏言。」墨筆眉批：「王鍔。靳垣。張和。」又硃筆眉批：「小吏見神人。」

「神人曰：我，天使。今上帝以汝里中俱病熱，豈獨驕陽之所致乎？且有厲鬼在君邑中爲祟，故人多此疾。上帝命我逐之。」硃筆眉批：「上帝命逐熱鬼。」

「王鍔鎮太原，有清河崔澤者，長慶中刺坊州。嘗避暑於庭，時風月清朗。忽見一丈夫，身甚長，危冠廣袖，自堂之前軒而降，立于階所，厲聲而呼者三。」硃筆眉批：「崔澤見鬼。」

「吏部侍郎韓愈，長慶四年夏，以疾不治務，至秋九月，其疾益甚。冬十一月，於靖安里晝臥，見一神人，長丈餘，被甲仗劍，佩弧矢，儀形甚峻，至寢室，立於榻前。」硃筆眉批：「韓文公見鬼。」

「故相李逢吉，嘗爲司空范希韓從事于單于府。〔二〕時金城寺有老僧無爲者，年七十餘。嘗一日獨處禪齋，負壁而坐，瞬目數息。忽有一介甲持殳者由寺門而入。」硃筆眉批：「無爲見鬼。」又墨筆眉批：「李逢吉。無爲。范希韓。」

「故相李回，少時嘗久疾，其兄靳召巫祝，於庭中設酒食以樂神。」「巫欲撤其席，忽有一神自空中而降，左右兩翅。諸鬼皆辟易四散，且曰：『陸大夫神至矣。』巫者亦驚曰：『陸大夫神來。』卽命致酒食於庭。」墨筆眉批：「李回。陸大夫神。」

「有崔君者，貞元中爲河内守。崔君貪而刻，河内人苦之。」「未幾而崔君卒於郡。是日，寺有牛産一犢者。其犢頂上有白毛若縷織成文字，曰『崔某』者。」墨筆眉批：「崔守變牛。」又硃筆眉批：「崔牛。」

「開元二十七年，江夏李邕爲臨淄守。」墨筆眉批：「李邕。」

「翁曰：聖主當獲龍馬，以彰清世雍熙之瑞，則享國無疆，無勞采常藥耳。」硃筆眉批：「龍馬。」

「卽命其吏王乾貞者，求龍馬於齊、魯之間。至開元二十九年夏五月，乾貞果得馬於北海郡民馬會恩之家。」墨筆眉批：「王乾貞。馬會恩。」

〔二〕原書作「范希韓」，當誤，唐司空應爲范希朝，太平廣記亦作「范希朝」。

「天寶初，有王薰者，居長安延壽里中。」墨筆眉批：「王薰。」

「臂既墮，其聲亦遠。俯而視之，乃一驢足，血滿於地。」硃筆眉批：「驢怪。」

「郭司空釗，大和中自梓潼移鎮西涼府。〔二〕」墨筆眉批：「郭釗。」

「獄既具，釗命笞於庭。〔三〕忽有十餘犬爭擁其背，吏卒莫能制。」硃筆眉批：「犬。」

「釗大異之，且訊其事。閽者曰：某好閱佛氏金剛經，自童丱常以食飼羣犬，不知其他。」墨筆眉批：「金剛經。」

「扶風縣西有天和寺，在高崗之上。其下龕宇軒豁，可居窮者，趙叟家焉。叟無妻孥，病足而傴，常策杖行乞於市。」墨筆眉批：「趙叟。」

「叟得食，必先聚羣犬以食之。」「後旬餘，竟以寒死於龕中。羣犬哀鳴，晝夜不歇，數日方去。」硃筆眉批：「犬。」

卷之三

「貞元中，有大理評事韓生者，僑居西河郡南。」墨筆眉批：「韓生。」

「忽見韓生所畜黑犬至廐中，且嗥且躍，俄化爲一丈夫，衣冠盡黑，既挾鞍致馬，馳騁而去。」硃筆眉批：「犬異。」

「寶應中，有李氏子，亡其名，家於洛陽。其世以不好殺，故家未嘗畜狸，所以宥鼠之死也。」

〔二〕「涼」，原書作「京」，據太平廣記改。

〔三〕「庭」，原書作「夜」，據太平廣記改。

「嘗一日，李氏大集其親友，會食於堂上，而門外有羣鼠數百，俱人立，以前足相鼓，如甚喜狀。」墨筆眉批：「李氏。」又硃筆眉批：「鼠報恩。」

「相國王公縉，大曆中與元載同執政事。嘗一日入朝，天尚早，坐於燭下。其榻前有囊，公命侍童取之，侍童挈以進，覺其重不能舉。公啟而視之，忽有一犬長尺餘，質甚豐，自囊中躍出。」墨筆眉批：「王縉。」又硃筆眉批：「犬異。」

「婁師德布衣時，嘗因沉疾，夜夢一人，紫衣，來榻前再拜曰」云云，「見一室曰『司命署』。問：『職何如？』對曰：『主世人祿命之籍也。』」墨筆眉批：「婁師德。夢。」又硃筆眉批：「婁夢入司命署。」

「太子賓客盧尚書貞猶子，爲僧。會昌中，沙汰僧徒，斥歸家，以蔭補光王府參軍。一夕，夢爲僧時所奉師來慰，問其出處再三，告以佛氏淪破，已無所歸，今爲一官，徒遣旦夕，期在落頂上發，方畢志願。且泣且訴之，良久曰：若我志果遂，興佛法。」墨筆眉批：「盧貞。後八卷中有之。好夢。」又硃筆眉批：「貞興佛法。」

「清河張詵，貞元中以前王屋令調於有司。忽夢一中使來」云云，「詵所夢殿東宇下峨冠被袞龍衣者，乃高宗也。其殿西宇下冠衣貌如婦人者，乃天后也。」墨筆眉批：「張詵。夢。」又硃筆眉批：「夢高宗、武后。」

「開元中，楊慎矜爲御史中丞。」「洎天將曉，其導從羣吏自外見慎矜門有一夜叉，長丈餘，狀極異，立於宇下，以左右手噤其門，火吻電眸，盼顧左右。從吏見之，懼驚怵四去。」墨筆眉批：「楊慎矜。」又硃筆眉批：「夜叉。」

「有吳生者，江南人，嘗遊會稽，娶劉氏女爲妾。」「劉氏見吳生來，盡去襦袖，挺然立庭下，一夜叉爾。目若電光，齒如戰刃，筋骨盤蹙，身盡青色。」墨筆眉批：「吳生。劉氏。」又硃筆眉批：「夜叉。」

「有賈人朱峴，家極贍，生一女，無何失所在。」「女曰：某向者獨處，有一夜叉，長丈餘，甚獰異，自屋上躍而下，入某之室」云云。墨筆眉批：「朱峴。」又硃筆眉批：「夜叉。」

「夜叉曰：牛者，所以耕田疇，爲君民之大本。苟不食其肉者，則上天佑之。故我不敢近也。」

「明日，夜叉去，而祝曰：某願終身不食丑肉也。」墨筆眉批：「不食丑肉。」

「潁州陳越石，初名黄石，郊居於王屋山下」云云，「久之，忽於燭影傍出其面，乃夜叉也。赤髮蓬然，兩目如電，四牙若鋒刃之狀，甚可怖。」墨筆眉批：「陳越石。」又硃筆眉批：「夜叉。」

「通州有王居士者，有道術。會昌中，刺史鄭君有幼女，甚愛之，而自幼多疾，若神魂不足者。鄭君因請居士，居士曰：此女非疾，乃生魂未歸其身。」墨筆眉批：「王居士。鄭君女。」又硃筆眉批：「生魂未歸。」

「居士曰：某縣令某者，卽此女前身也。當死數歲矣，以平生爲善，故幽明佑之得過期。今年九十餘矣。」墨筆旁批：「如此則『中陰』之說又不然矣。未死而已有轉生之身。」

「唐貞元中，有李生者，家河、朔間，少有膂力，恃氣好俠，不拘細行，常集輕薄少年二十餘輩爲樂。」「少頃，士貞叱左右，縛李某繫獄，左右卽牽李袂疾去，械獄中。」墨筆眉批：「李生。王士貞。」又硃筆眉批：「王士貞殺李生。宿報。」

卷之四

「汝南周氏子，吳郡人也，亡其名，家於崑山縣。」「又明日，周生乃以夢語家童，且以事訊之。

其家人因適野，遂獲一鷟，乃籠歸。前夕，有犬傷其臆。周生卽命放之。是夕，又夢白衣人辭謝而去。」硃筆眉批：「鷟。」

「東平呂生，魯國人，家于鄭。其妻黄氏，病將死，告於姑曰」云云，「妾平生時無狀，今爲異類，生於鄭之東野叢木中，黯其翼、嗷其鳴者是也。」硃筆眉批：「黄氏鳥。」

「汧陽郡有張女郎廟。上元中，有韋氏子客於汧陽，途至其廟，遂解鞍以憩。忽見廟宇中有二屐子在地上。生視之，乃結草成者，文理甚細，色白而制度極妙。」「夜將半，其屐忽化爲白鳥，飛於屋上。韋生命取之，卒飛而去。」硃筆眉批：「草屐白鳥。」

「吏部侍郎韓昌黎公愈，自刑部侍郎貶潮陽守。先是，郡西有大湫，中有鰐魚，長者百尺。每一怒，則湫水騰溢，林嶺如震。」硃筆眉批：「鰐。」

「唐柳州刺史河東柳宗元，嘗自省郎出爲永州司馬，途至荆門，舍驛亭中。是夕，夢一婦人，衣黄衣，再拜而泣曰」云云，「吏曰：『前一日，漁人網獲一巨黄鱗魚，將爲膳，今已斷其首。』宗元驚曰：『果昨夕之夢也。』遂挈而投江中。」硃筆眉批：「黄衣魚。」

「唐河東柳泝者，僑居洛陽。因乘春釣伊水，得巨魚，挈而歸」，「是夕，泝夢魚以喙齧嬰兒臆。」硃筆眉批：「魚咬嬰臆。『泝』字，石□□□『沂□』之『沂』。」〔二〕

「宣城郡當塗民有劉成、李暉者，俱不識農事，常以巨舫載魚蟹，鬻於吳、越間。」「忽聞舫中有連呼阿彌陀佛者，聲甚厲。成驚而視之，見一大魚自舫中振鬐搖首，作聲而呼阿彌陀佛焉。」硃筆眉批：「魚念佛。」

〔二〕因本文據複印件整理，硃筆所批難以看清，故以「□」代之。下同。

「元和初，有進士陸喬者，好爲歌詩，人頗稱之。」「一夕，風月晴瑩，有扣門者」，「因請其名氏，曰：『我，沈約也。聞君善詩，故來候耳。』」硃筆眉批：「陸喬晴夕見沈約。」

「元和、長慶間，有郭翥者，嘗爲鄂州武昌尉。與沛國劉執謙友善」，「忽有里人數輩望見，疾來視之，驚曰：『是吾兄也。亡數日矣，昨夕忽失所在。』乃求屍而返。」硃筆眉批：「尸□□□□。」

「長慶中，裴度爲北都留守，有部將趙姓者，病熱且甚。其子煮藥於室」，「趙見一黃衣人自門來，止於藥鼎傍」云云，「子曰：『豈非鬼乎？是欲重吾父之疾也。』遂去藥。」硃筆眉批：「煮藥見鬼。」

「李光顔居守北都時，有部將成少儀者，其子曰公逵，嘗夢一白衣曰：『地府使我召汝。』逵拒之。使者曰：『冥官遣召一屬龍人，汝既屬龍，何以逃？』」硃筆眉批：「□□□屬龍者。」

「董觀，太原人」，「寶曆中，觀遊郊江，至泥陽郡，舍于龍興寺。堂宇宏麗，有經數百函。觀遂留止，將期盡閲乃還。」硃筆眉批：「閲大藏。五卷七又有一董觀，〔二〕亦太原人。」

「吴郡任生者，善視鬼，廬於洞庭山。」「任生笑曰：鬼甚多，人不能識耳，我獨識之。」硃筆眉批：「任生視鬼。」

「安定胡澋，家於河東郡，以文學知名。」墨筆眉批：「胡澋。」

〔二〕「五卷七」當爲筆誤，應爲「五卷九」。

卷之五

「滎陽有鄭生，善騎射。」「婦人曰：妾家於村中，爲盜見誘至此」云云。「又曰：今夕當匿於田橫墓。願急逐之，無失。」硃筆眉批：「盜匿田橫墓。」

「樊宗諒爲密州刺史，時屬邑有羣盜縱横，入里中毗殷氏家，掠奪金帛，戕其父子，死者三人。」墨筆眉批：「樊宗諒。」

「蘭陵蕭逸人，亡其名。」「道士因胗某脈。久之，又曰：『先生嘗食靈芝矣。夫靈芝狀類人手，肥而且潤，色微紅者是也。』」硃筆眉批：「肉芝。」

「夜既深，聞有叩門者，從吏卽問之，應曰：柳將軍遣某送書與盧侍御。」硃筆眉批：「柳將軍。」

「大和中，有江夏從事某，其官舍嘗有怪異。」「有家童謂元長曰：堂之東北偶有枯樹焉。先符今在其上。」墨筆改「偶」字爲「隅」字。又硃筆眉批：「枯樹。」

「扶風竇寬者，家於梁山。」「因治園屋，命家僮伐一樹。既伐，而有血成沼，滂然注地，食頃而盡。」墨筆眉批：「伐樹之禍。」

「有厲泉縣民吳偃者，家于田野間。有一女十餘歲，一夕，忽失去，莫知所往。後數日，偃夢其父謂偃曰：『汝女今在東北隅，蓋木神爲祟。』偃驚而寤。」硃筆眉批：「木祟。」

「有董觀者，嘗爲僧，居於太原佛寺。」硃筆眉批：「四卷十二有董觀。」

「吏曰：此西數里有古杉，嘗爲魅，疑卽所見也。」硃筆眉批：「杉魅。」

「晉陽西有童子寺，在郊牧之外。」「珪與諸客俱窮其跡，至寺北百餘步，有蒲桃一株，甚蕃茂，而縎係其枝。有葉類人手，果牖間所見者。遂命掘其根而焚之。」硃筆眉批：「童子寺葡萄怪。」又墨筆眉批：「久之，當有奇語。可惜剗之。」

「靈石縣南嘗夜中妖怪。」「有自縣南來者，謂皂曰：『縣南野中有蓬蔓，狀類人，披一青袍，不亦異乎？』皂往視之，果已之袍也。里中人始悟爲妖者乃蓬蔓耳。」硃筆眉批：「蓬蔓之妖。」

「唐興平之西有梁生別墅，其後園有梨木十餘株。大和四年冬十月新雪霽後，其梨忽有花發，芳而且茂。梁生甚奇之，以爲吉兆。有韋氏謂梁生曰：『夫木以春而榮，冬而瘁，固其常矣。今反是，可謂之吉兆乎？』生聞之不懌。月餘，梁生父卒。」硃筆眉批：「梨冬榮。」又墨筆旁批：「此事誠如韋生之言，吾親見婦翁張光祿果園平果花七月重開最茂，而光祿卒。」又墨筆眉批：「今大不然。」又硃筆眉批：「近五、六年來，秋，山中桃杏花重開，鮮豔特盛于春時。而人家如東米市張過開懇之王其家園，皆秋花繁茂。人以爲不祥，而其家無恙，皆陡發數十餘萬之富矣。」

「天寶中，有趙生者，其先以文學顯。」「翁曰：『吾段氏子，家於山西大木之下。』言竟，忽亡所見。生怪之，以爲妖，遂徑往山西尋其跡。果有椵樹蕃茂，生曰：『豈非段氏子乎？』因持鍤發其下，得人參長尺余，甚肖所遇翁之形。」硃筆眉批：「椵木。人參。」

「寇天師謙之，後魏時得道者也。常刻石爲記，藏於嵩山之上。上元初，有洛川郜城縣民，因采藥於山，得之以獻縣令樊文。」墨筆眉批：「樊文。」又硃筆眉批：「嵩山石記。」

「衛先生大經，解梁人，以文學聞。」「師度異其事，歎而久之。顧謂僚吏曰：『衛先生眞奇士也。』」硃筆眉批：「衛大經。衛先生奇士。」

「開元中，江南大水，溺而死者千數。郡以狀聞，玄宗詔侍御史鄔載往巡視之。」硃筆眉批：

「鄔侍御。」

「泉州之南有山焉。」「石壁之上，有鑿成文字一十九言，字勢甚古。郡中士庶，無能知者。」硃筆眉批：「泉州山石壁一十九字。」

「『雞未肥』者，言無肉也。夫以『肥』去『肉』爲『己』字也。『酒未熟』者，言無水也。以『酒』去『水』，爲『酉』字也。」硃筆眉批：「己酉。」

「東陽郡濱於浙江，有山週迴數百里。」「常侍敬昕，大和中出守，其山一夕雲物曛晦，暴風雷電，動盪室廬」，「人往視之，已劈而中分。」墨筆眉批：「敬昕。」又硃筆眉批：「東陽山劈。」

卷之六

「平盧從事御史辛神邕，太和五年冬，以前白水尉調集於京師。時有傭者劉萬金與家童自勤同室而居。」墨筆眉批：「辛神邕。劉萬金。自勤。」

「晉昌唐燕士好讀書，隱于九華山。」「俄有白衣丈夫，戴紗巾，貌孤俊，年近五十，循澗而來。」「有識者曰：是胡氏子，舉進士，善爲詩，卒數年矣。」墨筆眉批：「唐燕士。」又硃筆眉批：「白衣丈夫。胡氏子。」

「郭鄩罷櫟陽縣尉，久不得調。」墨筆眉批：「郭鄩。」

「今吾之所詣，乃勝業坊富人王氏，將往散之。」墨筆眉批：「勝業坊王氏。」

「云：先得計於安品子矣。」墨筆眉批：「安品子。」

「鄩有表弟張生者，爲金吾衛佐。」墨筆眉批：「張生。」

「品子善歌。是日，歌數曲，王生悉以金綵贈之。」硃筆眉批：「安品子善歌。」
「有梁璟者，開成中自長沙將舉孝廉，途次商山。」「三人亦無懼色，自稱蕭中郎、王步兵、諸葛長史。」硃筆眉批：「蕭中郎。王步兵。諸葛長史。」
「廣陵有官舍」，「相傳其中爲鬼所宅，故居之者一夕則暴死。」「明日，召工人於堂東北隅發之，果得枯骸，葬於禪智寺隙地。里人皆祭之，謂之三女墳。自是其地獲安矣。」硃筆眉批：「三女墳。」
「大曆中，有呂生者，自會稽上虞尉調集於京師，既而僑居永崇里。」「生喜而歸，命家僮於其所沒處窮之，下至丈餘，得一瓶，可受斛許，貯水銀甚多。生方信其嫗乃水銀精也。」硃筆眉批：「水銀怪。」
「宋順帝昇明中，荊州刺史沈攸之廐中羣馬輒躑踏驚嘶，若見他物。」「沈有愛妾馮月華，臂上一玉馬，以緑絲繩穿之，至暮，輒脱置枕邊，嘗夜有時失去，曉時復還。試取視之，見蹄下有泥。」硃筆眉批：「臂上玉馬。」
「馮翊嚴生者，家于漢南。嘗遊峴山，得一物，其狀若彈丸。」「胡人曰：我，西國人。此乃吾國之至寶，國人謂之『清水珠』，若置於濁水，泠然洞徹矣。」硃筆眉批：「清水珠。」
「杜陵韋弇，字景昭。開元中，舉進士第，寓遊於蜀。」墨筆眉批：「韋弇。」
「羣仙曰：我，玉清之女也，居於此久矣。此乃玉清宮也。」硃筆眉批：「玉清宮。」
「既入，見亭上有神仙十數，皆極色也，凝立若佇，半掉雲袂，飄飄然。」硃筆眉批：「三寶。」
「羣仙曰：吾聞唐天子尚神仙，吾有新樂一曲，名紫雲，願授聖王。」硃筆眉批：「紫雲。」
「又曰：吾有寶三焉，將以贈君，能使君富敵王侯，君其將余受之。」硃筆眉批：「三寶。」

「扶風縣之西南，有三寶村。」「村人曰：『是何寶也？』曰：『此交趾之寶，數有三焉。』故因以『三寶』名其村，蓋識其事。」硃筆眉批：「三寶村。」

「又明日，攜鍤具，窮表之下，深約丈餘，得一金龜，長二寸許，制度奇妙，代所未識；又得寶劍一，長二尺有四寸；又得古鏡一，徑尺餘。皆塵跡蒙然。」墨筆眉批：「金龜。劍。鏡。」

「安南有玉龍膏，南人用之，能化銀液。」硃筆眉批：「玉龍膏。」

「陳、蔡間有民竹季貞者，卒十餘年矣。後里人趙子和亦卒，數日忽寤，即起馳出門。」「昨者吾所請案據，得以名聞冥官，願爲再生者。」「案據白曰：『季貞同里趙子和者，卒數日，願假其殼還季貞之魂。』冥官許之。」硃筆眉批：「竹季貞假趙子和之殼。」又硃筆改文中兩「據」字爲「掾」字，並硃筆眉批：「『掾』字訛作『據』。」

卷之七

「黑山之陰有李衛公廟。」「惟清喜曰：『天賜吾之碑石。』即召從事視之。立且驚且異，因起賀而白前夢。」硃筆眉批：「碑石。」

「太和中，王璠廉問丹陽，因溝其城，既鑿深數尺，得一石，銘文曰：『山有石，石有玉，玉有瑕，即休。』工人得之，具以事告白而獻於璠。詳其義，久而不能解。」「叟曰」云云，「公之先曰崟，崟生礎，以文而觀，是『山有石』也。礎生璠，是『石有玉』也。璠之子曰遐休，是『玉有瑕即休』。休者，絕之兆。推是而辯，其絕緒乎！」硃筆眉批：「叟解石銘。」

「太和中，有柳光者，嘗南遊」，「因視石壁有雕刻文字極多，遂寫其字置于袖，詞曰」云云，〔一〕「光究之不得，友人呂生者，視而解之，未幾告曰：『吾盡詳矣。此乃得道者語也。』」硃筆眉批：「呂生解石壁仙記。」

「唐元和中，李師道據青、齊」，「乃建新宮，擬天子正殿，卜日而居。是夕雲物遽晦，風雷如撼，遂爲震擊傾圮，俄復繼以天火，了無遺燼。」硃筆眉批：「雷震李師道。」

「唐劉禹錫云：僧道宣持律第一。」「宣乃視其十指甲，有一點如油麻者。」硃筆眉批：「律師指甲。」

「唐晉陵郡建元寺僧智空，本郡人，道行彰聞於里中，年七十餘。」「然覺有腥腐氣，如在室內，秉燭視之，於垣下得一蛟，其長數丈，血滿於地。」硃筆眉批：「蛟。」

「唐河東郡東南百餘里有積水，謂之『百丈泓』。」「日卓午，忽聞水中有細聲若蠅蚋之噪，俄而纖光發，其音稍響。」硃筆眉批：「百丈泓中聲。」

「唐御史楊詢美居廣陵郡。從子數人皆幼，始從師學。嘗一夕，大風雨雷電震耀，諸子俱出戶望，且笑且詈曰：『我聞雷有鬼，不知鬼安在，願得而殺之可乎？』」硃筆眉批：「詈雷。」

「有居士辛銳者，貌甚清瘦，愀然有寒色。」「居士突至客前，溺於筵席上」，「思玄與客甚異之。回視其溺，乃紫金也。」硃筆眉批：「辛銳溺紫金。」

「故崔寧領蜀時，犍爲守清河崔君，既以啟尹眞人函，是夕，崔君爲冥司所召。其冥官卽故相呂諲也，與崔君友善，相見悲泣。已而謂崔曰：『尹眞人有石函在貴郡，何爲輒開？今奉玉帝命，召

〔一〕「袖，詞」，原書作「神祠」，據太平廣記改。

君按驗，將如之何？』」硃筆眉批：「呂諲爲冥官。」又墨筆眉批：「尹眞人石函。」

「諲命崔君出坐，啟天符視之，且歎且泣，謂崔曰：『子識元三乎？』」墨筆眉批：「元三。」

「彭城劉溉者，貞元中爲彭城令，卒於官。」墨筆眉批：「劉溉。」

「初，竇生晝寢，夢一吏導而西去」，「俄見十餘人立道左，有一人呼竇生，挈其手而熟視之，乃劉溉。」硃筆眉批：「劉溉。竇生。」

「貞元中，有廬江郡民，因采樵至山。」「見百步外有一物，狀類人，舉體黄毛數寸，蒙烏巾而立，矢中其腹，輒不動。」硃筆眉批：「不知何物。」

「於是文宗病之，始命有司詔中外，罷緇徒說佛經義。又斥其不修教者。詔命將行，會尚食廚吏修禦膳，以鼎烹雞卵，方措火於其下，忽聞鼎中有聲極微，如人言者。迫而聽之，乃羣卵呼『觀世音菩薩』也。聲甚淒咽，似有所訴。」硃筆眉批：「卵呼觀世音。」

「高陽許文度，唐大和中僑居岐陽郡。」「二金人謂文度曰：『汝何爲來地府中？我今挈汝歸生途，慎無恐。』」硃筆眉批：「金人救許文度。」

「有商居士者，三河縣人。年七歲，能讀氏書。」墨筆於「讀氏」二字間加一「佛」字。

「居士之骨，眞鎖骨也。夫鎖骨運絡如蔓，故動搖肢體則有清越之聲，固其然矣。」硃筆眉批：「鎖骨。」

「甯勉者，雲中人也。」「先是，勉好浮圖氏，常誦佛書金剛經，既敗薊師，擒其虜以訊焉。虜曰：『向者望見城上有巨人數百，俱長三丈餘，雄猛可懼，怒目呿吻，袒肱執劍。薊人見之，盡慘然汗慄，遂馳走遠避，又安有鬬心乎？』勉始悟，巨人乃金剛也，益自奇之。」墨筆眉批：「甯勉。」又硃筆眉批：「金剛經靈異。」

「唐貞觀中，有玉潤山悟眞寺僧，夜於藍溪，忽聞有讀法華經者，其聲纖遠。」「明夕，俱於藍溪聽之，果聞經聲自地中發。」硃筆眉批：「法華經聲。」

卷之八

「太原王含者，爲振武軍都將。其母金氏，本胡人女，善弓馬，素以獷悍聞。」「家人忽聞軋然之聲，遂趨以伺之，望見一狼自室内開戶而出。天未曉，而其狼自外還，入室又扃其門。」墨筆眉批：「王含。」又硃筆眉批：「金氏。狼。」

「晉陽以北，地寒而少竹，故居人多種葦成林」，「卽相與芟除其林，薙其草。既窮，得一穴，中有繒帛食器。見野狸十餘。」硃筆眉批：「狸。」

「開元二十三年秋，玄宗皇帝狩于近郊。」「時張果老先生侍，上命果坐於前」，「果曰：此鹿年且千歲矣。陛下幸問臣。」墨筆眉批：「張果。」又硃筆眉批：「張果言千歲鹿。」

「穎川陳巖」，「景龍末，舉孝廉，如京師，行至渭之南，見一婦人，貌甚姝，衣白衣，立於路隅，以袂蒙口而哭，若負冤抑之狀。」「巖喜，卽以後乘駕而偕往京師。」墨筆眉批：「陳巖。陳生何尔輕忽。」

「時有郝居士者，在里中，善視鬼，有符籙呵禁之術。」墨筆眉批：「郝居士。」

「居士又出丹符擲之，婦人遂委身於地，化爲猿而死。」硃筆眉批：「猿。」

「客有遊於太原者，偶於銅鍋店靜室解鞍憩馬。」硃筆改「銅鍋」爲「洞渦」。又墨筆眉批：「太原洞渦。」

「東都崇讓里有李氏宅」，「長史起而望之，見一人，衣黑衣，立於几上。」「歲秋，長史召工人重修馬廄，因發内重舍，乃得一死猿，有矢貫脅。驗其矢，果長史弟之矢也。方悟黑衣人者乃猿爾。」硃筆眉批：「猿。」

「乾元初，會稽民有楊叟者，家以資産豐贍甲於郡中。〔二〕」墨筆眉批：「楊叟。」

「叟有子曰宗素，以孝行稱於里人。迨其父病，罄其産以求醫術。後得陳生者，究其原。」墨筆眉批：「楊宗素。陳生。」

「僧曰：『金剛經云：「過去心不可得，現在心不可得，未來心不可得。」檀越若要取吾心，亦不可得矣。』言已，忽跳躍大呼，化爲一猿而去。」墨筆眉批：「猿記得金剛經。」

「唐林景玄者，京兆人，僑居雁門。」「卽毀其穴，翁遂化爲老狐，帖然俯地，景玄因射之而斃。」硃筆眉批：「狐。」

「唐祁縣有村民，因輦地征芻粟至太原府。」「行未四五里，因脂轄，忽見一狐尾在車之隙，中垂於車轅下。」墨筆眉批：「祁縣。狐。」又硃筆眉批：「白狐。」

「唐邠州景雲觀道士王洞微者，家于孝義里。初爲小胥，性喜殺，常漁獵釣弋，自弱冠至壯年，凡殺狼狐雉兔洎魚鱉飛走計以萬數。後爲里尹，患病熱月餘，忽覺室内有禽獸魚鱉萬數，環遶其榻而噬之。瘡痏被身，殆無完膚。」硃筆眉批：「殺生之報。」

「太子賓客盧貞有猶子，嘗爲沙門。」墨筆眉批：「前三卷中有之矣。」又硃筆眉批：「盧貞。前有之矣。」

〔二〕「以」字原書爲黑色方塊，據明抄本補。

「吳郡蔣生，好神仙，弱歲棄其家，隱四明山下。」墨筆眉批：「蔣生。」
「其後寓遊荆門，見有行乞於市者」，「徵其家於何所。對曰：某楚人，章氏子，全素其名。」
墨筆眉批：「章全素。」

卷之九

「河中永樂縣道淨院，居蒲中之勝境」，「院中人方驗道華竊太玄藥仙去」，「詔齋絹五百疋，並賜御衣，修飾廊殿，賜觀額名『昇仙院』。」硃筆眉批：「昇仙院。」
「滎陽鄭又玄，名家子也。」「童子曰：我，太清眞人。上帝以汝有道氣，令我生于人間，與汝爲友，將授眞仙之訣。而汝以輕浮驕慢，終不能得其道。吁，可悲乎！」硃筆眉批：「太清眞人。」
「元和中，武陵郡開元寺有僧惠照，貌衰體羸。」硃筆於「元和」旁批：「憲宗。」
「後有陳廣者，由孝廉科爲武陵官。」墨筆眉批：「陳廣。」
「照乃曰：我，劉氏子，彭城人，宋孝文帝之玄孫也。曾祖鄱陽王休業，祖士弘，並詳國史。」
墨筆眉批：「休業。士弘。」
「迨今二百九十年矣，雖烈寒盛暑，未嘗有微恙。」先硃筆後描以墨筆批：「惠照二百九十歲。」
「中宗朝，唐公休璟爲相。」墨筆眉批：「唐休璟。」
「僧曰：『張君赴郡之時，當令求二犬，高數尺而神俊者。』休璟唯之。」硃筆眉批：「神俊之犬。」
「唐故劍南節度使太尉兼中書令韋臯，既生一月，其家召羣僧會齋。」「胡僧曰：此子乃諸葛武侯之後身耳。」硃筆眉批：「韋皋，忠武侯後身。」

「唐貞元中，有一僧客於廣陵，亡其名，自號大師，廣陵人因以『大師』呼之。」墨筆眉批：「大師。」

「性狂悖，好屠犬彘，日與廣陵少年鬭毆，或醉臥道傍。」墨筆眉批：「屠犬。」

「元和初，長樂縣有馮生者」，「行至西廡下，忽見有羣僧畫像，内有一僧，狀與鑒師同」，「視其題云：馮氏子，吴郡人也。年十歲學浮圖氏法，以道行聞。卒年七十八。」硃筆眉批：「僧鑒，馮氏子。」

「相國李德裕爲太子少保，分司東都。」「對曰：相國平生當食萬羊，今食九千五百矣。所以當還者，未盡五百羊耳。」墨筆眉批：「萬羊。」

「興福寺西北隅有隋朝佛堂，其北壁有畫十光佛者，筆勢甚妙，爲天下之奇冠。有識者云，此國手蔡生之蹟也。蔡生，隋朝以善畫聞。」硃筆眉批：「十光佛，蔡生之蹟。」

此頁左上角硃筆批：「脱一頁。」

「故刑部尚書沛國劉遵古，大和四年節度東蜀軍。」「後於羣書中得周易正義一軸，筆勢殊妙，字體完古，蓋非近代之書也。其卷尾有題識云：『上元二年三月十一日，因讀周易正義，從茲易號十二三，歲至一人八千口，當有大水漂溺之，後當有人舒轉曬曝。衡陽道士李德初題。』」墨筆眉批：「周易正義。」又硃筆眉批：「一人八千口。」

卷之十

「天寶中，有渤海高生者，亡其名。病熱而瘠，其臆痛不可忍。召醫視之，醫曰：『有鬼在臆中，藥亦可療。』於是煮藥而飲之，忽覺臆中動搖。有頃，吐涎斗餘，其中凝固不可解。以刀剖之，有一人自涎中起。」墨筆眉批：「臆鬼自涎中起。」

「滎陽鄭德楙，嘗獨乘馬，逢一婢，姿色甚美，馬前拜云：『崔夫人奉迎鄭郎。』」「鄭始尋其故處，唯見大墳，傍有小冢。」硃筆眉批：「崔夫人墓。」

「李林甫爲相既久，將以掇禍，且天下人多怨望，頗招鬼災，乃致方術士，以禳去之。」「術士曰：可於長安市求一善射者以備之。」硃筆眉批：「長安市善射者。」

「大曆中，有進士竇裕者」，「嘗與淮陰令吳興沈生善」，「沈生自淮海調補金堂令。」墨筆眉批：「金堂。」

「俄見一白衣丈夫」，「吟曰：『家依楚水岸，身寄洋州館。望月獨相思，塵襟淚痕滿。』生聽之，甚覺類竇裕。」硃筆眉批：「竇裕鬼詩。」

「李生者，貞元中舉進士下第，歸潯陽，途次商洛。」「仿佛見一人，俄而漸近，乃一女子」，「入穴中。生且聽之，聞其言曰：金華夫人奉白崔女郎」云云。硃筆眉批：「崔女郎。」

「唐李林甫方居相位，嘗退朝，至於堂之前軒。見一玄狐，其質甚大」，「其歲林甫籍沒被誅。」硃筆眉批：「玄狐。」

「唐丞相李揆，乾元初爲中書舍人。嘗一日退朝歸，見一白狐在庭中搗練石上。」「至明日，果選禮部侍郎。」硃筆眉批：「白狐。」又硃筆尾批：「玄狐凶李林甫，而白狐吉揆。」

「唐貞元中，江陵少尹裴君者」，「及暮，闃然不聞其聲。開戶視之，見三狐臥地而喘，不動搖矣。」硃筆眉批：「三狐。」

「尹瑗者，嘗舉進士下第，後爲晉陽普原尉。」「家僑嵐川，早歲與御史王君皆至北門」云云。

硃筆於末句旁批：「有訛。」

「食頃，大醉，告去。未行數十步，忽仆於地，化爲一老狐，酩酊不能動矣。」硃筆眉批：「老狐。」

「元和中，有許貞者，家於青、齊間。」「且妾非人間人，天命當與君偶，得以狐狸賤質奉箕帚二十年，未嘗纖芥獲罪，懼以他類貽君憂。」硃筆眉批：「狐。」

「杜陵韋氏子，家于韓城」，「婦人望見，卽東走數十步，化爲一狐。」硃筆眉批：「狐。」

「長安興福寺有十光佛院」，「既啟戶，見有蛇萬數，連貫在地。」硃筆眉批：「蛇。」

「李林甫宅卽李靖宅。」「將毁其簷，忽有蛇十數萬在屋瓦中。」硃筆眉批：「蛇。」

「臨淮郡有館亭，濱泗水上。」「明日視之，見一巨蛇中斷而斃，血遍其地。」硃筆眉批：「蛇。」

「天寶中，無畏師在洛。是時有巨蛇，狀甚異，高丈餘，廣二三尺。」硃筆眉批：「蛇。」又硃筆於「高丈餘」旁批：「何其粗！」

「開成中，有隴西李生爲利州録事參軍，居于官舍中。嘗曉起，見蛇數百在庭，生大懼。」硃筆眉批：「蛇。」

「貞元十四年秋，有異鳥，其色青，狀類鳩鵲，翔于睢陽之郊。」硃筆眉批：「異鳥。」

「薛嵩鎮魏時，鄴郡人有好育鷹隼者。」「其人曰：此海鶻也，善辟蛟螭患。」硃筆眉批：「海鶻。」

補遺

「進士李員，河東人也，居長安延壽里。」「員驚而視之，於北垣下得一缶，僅尺餘。」「卽命滌去塵土，方可讀之，字皆小篆書，乃崔子玉古磬銘也。」硃筆眉批：「崔子玉古磬銘。」

「虞鄉有山觀，甚幽寂，有滌陽道士居焉。」「後因淘井，得一金兔，甚小，奇光爛然，卽置於巾箱中。時御史李戎職于蒲津，與道士友善，道士因以遺之。其後戎自奉先縣令爲忻州刺史，其金兔忽亡去，後月餘而戎卒。」硃筆眉批：「金兔。忻州刺史。」

「陳郡謝翶者，嘗舉進士，好爲七字詩。」硃筆眉批：「謝翶。」

「河南龍門寺僧法長者，鄭州原武人。」「長懼，卽廻馬走道左數十步伺之。其物西來漸近，乃是白氣，高六七尺，腥穢甚，逾於鮑肆。」硃筆眉批：「白氣。」

「俗傳人之死，凡數日，當有禽自柩中而飛者，曰『煞』。」硃筆眉批：「煞。」

「開元中，清江郡叟常牧牛於郡南田間，忽聞有異聲自地中發。」「卽鑿其地，約丈餘，得一鐘，色青，乃向所夢丈夫衣色也。」硃筆眉批：「鐘。」

「東都郡有館亭，其西軒甚多怪異。」「嘗一夕，月皎，有庫吏見一犬甚小，蒼色，自軒下環庭而走。」硃筆眉批：「犬。」

「交城縣南十數里，常夜有怪見於人。」「明日抵縣城，見郭之西丹桂，一矢貫其上，果里人之矢。」硃筆眉批：「丹桂。」又墨筆眉批：「交城不知是何處？若是太原之縣，哪得有桂？」

「元和中，博陵崔殼者，自汝鄭來，僑居長安延福里。」「其僮笑而下榻，遂趨北垣，入一穴中。殼卽命僕發其下，得一管文筆。」硃筆眉批：「筆。」

「東都陶化里有空宅，大和中，張秀才借居肄業。」「明日搜尋之，於壁角中得一敗囊，中有長行子三十箇，幷骰子一雙耳。」硃筆眉批：「長行。骰子。」

「初唐有神像，範金而製。」「力士曰：此前代所製，可以占王者在位幾何年耳。」硃筆眉批：「神像占年。」

卷一百二十四　路史後紀批注〔一〕

卷五

「疏仡紀第十。」題下硃筆批：「自黄帝氏而紀注，疏以知遠，仡以審斷，仁義道德之所用也。」

「黄帝有熊氏姓公孫，名荼。」注：「荼，古舒字，或作余。」墨筆眉批：「公孫荼。」又硃筆眉批：「舒、荼、余。」

「小典氏之子，黄精之君也。母吳樞，曰符葆。」注：「脞說供奉官郭坦。」墨筆眉批：「小典氏。符葆。郭坦。」又硃筆眉批：「符葆。」

「故名曰軒。」注：「太史公謂名軒轅。」墨筆眉批：「軒轅見前紀七卷。」

「爰暨風后、刀牧、神皇之徒。」硃筆改「刀牧」爲「力牧」，〔二〕並旁批：「刀墨。」注：「黄帝閒居，夢大風吹去天下塵垢。」墨筆眉批：「風后。力牧。夢。」

「得一奉宸」。墨筆根批：「元長曲水序。」〔三〕

「臨盛水、錄龜符。」注：「名曰天一遁甲式」云云。墨筆眉批：「天一遁甲。」

〔一〕此篇據山西博物院藏批點手稿整理，批點底本爲明喬可傳校本，只存卷五至卷九，由吳連城、吳崇謙先生釋文，李鳳琴校補。

〔二〕「牧」，傅山全書初版本誤作「墨」，據批點底本改。

〔三〕此條，傅山全書初版本脫，據手稿補。

「衍握奇以爲式」。注：「見兵法六壬。」墨筆眉批：「兵法六壬。」

「命知命糾俗，天老録教，刀牧準斥，鴂冶決法，五聖道級，鬩紀補闕，地典州絡。」硃筆眉批：「知命。天老。刀牧。鴂冶。五聖。鬩紀。地典。」又硃筆根批：「鴂。」

「方明執輿，昌寓參乘，張若、謵朋前馬，昆閽、滑稽後車，風后、柏常從負書劍。」硃筆眉批：「方明。昌寓。張若。謵朋。昆閽。滑稽。風后。柏常。」

「登空同而問廣成」至「策大面而禮甯生，入金谷而咨涓子心，訪大恢於具茨。」硃筆圈去「心」字，並硃筆眉批：「廣成。甯生。涓子。大恢。」

「而都于陳，師于大塡，學於封鉅、赤誦，復岐下，見岐伯。」硃筆眉批：「前云都彭城矣，此又都陳。大塡。封鉅。赤誦。岐伯。」

「於是申命封胡以爲丞，鬼容蓲爲相，刀牧爲將而周昌輔之，大山稽爲司徒，庸光爲司馬，恆先爲司空」至「風后善乎伏戲之道，以爲當天而配上台；桓常審乎地利，以爲常平。」硃筆眉批：「封胡。鬼容蓲。刀牧。周昌。大山稽。庸光。恆先。風后。桓常。」

「奢比辨乎東，以爲土師，而平春、種角穀」，「庸光辨乎南，以爲司徒，而正夏、種芒穀」，「種房穀以應戊己之方。大封辨乎西，以爲司馬，玩巽禽，種蓫穀。」注：「菽，水穀。黍，火穀。」

「后土辨乎北，以之李行，冬斷罪，種稜穀。」硃筆眉批：「奢比。大封。后土。」又墨筆眉批：「角穀。芒穀。蓫穀。稜穀。水穀：菽。火穀：黍。」

「鰥寡孤獨各有養也。」注：「兔園策。」墨筆眉批：「兔園策。」

「於是立貨幣以制國用，〔一〕問於柏高」，「對曰：請乂其莧而時之，吾謹逃其爪牙，則可矣」云云。硃筆眉批：「柏高。乂莧。逃爪牙。」又墨筆眉批：「管子引此伯高之言曰：乂其莞而樹之。」

「致五法而布之天下，故財用自是作，而刀棘繇此顯矣。」硃筆眉批：「句法庸腐之極。」

「鬬苞授規。」硃筆眉批：「鬬苞。」

「命羲和占日」，「尚儀占月」，「車區占風」，「隸首定數」，「泠倫造律」。硃筆眉批：「羲和。尚儀。車區。隸首。泠倫。」

「大撓正甲子，探五行之情而定之納音；〔二〕風后釋之以致其用。」「命容成作蓋天。」硃筆眉批：「大撓。風后。容成。」又墨筆眉批：「納音。」

「冕侯問於鬼容蓲」。注：「冕侯。封禪書作宛朐。」硃筆眉批：「冕侯，宛朐。鬼容蓲。」

「本次分范，十有二鏡。」注：「集異記：汾陰侯生死」云云。硃筆眉批：「胡艮眞所遺失于苗？〔三〕中經類此。」

「命榮猨鑄十二鐘以協月箭，以詔英韶。」墨筆眉批：「榮猨。」

「命大容作承雲之樂。」硃筆眉批：「大容。」

「乃命甯封爲陶正，赤將爲木正。」注：「列仙傳：赤將子一曰繳父。」硃筆眉批：「甯封。赤將。繳父。」

〔一〕「貨」，傅山全書初版本誤作「貸」，據批點底本改。

〔二〕「探」，傅山全書初版本誤作「採」，據批點底本改。

〔三〕「所」字下，傅山全書初版本衍一「口」，據手稿刪。

「命揮作蓋弓」，「夷牟造矢」，「岐伯作鼓吹鐃角」，「命邑夷法斗之周旋」云云，「以備道哄」，「命馬師皇爲牧正，臣胲服牛始駕」，「法乾坤以正衣裳，制衮冕，設斧黻，深衣大帶，屝屨赤舄」。注：「說文曰：黄帝初作冕，而世本胡曹作冕」，「世本云：黄帝臣於則作屝履。」硃筆眉批：「揮。夷牟。岐伯。邑夷。馬師皇。臣胲。」又墨筆眉批：「道哄。胡曹。於則。」

「創童侲」。〔二〕注：「莊子云：游島問於雄黄」云云。硃筆眉批：「游島。雄黄。」

「乃命沮誦作雲書，孔甲爲史。」硃筆眉批：「沮誦。孔甲。」

「是以功高業廣，而亡逋事。」注：「按太公金匱，公對武王之言，明皇帝所作。」硃筆改「皇」爲「黄」。〔三〕

「命巫彭、桐君處方，盄餌，湔澣刺治，而人得以盡年。」硃筆根批：「盄。」注：「家語云：黄帝嘗味草木，又命岐伯、雷公論經脈，旁通問難八十一，爲難經，著内外術經十八卷。」墨筆眉批：「如注，則内經卽難經矣。今之難經，則出扁鵲。」

「七登之牀，十絕之帳。」墨筆眉批：「七登牀。十絕帳。」

「命共鼓、化狐作舟車以濟，不通，命豎亥通道路，正里候。命風后方割萬里，晝埜分疆。」硃筆眉批：「共鼓。化狐。豎亥。風后。」

「茄豐違命，於是刑而放之，而萬國服。」注：「玄中記云：黄帝軒之臣茄豐氏有罪，刑而放之，扶伏而去。」硃筆眉批：「茄豐。」又墨筆眉批：「茄豐扶伏而去。」

〔二〕「童」，傅山全書初版本誤作「單」，據批點底本改。
〔三〕此條，傅山全書初版本脫，據手稿補。

「分之於井，計之於州。」注：「黃帝井法，井一爲隣，隣三爲朋，朋三爲里，里五爲邑，邑十爲都，都十爲師，師十爲州。」自「隣三爲朋」起，硃筆旁批：「九井。卄七井。一百卅五井。一千三百五十井。一萬三千五百井。十三萬五千井。」

「翠黃伏榴」。硃筆根批：「榴。」

「北屈渟碣，南臨玄扈。」注：「合誠圖云：帝坐玄扈洛上，與大司馬容光等臨觀，鳳凰銜圖置前，帝再拜受。黃帝錄云：在玄扈閣上，與大司馬容光、左右輔周昌等百二十人臨之。」墨筆眉批：「大司馬容光。周昌。」

「於是合符於釜山。」注：「昔魏明元獵牛川，〔一〕發釜山，臨假繁之水。」硃筆根批：「假。」注：「寰宇記：舊名塔山，其形如塔。」硃筆眉批：「塔山。」

「其臣左徹感思。」硃筆根批：「左徹。」

「子二十五，別姓者十二，祈、酉、滕、箴、任、荀、釐、結、儇、依及二紀也，餘循姬姓。」注：「國語言：青陽與夷彭同爲紀姓，是矣。而又云：青陽與蒼林爲姬姓，則非也。」墨筆眉批：「十二姓：祈、酉、滕、箴、任、荀、釐、結、儇、依、二紀。」又墨筆根批：「國語之近于古，不知後來千百年外，當據何書以辨之？」

「元妃西陵氏曰儽祖，生昌意、玄囂、龍苗。昌意就德，遜居若水，有子三人，長曰乾荒，次安，季悃。」硃筆眉批：「儽祖。昌意。玄囂。龍苗。乾荒。安。悃。」

「李氏悃遷北土，後爲党項之辟，爲拓跋氏。至鬱律二子，長沙莫雄，次什翼犍，初王于代。七

〔一〕「元獵」，傅山全書初版本誤作「帝猎」，據批點底本改。

子，其七窟咄生魏帝道武，始都洛，爲元氏。十五世百六十有一年，周、齊滅之。有党氏」至「李氏，八氏十姓，俱其出也。拓跋思敬鎮夏，以討巢功，賜李姓。有拓跋仁福者，爲番部都指揮使，亦從其姓。將吏迎爲州師。子彝超、彝興繼有夏、銀、綏、宥地。玄囂姬姓，降居泜水，生帝嚳，是爲高辛氏。龍苗生吾融，爲吾氏。吾融生卞明，封于卞，爲卞氏。卞明棄其守，降之南裔，生白犬，是爲蠻人之祖。」硃筆眉批：「李。鬱律。沙莫雄。什翼犍。窟咄。党。李。拓跋思敬。拓跋仁福。李彝超。李彝興。吾融。卞明。白犬。」〔一〕

「帝之南游，西陵氏殞于道。」注：「本紀云：帝周游時，元妃嫘祖死于道，命次妃嫫母監護」，「按世紀：方雷氏生青陽。」硃筆眉批：「嫫母。方雷。」

「以其始蠶，故又祀先蠶。」注：「漢世祠苑窳婦人、寓氏公主，亦後世之溢典。」硃筆眉批：「苑窳婦人。寓氏公主。」

「次妃方纍氏曰節，生休及清。」硃筆眉批：「休。清。」

「次妃彤魚氏生揮及夷彭。」硃筆眉批：「彤魚。揮。夷彭。」

「揮次十五王，造弧矢，及司率罟，受封于張，爲弓氏、張氏、李氏、灌氏、叱羅氏、東方氏。」注：「朔父張夷，字少平。」硃筆眉批：「李。東方朔父張夷。」

「次妃嫫母」，「是生蒼林、禺陽」。硃筆眉批：「蒼林。禺陽。」

「儋人任姓，生牛黎。」墨筆眉批：「牛黎。」

〔一〕此條四「彝」字，傅山全書初版本誤作「彛」，據批點底本改。

「奚仲生吉光，是主爲車，建侯于薛」，〔二〕「爲薛氏」、「李氏、徐氏」。硃筆眉批：「李。」墨筆眉批：「徐。」

「終古，夏太史，乘亂歸商，爲佟氏。」硃筆眉批：「終古。」墨筆眉批：「佟。」

「結姓伯儵，封於南燕。」硃筆眉批：「伯儵。」

「箴、濟及滑，箴姓分也。」硃筆眉批：「滑。」

「有虞氏作，封帝之後，一十有九侯伯，其得資者，爲資氏、鄧氏，得鄅者，爲鄅氏、輔氏。」硃筆眉批：「鄧。鄅。」

「國于翟者，爲翟氏、耀氏、狄氏。」注：「晉滅翟。姓書又有酒氏。」硃筆眉批：「酒氏。後季芊之後又有酒氏。」

「其所由來，未始不有以實其嘽。」硃筆根批：「嘽。」

「蚩尤之亂，以臣逐君，雖其暴惡之尤，然亦亝盧之急政，有以取之也。」硃筆旁批：「嘽在此處才出本意。」

「晉平公曰：予無樂乎爲君也。爲人上者，奈何不敬？」句尾硃批：「有甚了乎？」

「君子之過也，如日月之食焉。過也，人皆見之；更也，人皆仰之。非無過也，所過者化，不俟終日。」硃筆眉批：「所過者化又一解。」

「聞黄帝之事，其亦少知戒哉！」句尾硃筆批：「嘽。」

〔二〕「于」，傅山全書初版本誤作「平」，據批點底本改。

卷六

「帝鴻氏」「生白民及嘻，嘻生季格。」硃筆眉批：「白民。嘻。季格。」

「其別爲防風氏，守封禺之間，釐姓。至商爲汪沶氏，漆姓。」墨筆眉批：「汪沶氏。漆。」

「而縉雲氏，亦帝之胄也。」硃筆旁批：「此句置此，未妥。」

「妻土敬氏曰炎融，遺腹而生驩頭」，「天下之人謂之倱伅。堯放之崇山。驩頭者，驩兜也。以狐功輔繆，亡其國。」硃筆眉批：「炎融。倱伅。狐功。」

「帝魁氏，大鴻氏之曾孫也，母曰任巳。」墨筆眉批：「任巳。」

卷七

「小昊青陽氏，紀姓，名質，是爲挈。其父曰清。」墨筆眉批：「質。挈。清。」

「配干類氏曰娥。」硃筆眉批：「干類氏。」

「秀外龍庭，月縣通頤。」〔一〕硃筆根批：「頤。」

「是稱少昊。其卽位也，五鳳適至，而乙遺書。」注：「田俅子云：〔二〕少昊之時，赤燕一羽而飛集戶，遺其丹書。」墨筆眉批：「田俅子。」

〔一〕「月縣」，傅山全書初版本誤作「目懸」，據批點底本改。

〔二〕「田」，傅山全書初版本誤作「由」，據批點底本改。

「乙鳥氏司分，伯趙氏司至，蒼鳥氏司啓，丹鳥氏司閉，而鳳鳥氏董之，以爲曆正。」墨筆眉批：「乙鳥。伯趙。蒼鳥。丹鳥。鳳鳥。」

「祝鳩氏司教，且鳩氏司制，尸鳩氏司空，爽鳩氏司寇，滑鳩氏司事。」墨筆眉批：「祝鳩。且鳩。尸鳩。爽鳩。滑鳩。」

「九雇爲几農正，〔一〕教民事、戸民亡淫者也。」硃筆眉批：「戸。」

「作布貨，以制國用。」注：「面有巳、舌、夊三字」「面文川旻」，「幕文作仐」。硃筆眉批：「巳、舌、夊、川、仐。」〔二〕

「於是通窮拒瘃。」硃筆根批：「瘃。」

「元妃生倍伐，降處緡淵。」「次妃生般」，「有子曰昧。爲玄冥師，〔三〕是生允格、臺駘。」「允格封都，有子都姓。」〔四〕硃筆眉批：「倍伐。般。昧。允格。臺駘。都。」又墨筆眉批：「緡。」

「重、熙、修、該，帝之四叔也。」硃筆眉批：「重、熙、修、該。」

「初帝嚳子取高陽氏之女曰修，生大業。大業取少典氏女曰華，生繇。」硃筆眉批：「修。大業。華。繇。」注：「繇本再生者。」硃筆旁批：「如何再生？」

「爲虞之氏而天下忘寃。」硃筆於「氏」字旁批：「士。」

「是曰臯陶」。注：「六藝論言符瑞，與中候最詳，如臯陶於洛見黑書等事。」硃筆眉批：「黑

〔一〕「爲」，傅山全書初版本脱，據批點底本補。

〔二〕此條，傅山全書初版本脱，據手稿補。

〔三〕「爲」字上，傅山全書衍一「昧」字，據批點底本删。

〔四〕「姓」，傅山全書初版本誤作「生」，據批點底本改。

書。」

「虞禪禹，禹巽之皐，〔一〕辭焉，卒崩於皐，所謂公琴者。」注：「在今六安縣北十五、安豐芍陂中大冢也。廣記：卽皐陶冢。」硃筆眉批：「今洪洞縣又有皐陶冢。」

「皐克天德」云云。注：「雜五行書：皐陶壬辰日死。」硃筆眉批：「皐陶壬辰日死。」

「有子三人，長伯翳，次仲甀，次封偃。」硃筆眉批：「伯翳。仲甀。封偃。」

「伯翳大費，能馴鳥獸。」硃筆眉批：「大費。」

「生大廉、若木、恩成。」硃筆眉批：「大廉。若木。恩成。」

「後有孟虧、仲衍。」硃筆眉批：「孟虧。仲衍。」

「仲衍臣商太戊，其裔戎胥軒，内酈山氏，生仲潏。」硃筆眉批：「戎胥軒。仲潏。」

「仲潏生處父。處父健步，是爲蜚廉，生革暨季勝。」注：「革，惡來也。」硃筆眉批：「處父。飛廉。革。〔三〕惡來。季勝。」

「勝三世造父封趙。」注：「史記：屠岸賈滅趙，與程嬰、公孫杵臼保趙孤事，最失實。程嬰、杵臼墓在絳之太平南二十一里趙盾墓塋中。見元和郡縣志。」硃筆眉批：「今忻州亦有程嬰墓。」

「諸大夫立嘉于代。」墨筆眉批：「代。」

「世居天水，有張氏」云云。墨筆眉批：「張氏。」

「革五世曰非子，孝王封之秦谷。」硃筆眉批：「非子。」

〔一〕「巽」，傅山全書初版本誤作「選」，據批點底本改。

〔三〕「革」，傅山全書初版本脫，據手稿補。

「二十有九世，而趙政替周，號始皇。」注：「始皇生於邯鄲，故號趙政。」墨筆眉批：「秦始皇。」

「有梁氏、梁餘氏。」墨筆眉批：「梁餘。」

「又有運期氏，其食于運者爲運氏。」硃筆眉批：「運氏。」

「秦鍼奔晉，封裴中，曰裴君。六世陵，遷解爲解君。」硃筆眉批：「裴君。解君。」

「若木事夏，襲翳之封。後有費昌，爲湯御右，費仲事紂。」硃筆眉批：「費昌。費仲。」

「夏世有調王命，以徐伯主淮夷，三十二世君偃。」「而錄其子宗。」硃筆眉批：「徐偃。徐宗。」

注：「昭三十年，吳子執鍾離，遂伐徐，防山水之。章羽斷髮携孥，逆吳子、復之。」硃筆旁批：「左作鍾吾。左傳羽作禹。」

「有徐氏、蟲氏、取慮氏、李氏。」硃筆眉批：「李。」

「至紂時理徵爲翼肄中吳伯。」硃筆眉批：「理徵。」

「利貞生仲師、昌祖，家于若，生彤德，其曾碩宗因采焉。」〔二〕硃筆眉批：「利貞。仲師。昌祖。彤德。」

「五世孫乾元杲，爲周上御史，胎聑且眇，取洪氏，曰嬰敷。」注：「與鄰氏人益壽氏野合而娠。」硃筆眉批：「李乾元杲。洪氏。嬰敷。益壽氏。」

「十有二年副左而生儋，曰玄祿。」墨筆眉批：「老儋。」又硃筆眉批：「玄祿。」

「邑于苦之賴，賴乃萊也。故又曰老萊子。」墨筆眉批：「老子卽老萊子，亦傅會之說。」

〔二〕「焉」，傅山全書初版本誤作「馬」，據批點底本改。

「儋生宗，邑段干。」硃筆眉批：「宗邑于段干。」

「段氏、段干氏。」注：「三輔決錄云：段出老子。段干木之子隱如入關，去干字。」硃筆眉批：「段干木。段隱如。」

「老氏、老陽氏。」注：「陵降匈奴，裔孫歸魏，見於丙殿，賜姓丙。」墨筆眉批：「李陵裔孫見于丙殿，賜姓丙氏。」

「沈逞奔楚，曾孫諸梁，爲右司馬，采于葉，爲葉氏、尹氏、諸梁氏。郯氏。」注：「成八年晉滅沈，沈子逞奔楚，字循之，爲沈氏，生嘉，字惟良。二子：尹丙、尹戌。」硃筆眉批：「沈逞。尹丙。尹戌。」墨筆眉批：「郯。」硃筆旁批：「春秋傳：成八年，晉侵沈，獲沈子揖。」

「江後之析。」注：「析象本姓江，祖封析侯，因氏。後漢。」硃筆眉批：「今漢書析作折。折象传曰：先有張江者，封折侯，爲鬱林太守。食貨誤，不云姓江也。」

「及西方桑丘、空桑、龍丘、五鳩、有偃之氏。」注：「後趙將軍五鳩盧。」墨筆眉批：「五鳩盧。」「通窮拒瘮」。硃筆根批：「瘮。」

「豈徒爲古哉，抑爲今也。」硃筆旁批：「可笑！」〔二〕

卷八

「帝顓頊高陽氏」，「祖曰昌意。」硃筆眉批：「昌意。」

「取蜀山氏曰景嫫。」注：「搜神記、世紀作景僕，云即女樞。」硃筆眉批：「景嫫。女樞。」

〔二〕此條，傅山全書初版本脫，據手稿補。

「生帝乾荒。」注：「卽韓流。」硃筆眉批：「乾荒。韓流。」
「取蜀山氏，曰樞，是爲河女，所謂淖子也。」硃筆眉批：「樞。淖子。」
「封于高陽。」注：「故郡國志云：汴之高陽城，高陽氏之虚也。車頻秦書云：新平民耕獲玉器，初有金雕者，頗知圖記，王猛勸誅之。雕臨刑表言，新平古顓帝之虚。」硃筆改「荆」爲「刑」。墨筆眉批：「車頻。金雕。」又硃筆根批：「車頻。金雕。」
「外書皆稱玄帝。」注：「道書言玄帝者，皆高陽氏。莊疏云：十二冠，十五佐少昊。」硃筆眉批：「十二冠。」
「祭鯢，牲用騂」，「鼇改服度，符采尚赤。」硃筆眉批：「水德乃尚赤。」硃筆根批：「鯢。」
「該爲蓐收」。注：「蓐收也，天之荆神。」硃筆改「荆」爲「刑」。
「使復舊物，毋相侵瀆，民用安生。」注：「漢高可章商之奏，以趙堯舉春，李舜舉夏，兒湯舉秋，貢禹舉冬。」硃筆眉批：「趙堯。李舜。兒湯。貢禹。」硃筆根批：「又一貢禹。」
「制十等之幣，以通有亡，曰權衡。」注：「高陽貨一種作𠙵公匕日乚舌。」墨筆眉批：「𠙵公匕日乚舌。」〔二〕
「悛慫自持，雋心蛾伏。」墨筆眉批：「雋。」硃筆根批：「悛慫。雋。」
「以爲德剽之術。」墨筆眉批：「剽。」硃筆根批：「剽。」
「師於大款、赤民、柏夷父、柏亮父、渌圖之流。」硃筆眉批：「大款。赤民。柏夷父。柏亮父。渌圖。」

〔二〕此條，傅山全書初版本脱，據手稿補。

「冰始離，蟄始動，時澸三號。」墨筆眉批：「澸。」又硃筆根批：「澸。」

「動靜之物，小大之神，日芒所誋。」硃筆根批：「誋。」

「取鄒屠氏、勝濆氏。」硃筆眉批：「鄒屠氏。勝濆。」

「帝崩而元子立，襲高陽氏是爲孺帝。尋崩，而帝嚳立。」墨筆眉批：「孺帝嚳。」

「爲唐澤虞，是爲百虫將軍。」墨筆眉批：「百虫將軍。」

「禹羿于益，〔一〕辭焉。」硃筆根批：「羿。」「羿」字旁墨筆批：「讓。」

「霆堅封安。」注：「杜預以庭堅爲皋陶之字，妄也。」硃筆眉批：「霆堅。」墨筆眉批：「庭堅非皋陶。」

「勝奔氏曰娽，生伯稱、卷章、季禺三人。」硃筆眉批：「娽。伯稱。卷章。季禺。」

「季禺是生叔歜、卷章，取根水氏曰嬌，生犂及回。犂爲祝融。淳曜敦芒，天明地德，臨照四海，是食火土，生長琴及噎。」硃筆眉批：「叔歜。根水氏。嬌。犂。回。長琴。噎。」「犂」字旁墨筆批：「項孫。」「長琴」旁墨筆批：「項曾孫。」

「回食于吳，是曰吳回，生陸終，取鬼方氏曰嬇。」硃筆眉批：「陸終。鬼方嬇。」「陸終」旁墨筆批：「項曾孫。」〔二〕

「⿰月黽三年生子六人：曰樊，曰惠連，曰籛，曰求言，曰晏安，曰季連。」硃筆眉批：「樊。惠連。籛。求言。晏安。季連。」

〔一〕「于」，傅山全書初版本誤作「予」，據批點底本改。

〔二〕此條二「嬇」字，傅山全書初版本誤作「嫧」，據批點底本與手稿改。

「其後裔自臧而無譖。」硃筆根批：「譖。」

「蘇伯、吉利，是世祝融。逮妻搏頰死、託于竈。」硃筆眉批：「蘇伯。吉利。王搏頰。」又墨筆眉批：「竈。」

「惠連妘姓。」硃筆眉批：「惠連。」

「籛之字鏗。」硃筆眉批：「籛。鏗。」

「夏之中興，別封其孫元哲于韋，是爲豕韋。」硃筆眉批：「元哲。豕韋。」

「高辛師舟人。」硃筆眉批：「舟人。」

「求言邳姓，封于儈。」硃筆眉批：「求言。」

「晏安封𣍘，爲𣍘姓。朱、婁、騶、繹、倪、莒、小朱、根牟，皆𣍘分也。」硃筆眉批：「晏安。朱。」〔一〕

「夷氏、儀氏、夏父氏、掁氏。」注：「顔氏見圈稱陳留傳及葛洪集要。」硃筆眉批：「夷氏。儀氏。圈稱。」又硃筆根批：「掁。」

「伯禹定荆州，季芊實居其地，生附敍。」硃筆眉批：「季芊。附敍。」又墨筆根批：「季芊是季連之後，敍中不曾明出。」

「成王時，熊氏畔，乃復封子繹于荆。」硃筆眉批：「熊繹。」

「到、聲、㬅、〔二〕卽。」硃筆根批：「㬅。」

〔一〕此條三「𣍘」字，傅山全書初版本均誤作「曹」，據批點底本改。

〔二〕「㬅」，傅山全書初版本脫，據批點底本補。

「霜、雪、蛸、舉、舉、穿。」硃筆旁批：「二舉字有訛。」

「及籃、廐、箴、樂、芋、陵、權、莠、清、郊、工、連、囂之十三尹。」墨筆眉批：「楚之十三尹。」

「其食于邑者，有馮、屈」至「圈」至「聶」至「主、康。」墨筆眉批：「圈。聶。主姓。」

「圈公者，始秦博士，避世商山。」硃筆眉批：「圈公。」

「有夒氏、歸氏、賓氏、宗氏。」硃筆眉批：「賓。宗。」

「有駱氏、李氏。」硃筆眉批：「李。」

「楚莊之孫叔敖、沈申巫、闔閭之伍子胥、文之儀，勾踐之范蠡、大夫種。」硃筆眉批：「六人見呂覽尊師篇。」

「索盧參，東方之鉅狡，學於籥滑。」硃筆眉批：「索盧參。籥滑。」

卷九

「帝嚳高辛氏，姬姓」，「父僑極，取陣豐氏曰裒。」硃筆眉批：「僑極。陣豐氏。裒。」〔二〕

「履大跡而傷生嚳。」硃筆根批：「傷。」

「倪衣服而不駔。」硃筆根批：「倪。駔。」

「是以服人而不爲仇，分人而不爲譐。」硃筆根批：「譐。」

「說天文，卯下地。」硃筆根批：「卯。」

〔二〕此條二「陣」字，傅山全書初版本誤作「陳」，據批點底本與手稿改。

「因其土宜，以爲民𧴤。」硃筆根批：「𧴤。」
「粤命臺駘。」硃筆眉批：「臺駘。」
「封允格，賞帥味而下以龢。」硃筆眉批：「允格。帥味。」
「命咸黑典樂，爲聲歌。」硃筆眉批：「咸黑。」
「命柞卜作鼙鼓。」硃筆眉批：「柞卜。」
「咸黑爲頌。」注：「劉勰文心雕龍云：帝俈之世，成纍爲頌。」硃筆眉批：「成纍。」
「羿以善射服事先王。」硃筆眉批：「羿。」
「六十有三載崩，葬頓丘臺。」硃筆眉批：「頓丘臺。」
「履帝敏，居期而生弃。」注：「山海經云：后稷生子巨迹。」硃筆改「子」爲「于」。
「號后稷，厲百穀而山死。」注：「五行書云：以癸巳日死。」硃筆眉批：「稷死癸巳日。」
「取姞人，是生漦釐，世濟其德。漦釐生叔均。」硃筆眉批：「漦釐。叔均。」
「及夏之衰，有不窋者，失其官守。」硃筆眉批：「不窋。」
「祖類生諸盩，是爲泰公。」硃筆根批：「盩。」
「武王封其曾孫仲於夏虚，爲西吳，亦曰虞仲。」硃筆眉批：「两虞仲。」
「及夢餘、句壽、延番、夫槩、冶延、闔宐、逿常。」硃筆根批：「宐。逿。」墨筆眉批：「逿。」
「越滅吳，流其三子，長曰鴻流。」硃筆眉批：「鴻流。」
「暴公作關睢之詩以諷。」硃筆眉批：「暴公。」
「然而周卒亡，秦卒有天下，於呼！」注：「靈公之殺，乃魯宣之十年，春作之作百二十一年矣。」「春作之作」上「作」字，硃筆改爲「秋」。

卷一百二十五　老學庵筆記批注〔一〕

封面墨筆批：「身騎箕尾歸天上，氣作山河壯本朝，趙元鎮語。集英殿宴金使，九盞，一卷。李定，一卷。何論，一卷。毛德昭喜大駡劇談，最可笑，一卷十四。左手作字，二卷四。歌頌大業刻金石，賦題，二卷八。施全，二卷八、三卷三。任元受養母，三卷一。傅子駿，三卷四葉。藏用擔頭三斗火，三卷十三。耿緯詩：不是仇梅至（以下殘）。濮州鍾，四卷。鄜州田氏作泥孩兒（以下殘）。炙磚事，五卷六。十字平聲，五卷八。賜無畏，六卷。廣韻，六卷七。孫復、石介，迂闊矯誕之士，七卷十。筧，七卷十三。徙太原于榆次，又在三交城，九卷二。定武，九卷七。署、樹不同音，十卷二。（殘缺）依錢氏，官太常博士，三世以文雄江東，見十卷末。」

卷第一

「高宗在徽宗服中」條：「張婕妤揜口笑曰」云云。硃筆眉批：「此即『疌』字，語訛連字口口。」

「鼎澧羣盗」條：「程昌萬部曲。」硃筆眉批：「萬當是寓。」

「張芸叟作漁父詩」條：硃筆改「芸」爲「雲」。

〔一〕　此篇據人民日報圖書館藏批點手稿整理。批點底本爲明商濬校本。由柯愈春先生釋文，謝興堯先生校訂。此次又由柯愈春先生重校。

「政和中大儺」條：「下桂府進面具」。硃筆眉批：「桂府面具。」

「京師承平」條：「而福中又自持兩小香毬。」「福」字旁硃筆批：「車。」

「國初士大夫」條：「太守客次有服金帶者數十人，皆朱勔家奴也。」墨筆眉批：「朱勔家奴金帶。」

「淳熙己酉」條：「淳熙己酉十月二十八日。」墨筆眉批：「淳熙是孝宗第三改元號。」

「荆公素輕沈文通」條：「此人不識字。」硃筆旁批：「呆論。」

「潘子賤題蔡奴傳」條：「已而爲廣陵人國子博士李問妾，生定。」墨筆眉批：「李定。」「故京師人謂蔡奴爲郜六。」硃筆眉批：「蔡奴郜六。」

「靖康國破」條：「遂爲人所發。」硃筆旁批：「中國狗奴從來爾。」

「金賊劫遷宗室」條：「我之有司，不遺餘力。」硃筆旁批：「賢有司。」

「嘉興人聞人茂德」條：墨筆眉批：「茂德。」

「建炎維揚」條：「二府猶張蓋搭城坐而出。」硃筆改爲「二府猶張蓋搭坐而出城。」

「靖康末」條：「服金帶者，權以通犀帶易之，獨存金魚。又執政則正透，從官則倒透。」墨筆眉批：「犀。正透。倒透。」

「毛德昭」條：硃筆眉批：「毛德昭。」「有唐錫永夫者」至「追之不及」。硃筆尾批：「妙，妙！」

「北方多石炭，南方多木炭，而蜀又有竹炭」條：硃筆眉批：「竹炭。」

「青城山上官道人」條：硃筆眉批：「青城道人。」

「楊廷秀在高安」條：「近紅暮看失燕支，遠白宵明雪色奇。」墨筆眉批：「雪色奇三字俚。」

卷第二

「魯直在戎州」條：「老子平生，江南江北，愛聽臨風笛。〔二〕孫郎微笑，坐來聲噴霜竹。」墨筆眉批：「笛。竹。」「亦因以戲之耳。」硃筆旁批：「不然。」

「葉相夢錫」條：墨筆眉批：「葉相夢錫。」

「蜀人任子淵」條：「鄭宣撫剛中自蜀召歸。」墨筆眉批：「任子淵。鄭剛中。」

「秦會之」條：「秦會之以孫女嫁郭知運。」墨筆眉批：「郭知運。」

「張子韶」條：「趙明誠妻李氏嘲之曰：露花倒影柳三變。」硃筆旁批：「耆卿。」又墨筆眉批：「張子韶。趙明誠。」

「王荆公作相」條：「王荆公作相，裁損宗室恩數。」墨筆眉批：「荆公裁宗室恩數。」

「呂正獻」條：墨筆眉批：「呂正獻。」

「李知幾」條：「李遂改名石，字知幾。」墨筆眉批：「李知幾。李石。」

「伯公通直公」條：「伯公通直公，字元長，病右臂，以左手握筆，而字法勁健過人。宗室不微亦然，然猶是自幼習之。〔三〕梁子輔年且五十」云云。墨筆眉批：「陸元長左手寫字。趙不微。梁子輔。」

「趙廣」條：「而廣生實用左手」。墨筆眉批：「趙廣左手畫。」

〔二〕「風」，傅山全書初版本脫，據批點底本補。

〔三〕「猶」，傅山全書初版本脫，據批點底本補。

「王聖美子韶」條：墨筆眉批：「王聖美。」
「劉韶美在都下」條：「書必三本，雖數百卷爲一部者亦然。」墨筆眉批：「劉紹美書必三本。」
「隆興中」條：「隆興」二字旁墨筆批：「孝宗初號。」
「饒德操詩爲近時僧中之冠」條：墨筆眉批：「饒德操。」
「徐師川長子璧」條：墨筆眉批：「徐師川。徐璧。」
「王性之讀書」條：墨筆眉批：「王性之。」「長子仲信，名廉清。」墨筆眉批：「王仲信廉清。」
「杜牧之作范陽盧秀才墓誌」條：「生年二十，未知古有人曰周公、孔夫子者。」硃筆眉批：「難説盧生至此。」
「乾道末」條：「乾道」二字旁墨筆批：「孝宗第二改元號。」「出賦題曰：歌頌大業刻金石。」墨筆眉批：「『歌頌大業』二句，是元次山中興頌序中語，鶴林玉露三卷引之。」
「秦會之當國」條：「有殿前司軍人施全者」云云。墨筆眉批：「施全。」
「秦會之問宋朴」條：墨筆眉批：「宋朴。」
「洪駒父竄海島」條：墨筆眉批：「洪駒父。」
「陂澤惟近時最多廢」條：「只墳墓自以千計。」「自」字旁硃筆批：「日。」
「故都時」條：「定器不入禁中，惟用汝器。」硃筆眉批：「定器不入禁。汝器。」
「故都李和爥栗」條：〔二〕「陳福公及錢上閤愷出使虜庭。」墨筆眉批：「李和兒。陳福公。錢上

〔二〕「栗」，傅山全書初版本誤作「粟」，據批點底本改。

閱愷。」

「予童子時」條：「祖妣楚國鄭夫人有先左丞遺衣一篋，衿有繡者」云云。硃筆眉批：「繡衿。」

「成都諸名族婦女」條：「謂之郭家車子。」硃筆眉批：「郭家車子。」

「吳幾先」條：「五月非荷花盛時，不當云『無數滿汀洲』。廉宣仲云」云云。墨筆旁批：「呆老又來了。」墨筆眉批：「吳幾先。廉宣仲。」

「仲翼有書名」條：墨筆眉批：「仲翼。」

「慈聖曹太后」條：「今知何在。」「知」上硃筆旁批：「不。」

「賈表之名公望」條：「有妾熊氏者。」「翁彥國勤王不進」。墨筆眉批：「賈表之。熊氏。翁彥國。」

「淮南諺」條：「鷄寒上樹，鴨寒下水。」硃筆旁批：「有此說。」

「陳亞詩」條：「今北人謂卜相之士爲巡官。」墨筆眉批：「卜相爲巡官。巡官。」「然北方市醫皆稱衙推。」墨筆眉批：「稱醫爲衙推。」墨筆旁批：「如今稱爲大夫，又曰郎中。」

「字說盛行」條：「有唐博士耜、韓博士兼，皆作字說解數十卷。」「故相吳元中試辟雍」，「門下侍郎薛肇明作詩奏御」，「鄉中前輩胡浚明尤酷好字說。」墨筆眉批：「唐耜。韓兼。吳元中。薛肇明。胡浚明。」

「字說『直』字云：在隱可使十目視者直。」墨筆眉批：「在隱可使十目視者直。」又硃筆旁批：「直。」「予平生惟見王瞻叔參政篤好不衰。」墨筆眉批：「王瞻叔。」

「承平時」條：「滑州冰堂酒爲天下第一。」墨筆眉批：「冰堂酒。」

「唐道士侯道華」條：「每語人曰：天上無凡俗僊人。」墨筆眉批：「侯道華。張讀宣室志：蒲人侯道華，常不釋卷，一覽必誦，衆或問之。答曰：天上無愚懵仙人。」「以此爲大唐正始之音。」「正始乃年號，稚川是人字。」硃筆旁批：「二語卽年號、人字，于本文義不方，此放翁有意尋趣也。」〔一〕

「本朝廢后」條：「吁，可怪也！」硃筆旁批：「四字説甚？」

卷第三

「任元受事母盡孝」條：「元受力辭曰：盡言方養親，使得一神丹可以長年，必持以遺老母，不以獻公。」墨筆眉批：「任元受事母。意同邴根矩。」

「僧法一」條：「一亟探釵擲江中。」墨筆眉批：「法一擲金釵。」

「今人謂賤丈夫曰漢子」條：「謂漢子曰兵士。」墨筆眉批：「漢子。兵士。」

「會稽天寧觀老何道士」條：墨筆眉批：「何道士好客。」

「老葉道人」條：墨筆眉批：「老葉道人。」

「秦會之有十客」條：「施全以刺刃爲刺客。」墨筆眉批：「施全。十客。」

「鄉里前輩虞少律」條：「傅丈子駿云」云云。墨筆眉批：「虞少律。傅子駿。」

「秦會之初賜居第」條：「愛一獅猫，忽亡之。」墨筆眉批：「獅猫。」

「張文潛」條：「王中父詩喜用助語，自成一體。」墨筆眉批：「助語詩。」「酒成豈見甘而壞，

〔一〕「趣」，傅山全書初版本誤作「趍」，據手稿改。

花在須知色卽空。」硃筆旁批：「有何好處？」

「童貫既有詔誅之命」條：硃筆眉批：「宋史張徵疏其所至莅殺之。」

「黃魯直有日記」條：「其間數言信中者，〔二〕蓋范寥也。」硃筆眉批：「范寥。」

「吳人謂杜宇爲謝豹」條：墨筆眉批：「謝豹。」

「孔安國尚書序」條：「爲隸、古定，更以竹簡寫之。隸謂隸書，古謂科斗。」〔三〕墨筆眉批：「隸、古。」

「宣和間」條：「於是駢緘之，謂之雙書。」硃筆眉批：「雙書。」

「予族子相」條：「少服兔絲子凡數年」，「兔絲過餌，亦能作疽如此，不可不戒。」墨筆眉批：「兔絲子。」硃筆尾批：「此非兔絲之過。」

「曹孝忠」條：「曹忽大怒曰：爾便雲漢！」硃筆眉批：「爾便雲漢。」

卷第四

「曹佾以太皇后之弟」條：「於是特封佾濟陽郡王。」墨筆眉批：「外戚封王。」

「郭子儀」條：「安厚卿樞密逾二紀無功緦之戚。」硃筆眉批：「安厚卿二紀無功緦之戚。」

「南齊胡諧之」條：「諧之曰：見虎格得而放上山。」墨筆眉批：「見虎格得而放上山。」

「辰、沅、靖州蠻」條：「飲酒以鼻。」墨筆眉批：「鼻飲。」「欲人謂己爲足下，否則怒。」墨

〔二〕「間」，傅山全書初版本誤作「問」，據批點底本改。

〔三〕「謂」，傅山全書初版本誤作「爲」，據批點底本改。

筆眉批：「足下。」

「吳元中丞相」條：「徐擇之時爲左相。」墨筆眉批：「徐擇之。」

「綦翰林叔厚」條：墨筆眉批：「綦叔厚。」

「祕書新省成」條：「孫叔詣參政作賀表。」墨筆眉批：「孫叔詣。」

「錢遜叔侍郎」條：墨筆眉批：「錢遜叔。」

「遼相李儼」條：「其主耶律弘基，〔二〕弘基作詩題其後以賜之。」墨筆眉批：「耶律弘基詩。」

「會稽法雲長老重喜」條：墨筆眉批：「重喜。」「程公闢修撰守會稽。」墨筆眉批：「程公闢。」

「晁以道」條：「沒興主司逢葛八。」墨筆眉批：「葛八。」

「張文潛」條：「張文潛生而有文在其手，曰：耒。」墨筆眉批：「手文耒。」

「白樂天有忠州木蓮詩」條：墨筆眉批：「木蓮花。」

「頃歲駁放秦塤等科名」條：「中司誤以『駁』爲『剝』。」墨筆眉批：「以駁爲剝。」

「宣和末」條：「黄安時曰」云云。墨筆眉批：「黄安時。」

「唐拾遺耿緯」條：〔三〕「不是仇梅至，何人問百憂？」「近歲筠州版本，輒改爲『仇香』。」硃筆眉批：「仇梅。」墨筆眉批：「仇香是仇覽別名。」

「愼東美」條：「顧子敦適遇之。」「伯筠工書，王逢原贈之詩。」墨筆眉批：「愼東美。顧子

〔二〕「弘」，傅山全書初版本脱，據批點底本補。

〔三〕「緯」字，傅山全書初版本誤作「純」，據批點底本改。

敦。王逢原。」

「予爲福州寧德縣主薄」條：「蓋蘇舜元書也。」墨筆眉批：「蘇舜元。」

「曾子開封曲阜縣子」條：「謝任伯封陽夏縣伯。」墨筆眉批：「曾子開。謝任伯。」

「從舅唐仲俊」條：「少時因讀千字文有所悟，謂『心動神疲』四字也。」墨筆眉批：「心動神疲。」

「諺有曰濮州鍾」條：墨筆眉批：「濮州鍾。」

「僧可遵」條：「寺僧方礱石刻東坡詩，大詬而逐之。」硃筆旁批：「僧當速刻可遵之句，與文忠作敵標榜，如何反詬而逐之？知有蘇公而不肯同類，如今有此解事口然。」

卷第五

「宋太素」條：「渴憶荔支香。」硃筆旁批：「詩不好。」

「承平時」條：「鄜州田氏作泥孩兒。」墨筆眉批：「鄜州田氏泥孩兒。」

「隆興間」條：「三世仕宦，方解着衣喫飯。」硃筆眉批：「此也由得他？」

「市人有以博戲」條：「號松子量，不知何物語也。」墨筆眉批：「松子量。」

「莊文太子」條：「莊文太子」四字旁硃筆批：「孝宗子，名愭。」

「肅王與沈元用同使虜」條：墨筆眉批：「肅王強記。」

「祖母楚國夫人」條：「有老道人狀貌甚古」，「取一磚炙之」。墨筆眉批：「道人炙磚。」

「曹詠爲浙漕」條：「一日坐客言徽州汪王靈異者」。「可對曹漕。」「問曰：蕭鷓巴可對何人？客曰：正可對曾鶉脯。」墨筆眉批：「汪王。曹漕。蕭鷗巴。曾鶉脯。」

「秦太師」條：「有王子溶者」，「已而又知吳縣，尤放肆。」墨筆眉批：「王子溶放肆。」

「司馬安四至九卿」條：墨筆眉批：「司馬安。」

「故都里巷」條：「謂十爲諶，蓋語急，故以平聲呼之」，至「詩家亦以十爲諶矣。」墨筆眉批：「讀十爲諶。十字之平聲止可如燕齊人之讀師而不能到，審之平聲。想當時十有近深之音耶！」

「周宇文護」條：「思遠曰：『如阿戎所見，猶未晚也。』此乃對兄自稱小名。」墨筆眉批：「小名阿戎。」

「宋白石燭詩」條：「石燭」二字旁硃筆批：「此即石腦油也。」

「胡基仲」條：「陋儒編詩不收入，二雅褊迫無委蛇。」硃筆旁批：「原譪。」

「唐韓翃詩」條：「不謂之剽可也。」硃筆旁批：「偶用舊語，文人亦多如此，何必輒剽之！」

「先太傅自蜀歸」條：「生往西山施先生肩吾也。」墨筆眉批：「施肩吾。」

「姚福進」條：「兒麟之祖也。」硃筆改「兒」爲「兕」，並旁批：「兕、麟，兄弟也。」

「利州武后畫像」條：「其長七尺」云云。墨筆眉批：「前人長大。」

「李虛己侍郎」條：「每謂五言第三字、七言第五字要響。」墨筆眉批：「五言三字，七言五字。」

「本朝進士」條：「眞廟時周安惠公起始建糊名法。」〔二〕硃筆旁批：「其實不必。」墨筆眉批：

〔二〕「起」，傅山全書初版本脫，據批點底本補。

「周安惠公。糊名法。」

「李允則」條：「近時陳覘守安州。」墨筆眉批：「李允則。陳覘。」

卷第六

「太宗朝」條：「胡祕監周甫貶坊州團練副使」，〔一〕「謁宋太素尚書」，「陳正字無己，爲徐州教官。」墨筆眉批：「胡周甫。宋太素。陳無己。」

「今上初登極」條：「周丞相草儀注。」墨筆眉批：「周丞相。」

「歐陽文忠」條：「易繫辭當爲大傳。」硃筆旁批：「不知何當。」又墨筆眉批：「卽繫辭亦可，何必輒曰大傳？」

「今僧寺」條：「梁甄彬嘗以束苧」云云。墨筆眉批：「甄彬。」「可設法嚴絶之也。」硃筆旁批：「亦不必。」

「京師溝渠」條：「又謂之鬼虄樓。」墨筆眉批：「鬼虄樓。」

「祥符東封」條：「蔡靖知府，郭藥師同知。」墨筆眉批：「蔡靖。郭藥師。」

「晁以道讀魏書」條：「以爲魏收獨無刑禍。」墨筆眉批：「魏收。」

「王荆公父名蓋」條：「張芸叟父名蓋。」墨筆眉批：「王蓋。張蓋。」

「古謂帶一爲一腰」條：「周武帝賜李賢御所服十三環金帶一腰是也。」墨筆眉批：「李賢。」

「晉語兒、人二字通用」條：墨筆眉批：「兒、人通用。」

〔一〕「貶」，傅山全書初版本誤作「貶」，據批點底本改。

「晉人」條：「胡武平上呂丞相啓云」云云，「蓋不悟正始爲年名也。」墨筆尾批：「未必不悟正始爲年號也。」墨筆眉批：「胡武平。」

「俗說唐、五代」條：「自此賜無畏，兼賜金三十兩。」墨筆眉批：「賜無畏。」

「國初舉人對策」條：「始奏罷之。」墨筆眉批：「策題不寫。」

「予與尹少稷同作密院編修官」條：「時陳魯公、史魏公爲左右相」，「少稷忽曰：穡便難活相公面上人。」墨筆眉批：「尹少稷穡。陳魯公。史魏公。」

「吳處厚」條：「今李常已移成都。」墨筆眉批：「吳處厚。李常。」「到處撞見冤讐。」硃筆旁批：「成何語？」

「王黼在翰苑」條：「二妾曰豔娥、素娥。」墨筆眉批：「王黼。豔娥。素娥。」

「蜀老言」條：「席大光、胡承公爲帥。」墨筆眉批：「席大光。胡承公。」

「王性之」條：「未尋得廣韻。」墨筆眉批：「王性之。廣韻。」

「王伯照長於禮學」條：墨筆眉批：「王伯照。」

「都下買婢」條：「與何揩之同閱報狀。」墨筆眉批：「何揩之。」

「謝景魚」條：「託買浮炭者。」墨筆眉批：「浮炭。」

「四方之音」條：「秦人訛青字，則謂青爲萋。」墨筆旁批：「晉鄙人亦然。」「蜀人訛登字，則一韻皆合口。」墨筆旁批：「不解此。」「中原惟洛陽得天地之中，語音最正。」硃筆旁批：「也不然。」

「予遊邛州天慶觀」條：「醉來捨轡謁高公。」墨筆眉批：「高公。」「詩後有文與可跋。」墨筆眉批：「文與可。」「高公者，此觀都威儀何昌一也。」硃筆眉批：「何昌一。」

「予遊大邑鶴鳴觀」條：「壁間有文與可題一絶。」墨筆眉批：「文與可。」

「京口子城西南」條：「月觀在城上，或云卽萬歲樓。」墨筆眉批：「萬歲樓。」

「水流天地外」條：「權德輿晚渡楊子江詩」。墨筆眉批：「權德輿。」「東坡先生乃云：『記取醉翁語，山色有無中。』則似謂歐陽公創則此句，何哉？」墨筆改「則」爲「作」。硃筆旁批：「此亦偶然拈將來說，原不計筭始是誰語也。」

「杜牧之作還俗僧詩」條：「至李端叔還俗道士詩」云云。墨筆眉批：「杜牧之。李端叔。」

「閩人茂德」條：「沙糖中國本無之」，「自此中國方有沙糖。」墨筆眉批：「中國沙糖之始。閩人茂德。」

「漢嘉城」條：「黄魯直題詩云」云云。墨筆眉批：「魯直。詩卻不甚。」

「亳州出輕紗」條：墨筆眉批：「亳州輕紗。」

「禁中」條：「又木工楊琪作龍舟，極奇麗。」墨筆眉批：「楊琪。」「所謂龍舟，非獨不登，亦終不觀也。」硃筆旁批：「既不登，何不免造？」

「唐人本謂御史在長安者爲西臺。」墨筆眉批：「西臺。」

「唐人本以尚書省在大明宫之南，故謂之南省」條：墨筆眉批：「南省。」

「北戶錄」條：「廣人於山間掘取大蟻卵爲醬。」墨筆眉批：「蟻醬。」

「今人書『某』爲『厶』」條：「范甯注曰：鄧，厶地。」墨筆眉批：「范甯。厶字。」

「江隣幾嘉祐雜志」條：「唐告身初用紙。」墨筆眉批：「告身。」

「會稽鏡湖」條：「呂文靖嘗題詩。」墨筆眉批：「呂文靖。」

「蘇叔黨」條：「前輩謂妓曰酒糾，蓋謂錄事也。相藍之東有錄事巷，傳以爲朱梁時名妓崔小紅所居。」墨筆眉批：「酒糾。錄事。崔小紅。」

「張眞甫」條：「眞甫名震。」墨筆眉批：「張眞甫震。」「貢院火，而焦蹈爲首魁。」墨筆眉批：「焦蹈。」

「高宗行幸揚州」條：「郡人李易爲狀元。」「而狀元張九成亦貫臨安。」墨筆眉批：「李易。張九成。」

「蔚藍乃隱語天名」條：墨筆眉批：「蔚藍。」

卷第七

「曾子宣丞相家」條：「男女手指皆少指端一節。」硃筆眉批：「手指少一節。」

「故都殘暑」條：「謂之盂蘭盆。」硃筆眉批：「今之盂蘭則爲佛事。」

「歐陽公」條：「縣郭連青竹，人家蔽綠蘿。似因歐公之句而失之。」墨筆旁批：「但有此景卽道得，未爲失也。」

「族伯父彥遠」條：「所食皆蜜也。」硃筆眉批：「蜜。」「空有誰家曲，人間得細聽？」硃筆眉批：「問師此曲吹誰家。」

「豐相之」條：「豐相之於舒信道，鄒至完於呂望之」云云。墨筆眉批：「豐相之。舒信道。鄒志完。呂望之。」

「王荆公」條：「王荆公素不樂滕元發、鄭毅夫，目爲滕屠、鄭酤。」墨筆眉批：「滕屠。鄭

酤。」〔二〕

「杭僧思聰」條：「久之，遂還俗。」硃筆眉批：「思聰還俗。」「參寥，政和中老矣，亦還俗而死。」墨筆眉批：「參廖也還俗。」

「夏文莊」條：「天下謂竦邪」。墨筆眉批：「夏竦。」「張文定甚惡石徂徠。」「石徂徠」旁墨筆批：「介。」墨筆眉批：「石介。」「使孫復、石介尚在，則迂濶矯誕之士也，可施之於政事之間乎！」墨筆眉批：「東軒筆錄十三卷載：范文丈正不用石介爲諫官。」

「三舍法行時」條：「有教官出易義題」。墨筆眉批：「教官。易題。」

「姓但者」條：「近歲有嶺南監司曰但中庸是也。」墨筆眉批：「但中庸。」

「壽皇時」條：「禁中供御酒名薔薇露。」〔三〕墨筆眉批：「薔薇露。」

「慶曆中」條：「河北道士賈衆妙善相。」墨筆眉批：「善相。」

「臨江蕭氏」條：「江湖間謂霤爲筧。」墨筆眉批：「筧，古典切，以竹通水也。」

「晁以道」條：「九齡已老韓休死。」墨筆旁批：「不成詩。」硃筆眉批：「儒生只知爾爾，肚裏先有了個地步。詩只讀得卽是伎倆，如此亦難與言詩。」

「蘇子」條：「晚歲遊許昌賈文元公園。」硃筆眉批：「賈昌，朝謚文元。」

〔二〕「酤」，傅山全書初版本誤作「酷」，據手稿改。

〔三〕「名」，傅山全書初版本脫，據批點底本補。

卷第八

「國初尚文選」條：墨筆眉批：「文選。」

「興元城固縣」條：「千金有一方」，「名匈奴露宿丹。」硃筆眉批：「匈奴露宿丹。」

「建炎三年」條：「錢塘呂相頤浩見之。」墨筆眉批：「呂頤浩。」

「鄭康成自爲書戒子益恩」條：墨筆眉批：「鄭康成。鄭益恩。」「此正孟子所謂『父子之間不責善』也。」硃筆旁批：「又何必恁看，只是亦莫如之何也，已已辭耳。」

「東坡海外詩」條：「寄作詩孫符。」墨筆眉批：「蘇符，作詩孫。」

「紹興末」條：「謝景思守括蒼，司馬季思佐之，皆名伋。劉季高以書與景思曰」云云。墨筆眉批：「謝景思伋。司馬季思伋。劉季高。」

「宋白尚書詩」條：墨筆眉批：「宋白。」

「白樂天詩」條：「宋太素尚書」云云，「蓋此音司字作入聲讀。」墨筆眉批：「宋太素。司字入聲。」

「張邦昌既死」條：「魯文清公爲廣東漕。」墨筆眉批：「魯文清。」

「韓魏公罷政」條：「元豐間文潞公亦加兩鎮。」墨筆眉批：「兩鎮。」「俄又加三鎮。」墨筆眉批：「三鎮。」

「呂吉甫」條：「秦之文高矣，儀固不能望，子瞻亦不能也。」硃筆旁批：「國策秦文，亦不必是秦作者。」

「陳師錫」條：「有盧項傳」，「乃知唐人冬至前一日亦謂之除夜。」墨筆眉批：「陳師錫。盧項。冬至前一日亦謂除夜。」

「宣和末」條：「忽見一塔，十三級，浮水上南來。」墨筆眉批：「塔。奇事。」

「段成式」條：「大抵塔有影必倒。」墨筆眉批：「塔影必倒。」

「賀方回」條：「俗謂之賀兔頭。」硃筆眉批：「賀兔頭。」「房從方，稟從回。」墨筆眉批：「房从方是矣，稟从回可笑矣。」硃筆尾批：「回，此回字也。稟中之回，象形耳。」

「翟耆年」條：「一日往見許顗彥周」，「吾晉裝也。」墨筆眉批：「翟耆年。唐、晉裝。許顗。」〔一〕

「政和以後」條：「乃有以寺監長官視待制者」，「視待制可對如夫人。」墨筆眉批：「視待制如夫人。」

「聶山胡直孺」條：墨筆眉批：「胡直孺。」

「蔡京」條：「老疾畏寒」云云。墨筆尾批：「難説不知爲火牀。」

「秦熺作狀元」條：「時蔡京親吏高揀猶在」，「有王俞者與之同列。」墨筆眉批：「秦熺。蔡京。高揀。王俞。」

「顏延年作靖節徵士誄」條：「作別孫少述詩。」墨筆眉批：「孫少述。」

「先君讀山谷乞猫詩」條：「聞道貍奴將數子」，「『數』字當音色主反。」〔二〕墨筆眉批：「乞猫

〔一〕「許顗」下，傅山全書初版本衍一「彥」字，據手稿删。

〔二〕「主」，傅山全書初版本誤作「王」，據批點底本改。

詩『數』字上聲。」

「翟公巽參政」條：墨筆眉批：「翟公巽。」

「唐人詩」條：「近歲呂居仁、陳去非亦有曰無題者。」墨筆眉批：「呂居仁。陳去非。」

「翟公巽參守會稽」條：墨筆眉批：「翟公巽。」

「荊公詩」條：劉賓客詩云：「與老無期約，到來如等閒。」硃筆眉批：「貧道有句：『耳目官何司，不覺老從入。』『入』字猶可笑。」

「湯岐公」條：「刑寺奏牘有云『生人婦』者。」硃筆眉批：「生人婦。」「蓋出三國志杜畿傳。」墨筆眉批：「杜畿傳注引魏略語。」

「北方民家」條：「吉凶輒有相禮者，謂之白席。」硃筆眉批：「白席。」

「唐高祖實錄」條：「自今每年正月、五月、九月十直日，並不得行刑。」墨筆眉批：「正、五、九。」

卷第九

「蜀父老言王小皤之亂」條：〔一〕「有李順者，孟大王之遺孤。」「有帶御器械張舜卿者。」「呂文靖爲知雜御史。」「有術士拆順名曰：自一百八日，有西川耳，安能久也。」墨筆眉批：「王小皤。李順。張舜卿。呂文靖。順字旁頁，分明中二畫，而人從來曰一百八，何也？」

「太宗」條：「太平興國四年，平太原，降爲并州，廢舊城，徙州於榆次。今太原又非榆次，

〔一〕「亂」，傅山全書初版本誤作「辭」，據批點底本改。

乃三交城也。城在舊城西北三百里，亦形勝之地，本名故軍。」墨筆眉批：「太原城不知今在何地，若去故城西北三百里，則入山矣。故軍。」

「唐小説」條：「提刑樊茂實以職狀舉予。」墨筆眉批：「樊茂實。」

「成都士大夫」條：「范氏自先世貧而未仕，則賣白龍丸。」「城北郭氏賣豉亦然。」墨筆眉批：「白龍丸范氏。賣豉郭氏。」

「東坡先生在中山」條：「爲定武盛事。」墨筆眉批：「定武。」

「東蒙，蓋終南山峯名」條：墨筆眉批：「東蒙，終南山峯名。」

「東坡在黄州」條：「作西捷詩曰：漢家將軍一丈佛」，「一丈佛者，王中正也。」墨筆眉批：「王中正一丈佛。」

「紹興末」條：「楊郡王存中來」，「曰士大夫多謂當列兵淮北，爲守淮計。卽可守，因圖進取中原；萬一不能支，〔二〕卽守大江未晚。」墨筆眉批：「楊存中。」又墨筆眉批：「此亦當通論。若士氣能堅，不但有江淮處可守，卽平地無險處亦站得定矣。」

「近世士大夫」條：「當對曰：有劉士祥在。」「當對曰：有齊聞韶在。」殊筆眉批：「劉士祥。齊聞韶。」

「世傳唐呂府君」條：墨筆眉批：「僧道父母封贈。」

「北部」條：「政和中，梁左丞子美爲尹，皆毁之。」墨筆旁批：「爲何？」墨筆眉批：「梁子美。」

〔二〕「能」，傅山全書初版本脱，據批點底本補。

「王荆公」條：「姑息者且止之辭也。」墨筆眉批：「姑息且止。」

卷第十

「世多言白樂天用相字」條：「然北人大抵以相字作入聲。」墨筆眉批：「相字入聲。」「過相藍」云云。〔一〕「相」字旁硃筆批：「國。」墨筆眉批：「相字入聲，藍字單田。」

「中貴楊戩」條：「盗入其室，忽見牀上乃一蝦蟆。」墨筆眉批：「楊戩蝦蟆。」

「廟諱同者」條：「署字，常怒反；樹字，殊遇反。然皆諱避，則以爲一也。」墨筆眉批：「署、樹不同音。」墨筆尾批：「説文：署，常怒反；而樹字，則常句反，不曰殊遇反也。常字在巾部，曰市羊反。若同以常字爲切之發聲，似無分别。若今北人讀常如場，則與殊遇反誠别矣。」

「東坡素知李廌方叔」條：墨筆眉批：「李廌。」

「閩中習左道者」條：「今日赴明教齋。」墨筆眉批：「明教。」

「蔡太師作相」條：「第中窗上下及中一二眼作方眼，餘作疎欞，謂之太師窗。」墨筆眉批：「此窗至今大行。」

「蔡元長當國」條：「如黑象輩，畜書數百册。」墨筆眉批：「黑象。」

「周越書苑」條：「以此知隸書，乃今眞書。」墨筆眉批：「此亦有説，不得執一。」「趙明誠謂誤以八分爲隸，自歐陽公始。」硃筆旁批：「亦不全誤。」墨筆尾批：「此亦不的之説。」

「史丞相」條：「高廟嘗臨蘭亭，賜壽皇於建邸。」硃筆旁批：「此其所以爲構，極象個太平無

〔一〕「過」，傅山全書初版本誤作「遇」，據批點底本改。

事人。」

「張繼」條：〔二〕「姑蘇城外寒山寺，夜半鐘聲到客船。」「恐唐時僧寺，自有夜半鐘也。」墨筆眉批：「夜半鐘。」

「宋文安公」條：「九月一日奉急宣，連忙趨至閤門前。忽爲典午知何罪，謫向鄜州更憮然。」硃筆眉批：「是何詩？」墨筆旁批：「成甚詩！」

「楚語曰：若武丁之神明」條：「其聖之睿廣也。」墨筆眉批：「睿廣。楚語。」

「唐質肅公參禪」條：墨筆眉批：「唐介。」

「元豐間有俞充者」條：墨筆眉批：「俞充。」「以與中官」，「與」字旁硃筆批：「語。」

「古所謂路寢」條：墨筆眉批：「路寢。」

「王黼作相」條：「都人目爲胡孫待制。」墨筆眉批：「胡孫待制。」

「保壽禪師作臨濟塔銘」條：「抵河北鎮州城東臨滹沱河側小院住持，名臨濟。其後墨君和太尉於城中捨宅爲寺」云云。〔三〕墨筆眉批：「臨濟院。濟水出常山、房子、贊皇、山東入泜。墨君和。王鎔傳曰屠者墨君和。」

「呂進伯作考古圖」條：墨筆眉批：「考古圖。」

「昭德諸晁」條：「謂壻爲借倩之倩。」墨筆眉批：「倩。」

「紹聖、元符之間」條：「有馬從一者」云云，「湖南亦有司馬氏乎？」墨筆眉批：「以馬從

〔二〕「張繼」下，傅山全書初版本衍一「楓」字，據批點底本删。

〔三〕「捨」，傅山全書初版本誤作「舍」，據批點底本改。

一爲司馬氏族。」

「蔡太師父準」條：「山爲馳形。」墨筆眉批：「馳形。」

「該聞録」條：「皮日休陷黄巢，爲翰林學士。」墨筆眉批：「皮日休不曾陷黄巢。」

「楊朴處士」條：「數箇胡皴徹骨乾。」墨筆眉批：「胡皴。」

卷一百二十六　睽車志批注〔一〕

封面墨筆批：「一卷末成忠郎傳，名又同先大夫。大蝦蟇，蹲高如人，呼牢吉名，三卷十四。靳瑤求茅君事，五卷十一，事頗同田先生。五卷中郎官調朝士妓妾事，最可笑，卻非睽車之倫。」睽車志序：「墨子明鬼，儒者譏之；而阮瞻著無鬼之論，人亦病焉。」硃筆旁批：「鬼卽見而呵之。」

卷之一

「宣政間，長安人有牧牛於野者」云云，「刻曰：『開元祭地。黄琮。』」墨筆眉批：「開元祭地。黄琮。」

「宣和間，林靈素希世寵倖」云云，「時露臺妓李師師者，出入宮禁。」墨筆眉批：「李師師。」

「林靈素未遭遇時」云云，「久不歸直，其人督之。」硃筆旁批：「以鬼面伽賴。」

「左賁字彦文，有道術」云云。墨筆眉批：「左賁。」

「皇甫坦自云數百歲人」云云，「坦書『落』字。」硃筆眉批：「落。」

「成忠郎傅霖，淳熙庚子任臨安監。」硃筆眉批：「傅林。」

〔一〕此篇據北京師範大學圖書館藏批點手稿釋文，批點底本爲明萬曆年間（一五七三—一六二〇年）會稽商氏（商濬，又名維濬，字初陽，别號石溪先生，浙江會稽人。）半埜堂刻本，現存卷一至卷五，共五卷。由馬鴻雁整理。傅山全書初版本未收。

卷之二

「閬中一士人居華亭」云云，「上有『書念七』三字。」墨筆眉批：「書念七。」

「平江人王亨正嗜牛炙」云云，「夢黄衣人告云：『汝勿食牛則生，更食則死。』」墨筆眉批：「不食牛而瘧愈。」

「京師有道人姓鄭，持一銅鈴」云云，「號爲鄭搖鈴。」墨筆眉批：「鄭搖鈴。」

「沈蒙老博士，初爲太學」云云，「盆水尚温，忽變牡丹花狀。」墨筆眉批：「盌水變牡丹花。」

「開德府有士人，家貯水瓷瓮」云云，「光潤燁然，眞芝草也。」墨筆眉批：「瓷瓮芝。」

「隴州汧源縣公宇」云云，「妾等久爲土地祠樂妓。」墨筆眉批：「土地祠妓。」

「滄州有婦人不食，惟日飲水數杯」云云。墨筆眉批：「孝婦飲水不食。」

「執政府候兵任章」云云，「怒曰：『吾牛心道人也。』」墨筆眉批：「牛心道人。」

「鎮江士人妻悍妬，買妾不能容」云云，「鬼復夜至。」墨筆眉批：「鬼。」硃筆眉批：「此事與宣室志義同。」

「紹興甲寅七月十四日，吳縣光福雅宜山一村夫，以事私恨其母」云云，「俄有黑雲驟起，大震一聲，擊其子，殞道傍。」墨筆眉批：「雷擊逆子。」

「紹興五年六月大雷電，無錫蘇村一民家所用斗秤盡掛于門外大樹之杪」云云。墨筆眉批：「斗秤。」

「熙寧間，有人授泗州盱眙令，自陳乞改名雍觀」云云，「因閱山海經，乃知其爲水官之名。」

墨筆眉批：「雍觀。」硃筆眉批：「山海經：雍觀，水官名。」
「常熟縣東北百餘里地」云云，「隆興初縶一牛」，「腹穿腸潰立死。」墨筆眉批：「牛。」硃筆眉批：「快！」
「錢仲耕郎中佃任江西漕」云云，「夢青衣數百，哀鳴乞命」，「明日適見鬻田雞者」。墨筆眉批：「田雞乞命。」
「常熟縣湖南村富人王翊，烹一鵞」云云。墨筆眉批：「鵞。」

卷之三

「淳熙庚子辛丑歲」云云，「明年壬寅夏飛蝗。」硃筆眉批：「蝗。」
「常州一村媼，老而盲」云云，「得小布囊貯米三四升。」墨筆眉批：「小布囊米。」
「程迥者，伊川之後」云云，「自言我玉眞娘子也。」墨筆眉批：「玉眞娘子。」
「張翶初爲福州安南縣丞，郡有指使張悦」云云。墨筆眉批：「張翶、張悦。」
「王聖圖，元城先生之外舅也」云云，「曰此夜連夢闞。」硃筆尾批：「脫文。」
「元城先生幼子景道」云云，「血書般若心經以薦之。」硃筆眉批：「元城先生書般若心經。」
「汴河岸有賣粥嫗」云云，「驚疑其鬼也。」硃筆眉批：「先不可解。」
「宣政間，河決湍流」云云，「有河清卒牢吉」，「忽聞有呼其姓名者」，「迫視乃一大蝦蟇」。墨筆眉批：「牢吉。大蝦蟇。」
「許式，字叔矜，赴調京師」云云，「異日得十四歲女子乳。」墨筆眉批：「十四歲女子乳。」

卷之四

「姚大夫安禮嘗暮宿驛舍」云云，「得一白蜎」。硃筆眉批：「蜎。」

「張無盡之子龍圖公」云云，「即家故婢招喜也」，「但以木中老人回向云」。硃筆眉批：「招喜。木中老人。」

「常州華嚴寺僧道良，爲知庫數年」云云，「近莊報牛夜産犢」，「啖之酸嗛，至頓食五十枚」。硃筆眉批：「知庫僧變牛。」墨筆眉批：「酸嗛。」

「紹興辛未歲，四明有巨商泛海」云云，「叟曰：君親至普陀落伽山。」硃筆眉批：「此可入落伽山志。」

「程泳之沂爲平江昆山宰」云云，「忽有髑髏，自空墮几案間。」硃筆旁批：「雖可厭忘，然亦奇。」

「有士人寓跡三衢佛寺」云云，「然將還生。」墨筆眉批：「再生。」

「建炎間，泉州有人泛海」云云，「抷土爲窟」，「穴透得逸」。硃筆旁批：「此亦不爲抔透。」

「金陵舟梢李某者，其妻言有一姊，平日惟誦金剛經」云云。硃筆眉批：「金剛經。」

「吉州民家有畫入定觀音像」云云，「一日，像忽開目。」硃筆旁批：「此何故？若觀音眼開，當有好事。」

「紹興壬午歲，海陵有貨藥者，牽一牛，臂星間生一人面。」硃筆於「臂」字上補一「牛」字。

「峽江水中有物，頭似狻猊而無足」云云，「土人謂之『馬皮婆』。」硃筆眉批：「馬皮婆。」

卷之五

「李尚書倧居密州城東都曹之舊廨」云云，「每瓦溝下寘細書天童神呪一軸」。墨筆眉批：「李倧。天童神呪。」

「李通判者，忘其名」云云，「一日，有陳察推者通謁」，「不肯留，乃送其家，自言恍如夢覺，前事皆不知之。」墨筆眉批：「李通判。陳察推。」硃筆眉批：「此又一種機軸，若能魂付李女，何不能長久付之？當時又何由能入李家，而知此女可以付也？」

「李允升，字子猷，毗陵人」云云。墨筆眉批：「李允升。」

「蜀人孫思文，美風姿」云云，「思文夢神召責之，叱令換其面。」墨筆眉批：「孫思文侮神換面。」

「表弟魏良佐，嘗自長沙逆婦折氏還三衢」云云。墨筆眉批：「魏良佐。折氏。」

「福州郡治，王審知故宮也」云云，「昔吳興郡于廳事爲神坐以祀項羽，號憤王」，「及蕭彥喻爲太守」。墨筆眉批：「王審知。憤王。蕭彥喻。」

「紹興間，一郎官，不欲言其姓字，疏蕩不檢」云云。墨筆眉批：「此非睽車。」

「無爲有陳氏，家資累百巨萬，而主人者，貌甚寢陋，時謂之陳獮猴」云云，「有賈知丞和伯借其宅居之。」硃筆眉批：「陳獮猴。」墨筆眉批：「賈知丞。」

「平江陸大郎者，家頗富厚」云云，「及陸死，小大郎者奉葬甚厚。」墨筆眉批：「陸大郎。小大郎。」

「游學士酵捐館」云云。墨筆眉批：「游酵，嘗是『酢』字耶？」

「性相空寂，況此幻身，本來無有。既到這裡，莫作野狐精魅。」硃筆旁批：「也是顢頇。」

「朱藻字元章，徽人」云云。墨筆眉批：「朱藻。」

「秦奎爲鄂州都統司幹官」云云。墨筆眉批：「秦奎。」

「曹滋字仲益，嘗以幹至衢州江山縣」云云。墨筆眉批：「曹滋。」

「靳瑤者，丹陽牙校」云云，「妻曰：『城南十五里外有茅君者，有道術，君往求焉。』」墨筆眉批：「靳瑤。茅君。」

「毗陵薛季成元功」云云。墨筆眉批：「薛季成。」

「晉陵丁瑞叔連，乾道初元赴鄉舉」云云。墨筆眉批：「丁連，字瑞叔。」

「錫山許宗美琮」云云，「何自然爲省元，而宗美以詩賦魁。」墨筆眉批：「許宗美。何自然。」

卷一百二十七　蠡海集批注　西京雜記批注　侍兒小名錄拾遺批注　曹士冕譜系雜說簡注

蠡海集批注〔一〕

封面墨筆批：「占候家言：暗虛，其大如月輪，值月，月食；值星，星亡。三十六葉。花甲納音，四十一，雖不全通，亦可謂致知矣。五行納音，用先天火、土、木、金、水，曰金木，自然之聲，不假施爲而得，故從舊，四十六葉。貴人分陽貴、陰貴，頗有理，四十七葉。三春、九夏、九秋、三冬之說，見氣候類。陀羅擎羊，五十五。」

天文類

「日之食也」條：「月之食也，闇虛蔽之。」墨筆眉批：「闇虛蝕月。」

人身類

「人之毛乃血之餘」條：「厥陰，陰毛也，厥陰少氣多血而獨能盛。」硃筆眉批：「陰毛與靈樞異。」

〔一〕此篇據山西博物院藏批點手稿整理。批點底本爲稗海本，宋王逵著，明商濬校。由王平釋文，王愛國重校。

庶物類

「牛共羊居丑未之位」條：「牛色蒼，雖有雜色而蒼多。近於春陽之生氣。」墨筆眉批：「若北方之牛全是黄色者，何説？」

曆數類

「納甲之説」條：墨筆眉批：「納甲。」

「又一説」條：墨筆眉批：「納甲。」

「羊刃之説」條：墨筆眉批：「羊刃。」

「陰錯陽差」條：硃筆眉批：「錯、差。」「甲子之前三辰，值辛酉、壬戌、癸亥，爲陰錯。」「辛酉」旁硃筆批：「音木。」「壬戌、癸亥」旁硃筆批：「音水。」「己卯之前三辰，值丙子、丁丑、戊寅，爲陽差。」「丙子、丁丑」旁硃筆批：「音水。」「戊寅」旁硃筆批：「音土。」「甲午之前三辰，值辛卯、壬辰、癸巳，爲陰錯。」「壬辰、癸巳」旁硃筆批：「音水。」「己酉之前三辰，值丙午、丁未、戊申，爲陽差。」「丙午、丁未」旁硃筆批：「音水。」「戊申」旁硃筆批：「音土。」

「又一説」條：硃筆眉批：「錯差。」

「納音之説」條：「蓋甲子爲取，乙丑以爲妻。」「甲子」旁墨筆批：「金。」「乙丑」旁墨筆批：「金。」「至壬申爲甲之男，至癸酉爲乙之女。」「壬申」旁墨筆批：「金。」「癸酉」旁墨筆批：「金。」「壬申、癸酉至庚辰、辛巳亦然。」「庚辰」旁墨筆批：「金。」「辛巳」旁墨筆批：「金。」

「月忌之說」條：「此乃以洛書九宮推之：初一起一宮，二日二宮，三日三宮，四日四宮，初五日則入中宮。」墨筆旁批：「坎一，坤二，震三，巽四，中五，乾六，兌七，艮八，離九。」「中宮爲星極之位，至尊之地，在臣民當忌避，故曰『月忌』。」硃、墨二色書眉作圖（八卦與「中」爲硃色，其它爲墨色）：

「至於六日六宮，七日七宮，八日八宮，九日九宮，初十復至一宮，如此循環數去，十四日又入中宮。二十三日又入中宮。是以初五、十四、二十三日爲月忌也。」墨筆旁批：「十一、二宮，十二、三宮，十三、四宮，十四，中宮。十五日起六宮，至十九日又中宮矣，如何不入中宮耶？從二十日起一宮，至二十三才當第四宮。此不論月之大小建。若論之，從二十三日數至次月初五，有十二日、十三日之異。」又墨筆眉批：「惟二十三日則從五起：五、一，六、二，七、三，八、四，至十九又合五之中宮矣。者个吾算不來。」

「星命之術」條：「占候家言闇虛，其大如月輪，夜於虛空之中。值月，則月食；值星，則星亡。」硃筆眉批：「闇虛大如月輪。」「至于十三，與日相對，故爲望。」墨筆改「十三」爲「十五」。

「術家取天德之法」條：「至子午卯酉月，居于四卦之上，每卦有二支，人懷疑。大抵天德不加於戊巳者，天氣不親於土，其子午卯酉之月，只用己亥寅申，不用四墓矣。」墨筆眉批：「正丁，二坤、申，三壬，四辛，五乾、庚，六甲，七丑，八艮、寅，九丙，十乙，十一巽、巳，十二庚。」

「萬物之所爲以生」條：「法曰：甲娶乙妻，隔八生子。」墨筆眉批：「隔八生子。」又墨筆旁批：「此不當云『隔八』，當云『次八』。」「庚取辛妻，隔八戊子，是爲子矣。」墨筆改「戊子」爲「戊申」。「是故有『五子歸庚』之説，道家者流取其義，用配五方之位。」墨筆眉批：「五子歸庚。」

「六十花甲子者」條：「甲子」下墨筆添「納音」二字。「未知始於何人。凡稱其姓名，未審其實否。或曰婁景，或曰東方朔。」墨筆眉批：「婁景。」「甲子乙丑海中金」云云。硃筆眉批：「金。」「壬癸，金氣之中氣。」「中」字旁墨筆批：「終。」「庚寅辛卯松柏木」云云。硃筆眉批：「木。」「丙子丁丑澗下水」云云。硃筆眉批：「水。」「丙寅丁卯爐中火」云云。硃筆眉批：「火。」「庚子辛丑壁上土」云云。硃筆眉批：「土。」

「五行納音」條：墨筆眉批：「納音。」「古之洪範五行，一水，二火，三木，四金，五土；今用一爲火，二爲土，三爲木，四爲金，五爲水。金木自然之聲，不假施爲而得，故從舊。火爲地二之行，水沃之而後有聲，是以火居一，土居二，木居三，金居四，水居五。此乃緣聲而取義也。受者，納也。聲者，音也。故曰『納音』。」墨筆眉批：「與大衍四十有九之數取所生者爲音之説不同。」

「天乙貴人，當有陽貴、陰貴之分」條：硃筆眉批：「貴人。」

氣候類

「南北二政」條：硃筆眉批：「南北二政。」

鬼神類

「北斗居亥」條：「以亥爲正，天門三合臨卯未，故以陀羅擎羊。」硃筆眉批：「陀羅擎羊。」

封底扉頁墨筆批：「天文一，地理二，人身三，庶物四，曆數五，氣候六，鬼神七，事義八。」

西京雜記批注〔一〕

卷第一

「漢高帝七年」條：「蕭相國營未央宮。」墨筆眉批：「未央宮。」

「武帝作昆明池」條：墨筆眉批：「昆明池。」

〔一〕此篇據傅山、傅蓮蘇批點手稿整理，手稿藏太原晉祠博物館。批點底本爲稗海本，葛洪著，商濬校。批文中墨筆爲傅山手蹟，硃筆多是傅蓮蘇所爲。

「漢制，宗廟八月飲酎」條：墨筆眉批：「酎。」

「天子筆管」條：「官師路扈爲之。」墨筆眉批：「路扈。筆。」

「漢制天子玉几」條：墨筆眉批：「几。」「以酒爲書滴，取其不凍。」硃筆眉批：「酒爲書滴。」

「武帝時，西域獻吉光裘」條：墨筆眉批：「吉光裘。」

「高帝戚夫人善鼓瑟擊筑」條：墨筆眉批：「戚夫人。」

「趙王如意年幼」條：墨筆眉批：「趙王如意。」

「惠帝嘗與趙王同寢處」條：「呂后命力士於被中縊殺之」，「力士是東郭門外官奴」。墨筆眉批：「官奴。」

「樂遊苑自生玫瑰樹」條：「下多苜蓿。苜蓿一名懷風」，「茂陵人謂之連枝草」。硃筆眉批：「玫瑰。苜蓿，懷風，連枝草。」

「太液池邊」條：「菰之有米者，長安人謂爲雕胡。」墨筆眉批：「菰米爲雕胡。」

「終南山多離合草」條：「有樹直上」，「長安謂之丹青樹。」硃筆眉批：「離合草。丹青樹。」

「漢帝相傳」條：「以秦王子嬰所奉白玉璽、高祖斬白蛇劍。」墨筆眉批：「璽。劍。」

「漢綵女」條：「常以七月七日穿七孔鍼於開襟樓。」硃筆眉批：「開襟。」

「宣帝被收」條：「繫身毒國寶鏡一枚。」墨筆眉批：「身毒寶鏡。」

「霍光妻遺淳于衍蒲桃錦」條：「綾出鉅鹿陳寶光家。」墨筆眉批：「淳于衍。陳寶光。」

「濟陰王興居反」條：墨筆眉批：「濟陰王興居。」

「五鹿充宗受學於弘成子」條：墨筆眉批：「五鹿充宗。弘成子。」「授以文石。」硃筆眉批：

「文石。」

「成帝設雲帳、雲幄、雲幕」條：「世謂三雲殿。」墨筆眉批：「三雲殿。」

「漢掖庭有月影臺、雲光殿、九華殿、鳴鑾殿、開襟閣、臨池觀」條：硃筆眉批：「開襟。」

「趙飛鸞女弟」條：墨筆眉批：「飛燕女弟。」「匠人丁緩、李菊巧，爲天下第一。」墨筆眉批：「丁緩。李菊。」

「初修上林苑」條：「梨十：紫梨、青梨、芳梨、大谷梨、細葉梨、縹葉梨、金葉梨、瀚海梨、東王梨、紫條梨。」硃筆眉批：「十種梨。」「棗七：弱枝棗、玉門棗、棠棗、青華棗、樗棗、赤心棗、西王棗。」硃筆眉批：「七棗。」「栗四：侯栗、榛栗、瑰栗、嶧陽栗。」硃筆眉批：「四栗。」「桃十：秦桃、榹桃、緗核桃、金城桃、綺葉桃、紫文桃、霜桃、胡桃、櫻桃、含桃。」硃筆眉批：「十桃。」「顏淵李。」硃筆眉批：「顏子李。」「杏二：文杏、蓬萊杏。」注：「東郭都尉于吉所獻。一株花雜五色，六出，云是仙人所食。」硃墨筆眉批：「文杏。蓬萊。仙人。」

「安石榴十株。」硃筆眉批：「安石榴。」「黃銀樹十株。」硃筆眉批：「千金。」「萬年長生樹十株。」硃筆眉批：「萬年長生。」「白俞梅、杜梅、桂蜀漆樹十株。」硃筆眉批：「漆。」

「余就上林令」條：「朝臣所上草木名二千餘種。」硃筆眉批：「草木二千餘種。」

「長安巧工丁緩」條：墨筆眉批：「丁緩。」「爲常滿燈。」硃筆眉批：「常滿燈。」「又作九層博山香鑪。」硃筆墨批：「博山爐。」「又作七輪扇。」硃筆眉批：「七輪扇。」

「趙飛鸞爲皇后」條：「鴛鴦被、鴛鴦襦、鴛鴦褥。」硃筆眉批：「鴛鴦。」「七寶綦履。」硃筆眉批：「七寶綦。」「香螺卮。」硃筆眉批：「香螺卮。」

卷第二

「元帝後宫」條：「諸宫人皆賂畫工，多者十萬，少者亦不減五萬，獨王嬙不肯。」墨筆眉批：「王嬙。」

「畫工有杜陵毛延壽，爲人形醜好老少，必得其眞。安陵陳敞，新豐劉白、龔寬，並工爲牛馬、飛鳥、衆勢、人形好醜，不逮延壽。下杜陽望亦善畫，尤善布色。樊育亦善布色。」墨筆眉批：「毛延壽。陳敞。劉白。龔寬。陽望。樊育。」

「武帝欲殺乳母」條：「乳母告急於東方朔。」墨筆眉批：「東方生。」

「五侯不相能」條：「婁護豐辯。」墨筆眉批：「婁護。」硃筆眉批：「豐辯。」

「公孫弘起家徒步爲丞相」條：「故人高賀從之。」墨筆眉批：「高賀。」「弘嘆曰：寧逢惡賓，無逢故人。」硃筆眉批：「寧逢惡賓，無逢故人。」

「文帝自代還」條：「有來宣能御。」墨筆眉批：「來宣。」

「武帝時」條：「以綠地五色錦爲蔽泥。」硃筆眉批：「錦蔽泥。」「卓王孫有百餘雙。」墨筆眉批：「卓王孫。」

「司馬相如與卓文君還成都」條：墨筆眉批：「司馬相如。」「以所著鷫鸘裘就市人陽昌貰酒。」硃筆眉批：「鷫鸘裘。」「爲人放誕風流，故悦長卿之才而越禮焉。長卿素有消渴疾，及還成都，悦文君之色，遂以發痼疾。」硃筆眉批：「風流悦才，消渴悦色。」

「慶安世年十五，爲成帝侍郎」條：墨筆眉批：「慶安世。」

「太上皇徙長安」條：「其匠人胡寬所營也。」墨筆眉批：「胡寬。」

「漢諸陵寢」條：「皆以竹爲簾。」「昭陽殿織珠爲簾。」硃筆眉批：「竹簾。珠簾。」

「楊雄讀書」條：墨筆眉批：「楊雄。」「雄著太玄經，夢吐鳳凰。」硃筆眉批：「夢吐。」

「司馬相如爲上林、子虚賦」條：墨筆眉批：「上林、子虚。」「盛覽，字長通，牂牱名士。」墨筆眉批：「盛覽。」「乃作合組歌、列錦賦而退。」硃筆眉批：「列錦賦。」

「董仲舒夢蛟龍入懷」條：墨筆眉批：「董仲舒。」硃筆眉批：「夢。」

「或問揚雄爲賦」條：墨筆眉批：「揚雄。」

「匡衡，字稚圭」條：墨筆眉批：「匡衡。」「文不識家富多書。」墨筆眉批：「文不識。」「主人感嘆，資給以書，遂成大學。」硃筆眉批：「賢主人。」「邑人挫服，倒屣而去。」硃筆眉批：「倒屣。」

「長安有儒生曰惠莊」條：墨筆眉批：「惠莊。」「聞朱雲折五鹿充宗之角。」墨筆眉批：「朱雲。」

「武帝過李夫人」條：墨筆眉批：「李夫人。」「就取玉簪搔頭。」硃筆眉批：「玉簪。」

「杜陵杜夫子善奕棋」條：墨筆眉批：「杜陵。奕棋。」

「成帝好蹴踘」條：「家君作彈棊以獻，帝大悦。」墨筆眉批：「歆曰：家君是子政。」

「王鳳以五月五日生」條：墨筆眉批：「王鳳。」

「高祖爲泗水亭長」條：「徒卒贈高祖酒二壺，鹿肚牛肝各一」云云，「後卽帝位，朝晡尚食，常具此二炙，并酒二壺。」墨筆眉批：「鹿肚、牛肝、酒二壺。」

「梁孝王好營宮室苑囿之樂」條：「築兔園。」墨筆眉批：「兔園。」

「魯恭王好鬭鷄鴨」條：墨筆眉批：「魯恭王。」

「朱買臣爲會稽太守」條：墨筆眉批：「朱買臣。」「所知錢勃見其暴露，乃勞之曰：得無罷乎？」墨筆眉批：「錢勃。」

卷第三

「淮南王。」

「余所知有鞠道龍善爲幻術」條：墨筆眉批：「鞠道龍。」「有東海人黄公，少時爲術。」墨筆眉批：「黄公。」「漢帝亦取以爲角抵之戲焉。」硃筆眉批：「角抵戲。」「淮南王好方士。」墨筆眉批：

「揚子雲好事，常懷鉛提槧」條：墨筆眉批：「揚子雲。」硃筆眉批：「鉛槧。」

「文帝時，鄧通得賜蜀銅山」條：墨筆眉批：「鄧通。」

「楊貴，字王孫」條：墨筆眉批：「楊貴。」

「傅介子年十四，好學書」條：墨筆眉批：「傅介子。」「嘗棄觚而歎曰：大丈夫當立功絶域，何能坐事散儒。」硃筆眉批：「棄觚。」

「余少時，聞平陵曹敞在吳章門下」條：墨筆眉批：「曹敞。吳章。」

「文帝爲太子立思賢苑」條：硃筆眉批：「思賢。」

「廣陵王胥有勇力」條：墨筆眉批：「廣陵王胥。」

「郭威，字文偉」條：墨筆眉批：「郭威。」「余嘗以問揚子雲。」墨筆眉批：「揚子雲。」「家君以爲外戚傳，稱史佚教其子以爾雅。爾雅，小學也。」硃筆眉批：「爾雅。」

「茂陵富人袁廣漢藏鏹巨萬」條：墨筆眉批：「袁廣漢。」

「高祖初入咸陽宫」條：「復鑄銅人十二枚。」墨筆眉批：「銅人十二。」「有琴長六尺，安十三絃，二十六徽，皆用七寶飾之，銘曰：璠璵之樂。」墨筆眉批：「璠璵之樂。」「玉管長二尺三寸，二十六孔，吹之則見車馬山林，隱轔相次。吹息亦不復見，銘曰：昭華之琯。」墨筆眉批：「昭華之琯。」「有方鏡廣四尺，高五尺九寸，表裏有明」，「人有疾病在内，則掩心而照之，則知病之所在。」硃筆眉批：「方鏡照病。」

「尉陀獻高祖鮫魚荔枝」條：墨筆眉批：「尉陀。」

「戚夫人侍兒賈佩蘭，後出爲扶風人段儒妻」條：墨筆眉批：「戚夫人。段儒。賈佩蘭。」「九月九日佩茱萸，食蓬餌，飲菊花酒，令人長壽。」硃筆眉批：「菊酒。」

「何武葬北邙山薄龍坂，王嘉冢東北一里」條：墨筆眉批：「何武。王嘉冢。」

「杜子夏葬長安北四里」條：墨筆眉批：「杜子夏葬。」「大馬未陳，奄先草露。」墨筆改「大」爲「犬」。

「淮南王安著鴻烈二十一篇」條：墨筆眉批：「鴻烈。」「自云字中皆挾風霜。」硃筆眉批：「字挾風霜。」

「公孫弘著公孫子」條：墨筆眉批：「公孫弘。」

「司馬長卿賦」條：墨筆眉批：「司馬長卿。」「揚子雲曰：長卿賦似不從人間來。」硃筆眉批：「賦不從人間來。」

「長安有慶虬之，亦善爲賦」條：墨筆眉批：「慶虬之。」

「相如將獻賦」條：「夢一黄衣翁謂之曰：可謂大人賦。」墨筆眉批：「大人賦。」硃筆眉批：「夢。」又硃筆改「謂」爲「爲」。

「相如將聘茂陵人女爲妾」條：「卓文君作白頭吟以自絕。」墨筆眉批：「白頭吟。」

「樊將軍噲問陸賈」條：墨筆眉批：「樊噲。陸賈。」

「霍將軍妻一產二子」條：墨筆眉批：「霍將軍。」「霍光聞之曰：昔殷王祖甲一產二子，曰嚚，曰良。以卯日生嚚，以巳日生良，則以嚚爲兄，以良爲弟。」墨筆眉批：「嚚。良。」又墨筆旁批：「孿子，隔一日而又生。」「昔許釐莊公一產二女，曰妖，曰茂。」墨筆眉批：「妖。茂。」「近代鄭昌時、文長倩並生二男，滕公一生二女，李黎生一男一女，並以前生者爲長。」墨筆眉批：「鄭昌時。文長倩。滕公。李黎。」

「枚皋文章敏疾，長卿制作淹遲」條：墨筆眉批：「枚皋。相如。」「揚子雲曰」云云。墨筆眉批：「揚子雲。」

卷第四

「安定皇甫嵩眞、玄菟曹元理並明算術」條：墨筆眉批：「皇甫眞。曹元理。」

「元理嘗從其友人陳廣漢」條：墨筆眉批：「曹元理。陳廣漢。」「千牛產二百犢，萬鷄將五萬雛。」墨筆眉批：「千牛二百犢，萬鷄五萬雛。」「其術後傳南季，南季傳項瑫，瑫傳子陸。」墨筆眉批：「南季。項瑫。項陸。」

「衛將軍青生子」條：「或有獻騧馬者，乃命其子曰騧，字叔馬。其後改爲登，字叔昇。」墨筆眉批：「衛騧。衛登。」

「哀帝爲董賢起大第」條：墨筆眉批：「董賢。」

「平津侯自以布衣爲宰相」條：墨筆眉批：「平津侯。」

「南越王獻高帝石蜜」條：墨筆眉批：「南越王。石蜜。」

「滕公駕至東都門」條：「滕公使士卒掘馬所跑地，入三尺，所得石槨。」墨筆眉批：「滕公。石槨。」

「韓嫣好彈」條：墨筆眉批：「韓嫣彈。」

「司馬遷發憤作史記」條：墨筆眉批：「司馬遷。」

「梁孝王遊於忘憂之館」條：硃筆眉批：「忘憂。」「枚乘爲柳賦。」墨筆眉批：「枚乘。」

「路喬如爲鶴賦」條：墨筆眉批：「路喬如。」

「公孫詭爲文鹿賦」條：墨筆眉批：「公孫詭。」硃筆眉批：「文鹿。」

「鄒陽爲酒賦」條：墨筆眉批：「鄒陽。」「清者爲酒，濁者爲醴。」硃筆眉批：「酒醴。」「皆麴湑丘之麥，釀野田之米。」硃筆眉批：「麴釀。」

「公孫乘爲月賦」條：墨筆眉批：「公孫乘。」硃筆眉批：「月。」

「羊勝爲屏風賦」條：墨筆眉批：「羊勝。」

「韓安國作几賦不成」條：墨筆眉批：「韓安國。」

「梁孝王入朝」條：墨筆眉批：「梁孝王。」

「河間王德築日華宮」條：墨筆眉批：「河間王。」硃筆眉批：「日華。」

「梁孝王子賈從朝」條：墨筆眉批：「賈。」

「江都王勁捷」條：墨筆眉批：「江都王。」

「元后在家，嘗有白鷰銜白石」條：墨筆眉批：「元后。白鷰。」「白石大如指，墜后績筐中。」硃筆眉批：「遺石。」「後爲皇后，常并置璽笥中，謂爲天璽也。」硃筆眉批：「天璽。」

「漢朝以玉爲虎子」條：墨筆眉批：「虎子。」硃筆眉批：「玉。」

「茂陵文固陽」條：墨筆眉批：「文固陽。」

「茂陵少年李亨」條：墨筆眉批：「李亨。」「楊萬年有猛犬，名青駮，買之百金。」墨筆眉批：「楊萬年。」硃筆尾批：「百金犬。」

「許博昌，安陵人也」條：墨筆眉批：「許博昌。」

「東方生善嘯」條：墨筆眉批：「東方生。」

「京兆有古生者」條：墨筆眉批：「古生。」

「婁敬始因虞將軍請見高祖」條：墨筆眉批：「婁敬。虞將軍。」

卷第五

「會稽人顧翱少失父」條：墨筆眉批：「顧翱。」「母好食雕胡飯。」墨筆眉批：「雕胡飯。」「躬自採擷，還家導水鑿川，自種供養。」硃筆眉批：「供養母。」

「齊人劉道强善彈琴」條：墨筆眉批：「劉道强。」

「趙后有寶琴」條：墨筆眉批：「趙后。」硃筆眉批：「寶琴。」

「公孫弘以元光五年」條：墨筆眉批：「公孫弘。」「國人鄒長倩以其家貧，少自資致。」墨筆眉批：「鄒長倩。」「又贈以芻一束，素絲一襚，撲滿一枚。」墨筆眉批：「撲滿。」「撲滿者，以土爲器，以蓄錢具。」硃筆眉批：「土撲滿。」

「漢朝輿駕祠甘泉汾陰」條：「備千乘萬騎，大僕執轡，大將軍陪乘，名爲大駕。」墨筆眉批：「大駕。」「剛鼓中道金根車。」墨筆眉批：「剛鼓。」

「元光七年七月」條：「京師雨雹，鮑敞問董仲舒。」墨筆眉批：「鮑敞。董仲舒。」「則熏蒿歊蒸，而風雨雲霧、雷電雪雹生焉。」硃筆眉批：「歊蒸。」

「武帝時，郭舍人善投壹」條：墨筆眉批：「郭舍人。」「故實小頭於中，惡其矢躍而出也。」墨筆改「頭」爲「豆」。

「武帝以象牙爲簟，賜李夫人」條：墨筆眉批：「象簟。李夫人。」

「賈誼在長沙」條：墨筆眉批：「賈誼。」

「李廣與兄弟共獵於冥山之北」條：墨筆眉批：「李廣。」「鑄銅象其形，爲溲器，示厭辱之也。」硃筆眉批：「溲器。」「向者孤洲，乃大魚。」硃筆眉批：「好大魚呀！魚洲！」「陳縞質木人也。」墨筆眉批：「陳縞。」

卷第六

「魯恭王得文木一枚，伐以爲器，意甚玩之，中山王爲賦」條：墨筆眉批：「中山王文木賦。」

「制爲屏風，鬱茀窮隆。制爲杖几，極麗窮美。制爲枕案，文章璀璨，彪炳渙汗。」墨筆眉批：「制爲屏風以下太寂寥矣。」墨筆眉批：「渙汗。」

「廣川王去疾好聚無賴少年」條：墨筆眉批：「廣川王去疾。」「余所知爰猛，說其大父爲廣川王中尉。」墨筆尾批：「爰猛。」

「魏襄王冢皆以文石爲槨」條：墨筆眉批：「魏襄王冢。」

「哀王冢以鐵灌其上」條：墨筆眉批：「魏哀王冢。」

「魏王子且渠冢甚淺」條：墨筆眉批：「且渠冢。」

「袁盎冢以瓦爲棺」條：墨筆眉批：「袁盎冢。」

「晉靈公冢甚瑰壯」條：墨筆眉批：「晉靈公冢。」「唯玉蟾蜍一枚大如拳。」墨筆眉批：「玉蟾蜍。」

「幽王冢甚高壯」條：墨筆眉批：「幽王冢。」

「欒書冢棺柩明器朽爛無餘，有一白狐見人驚走」條：墨筆眉批：「欒書冢，白狐。」

「韓嫣以玳瑁爲牀」條：墨筆眉批：「韓嫣。」

「漢承周史官」條：「下遷蠶室，有怨言，下獄死。」墨筆旁批：「本傳不爾。」又墨筆眉批：「賈誼傳：誼孫嘉好學，與余通書，至孝昭時列爲九卿。以是遷昭帝時尚在也。」

「杜陵秋胡者」條：墨筆眉批：「秋胡。」「馳象曰：昔魯人秋胡娶妻三月而遊宦。」硃筆眉批：「非魯。」「昔魯有兩曾參，趙有兩毛遂。」硃筆眉批：「兩曾子。」墨筆眉批：「毛遂有兩。」

「月之旦爲朔，車之輈亦謂之朔。」墨筆眉批：「車之輈亦爲朔。」

「洪家世有劉子駿漢書一百卷」條：墨筆眉批：「劉子駿。」「今抄出爲二卷，名曰西京雜記。」硃筆眉批：「西京雜記。」

「洪家復有漢武帝禁中起居注一卷」條：墨筆眉批：「武帝禁中起居注。」

卷尾傅蓮蘇墨筆批：「傅介子十四棄觚而歎：大丈夫當立功絕域，何能坐事散儒！東方生曼聲長嘯輒塵落帽。」

侍兒小名錄拾遺批注〔一〕

「劉商少遊湘中」條：「一女子命侍兒楊孟珠斟一杯雲母漿。」硃筆眉批：「楊孟珠。」

「冦萊公有妾曰蒨桃」條：硃筆眉批：「蒨桃。」

「東坡寄柳子玉」條：「嘗作詩曰：穠李四絃風掃席，昭華三弄月侵牀，我無紅袖堪娛夜，正要青奴一味涼。」硃筆眉批：「穠李。昭華。青奴。」

「周昭王二十四年」條：「東甌獻二女，一曰延娟，一曰延嬋。」硃筆眉批：「延娟。延嬋。」

「燕昭王二年」條：「廣延國善舞者二人，一名旋娟，一名提漠。」硃筆眉批：「旋娟。提漠。」

「孫亮作琉璃屏風」條：「愛姬四人，皆振古絕色，一名朝姝，二名麗居，三名洛珍，四名潔華。」硃筆眉批：「朝姝。麗居。洛珍。潔華。」

「愛愛姓楊氏」條：硃筆眉批：「愛愛。」「小婢子錦兒今尚在。」硃筆眉批：「錦兒。」

「晁無咎之貶玉山」條：「無咎出小鬟招奴舞。」硃筆眉批：「招奴。」

「東坡朝雲墓誌銘」條：硃筆眉批：「朝雲。」

「漢武帝所幸宮人麗娟」條：硃筆眉批：「麗娟。」

「隋煬帝宮妃吳降仙」條：硃筆眉批：「吳降仙。」

「呂不韋」條：「娶劉氏女名曰諸姬。」硃筆眉批：「諸姬。」

「周瑜初從孫策」條：「策自納大喬，瑜納小喬。」硃筆眉批：「二喬。」

〔一〕此篇據山西博物院藏手稿整理。批點底本爲稗海本，宋張邦幾著，明陳汝元校。由祝振東釋文，王愛國重校。

「秦穆公女名弄玉」條：硃筆眉批：「弄玉。」
「越王勾踐陰謀吴」條：「乃得國中苧蘿山鬻薪之女曰西施。」硃筆眉批：「西施。」
「國初朝廷遣陶穀使江南」條：「熙載使歌姬秦蒻蘭衣弊衣爲驛卒女。」硃筆眉批：「蒻蘭。」
「秦少游在蔡州」條：「與營妓婁婉字東玉者甚密。」硃筆眉批：「婁婉東玉。」
「楊貴妃小字玉環」條：硃筆眉批：「玉環。」
「白公杭州春詩」條：「柳色初藏蘇小家。」硃筆眉批：「蘇小。」
「眞娘吴中樂妓」條：硃筆眉批：「眞娘。」
「唐元載末年納薛瑤英」條：硃筆眉批：「瑤英。」
「唐杜秋娘」條：硃筆眉批：「杜秋娘。」「後經藍橋驛，遇仙女雲英。」硃筆眉批：「雲英。」
「五代時有一僧號至聰禪師」條：「於道旁見一美人，號紅蓮。」硃筆眉批：「紅蓮。」
「王魁遇桂英」條：硃筆眉批：「桂英。」

補侍兒小名録

宋　王銍

「建康小史曹著」條：「夫人命女婉出與著相見。」硃筆眉批：「女婉。」
「袁眞在豫州」條：「遣女妓紀陵送薛、郭、馬三妓。」硃筆眉批：「紀陵。」
「齊惠公妾蕭同叔子」條：硃筆眉批：「蕭同叔子。」
「宋何恢爲廣州刺史」條：「有妓曰張耀，美而有寵。」硃筆眉批：「張耀。」
「霍去病父仲儒」條：「與侍女衛少兒私通。」硃筆眉批：「少兒。」
「晉賈后」條：「遣婢陳舜賜太子酒三升。」硃筆眉批：「陳舜。」「小婢承福以紙筆授太子。」

硃筆眉批：「承福。」

「孫綽韓非靈語責李中書」條：「余家婢辟邪夜眠如夢囈語。」硃筆眉批：「辟邪。」

「晉泰始二年」條：「拜崇陽園妾李琰爲脩華，王宣爲脩容，徐琰爲脩儀，吳淑爲婕妤，趙珽爲充華。」硃筆眉批：「李琰。王宣。徐琰。吳淑。趙珽。」「拜采女胡方爲貴嬪。」硃筆眉批：「胡方。」「拜采女劉瑗爲淑妃，臧曜爲淑媛，趙祭爲脩容，陳秀爲脩容。」硃筆眉批：「劉瑗。臧曜。趙祭。陳秀。」「拜美人左嬪爲脩儀，邢蘭爲婕妤，朱姜爲容華。」硃筆眉批：「左嬪。邢蘭。朱姜。」

「宋元凶劭姊東陽公主應閤婢王鸚鵡」條：硃筆眉批：「王鸚鵡。」

「魏文帝宮中侍女」條：「絕寵者，有莫瓊樹、薛夜來、陳尚衣、段巧笑四人。」硃筆眉批：「莫瓊樹。薛夜來。陳尚衣。段巧笑。」

「唐進士段何」條：「從二青衣，一雲髻，一半髻，皆絕色。」硃筆眉批：「雲髻。半髻。」

「南陽張不疑」條：「以錢六萬置青衣鴉鬟垂耳曰春條。」硃筆眉批：「春條。」

「武德中曹惠爲江州參軍」條：「輕素與輕紅，是宣城謝太守家備偶。」硃筆眉批：「輕素。輕紅。」

「崔紫雲，兵部李尚書樂妓」條：硃筆眉批：「崔紫雲。」

「竇梁賓，夷門人」條：硃筆眉批：「竇梁賓。」

「程洛賓，長水人」條：硃筆眉批：「程洛賓。」

「唐右司郎中馮翊喬知之有美妾曰碧玉」條：硃筆眉批：「碧玉。」

「貞元中進士賈全虛」條：「全虛得之，悲想其人，涕泗交墜不能離溝上。」「涕泗交墜」旁硃筆批：「可笑。」「乃於翠筠宮奉恩院王才人養女鳳兒者詰其由。」硃筆眉批：「鳳兒。」

「經行寺僧行蘊」條：「蓮花娘子來」，「顧侍婢露仙，可準備幃帳」。硃筆眉批：「蓮花娘子。露仙。」

「天水趙旭」條：「吾天上青童，久居清禁。」硃筆眉批：「青童。」

「唐韋諷」條：「奴名麗質，娘子嫉妬，生埋此園中。」硃筆眉批：「麗質。」

「開元中有士人」條：「若呼阿青，當有人從水中出。」硃筆眉批：「阿青。」

「趙王鎔命馬或使于燕」條：「時燕之酒妓轉轉者，一代名姝無比。」硃筆眉批：「轉轉。」

「穆員稱其麗雲善歌」條：硃筆眉批：「麗雲。」

「柳條，女奴也」條：硃筆眉批：「柳條。」

「元公鎮南海曰」條：「公寵姬號靜君收藥貼之。」硃筆眉批：「靜君。」

「韋洵美」條：「乃挈所寵素娥行。」硃筆眉批：「素娥。」「寺有行者排闥而揖曰：『先輩蓄何不平事？』洵美具言之。」硃筆眉批：「打鐘行者。」

「小東，長沙之妓」條：硃筆眉批：「小東。」

「薛九，江南富家子」條：硃筆眉批：「薛九。」

「王霞卿者，藍田人」條：硃筆眉批：「王霞卿。」「時有輕綃捧硯，小玉看題。」硃筆眉批：「輕綃。小玉。」

「王琨父懌」條：「以獠婢恭心待之。」硃筆眉批：「恭心。」

「王藻尚宋文帝第六女」條：「臨川長公主諱英瑗。」硃筆眉批：「英瑗。」「藻別愛左右人吳崇祖。」硃筆眉批：「吳崇祖。」

「寵姐，寧王愛姬」條：硃筆眉批：「寵姐。」

續補侍兒小名錄　宋　温豫

「初莽妻以莽殺其子，涕泣失明」條：「莽妻旁侍者原碧，莽幸之。」硃筆眉批：「原碧。」「初莽爲侯，就國時，幸侍者增秩、懷能、開明。」硃筆眉批：「增秩。懷能。開明。」

「皇太子詠武陵王左右五暠傳杯詩」條：硃筆眉批：「五暠。」

「楚春申君有愛妾曰余」條：硃筆眉批：「余。」

「劉曠」條：「聞語何女郎通使。」硃筆眉批：「何女郎。」「婢名採薇，奴名邊羅常。」硃筆眉批：「採薇。」

「煬帝自到廣陵」條：「侍兒韓俊娥尤得意」，「賜名爲來夢兒。」硃筆眉批：「來夢兒。」

「唐思元大夫崔義起」條：「蕭所愛婢名閏玉。」硃筆眉批：「閏玉。」

「余媚娘者，才婦也」條：硃筆眉批：「余媚娘。」「又獲名姬柳舜英者，姿殊麗。」硃筆眉批：「柳舜英。」

「蜀青石鎮陳洪裕」條：「打殺婢金扈，潛於本家埋瘞。」硃筆眉批：「金扈。」

「前南鄭尉李雲」條：「號姬曰楚賓。」硃筆眉批：「楚賓。」

「潞之女伶曰孟思賢」條：硃筆眉批：「孟思賢。」「宙有女奴曰解兒，有愛於宙。」硃筆眉批：「解兒。」

「吳太伯祠」條：「繪者名美人爲勝兒。」硃筆眉批：「勝兒。」

「石季龍」條：「季龍寵惑優僮鄭櫻桃。」硃筆眉批：「鄭櫻桃。」

「成風聞成季之繇」條：硃筆眉批：「成風。」

「元載寵姬瑤英」條：硃筆眉批：「瑤英。」

「隋煬帝幸月觀」條：「意爲寶兒而有私」，「乃宮婢雅娘也。」硃筆眉批：「寶兒。雅娘。」

「霍小玉命侍兒櫻桃褰幃執燭」條：硃筆眉批：「霍小玉。櫻桃。」

「長安中有媒氏鮑十一娘」條：硃筆眉批：「鮑十一娘。」

「崔氏鬻鬻婢曰紅娘」條：硃筆眉批：「紅娘。」

「平陸尉薛昭」條：「見雲髻仙衣女子三人，詢其姓氏，長曰雲容，姓張氏。次曰鳳臺，姓蕭氏。次曰蘭翹，姓劉氏。」硃筆眉批：「雲容。鳳臺。蘭翹。」

「唐監察御史清河張佶侍兒仙鵝能歌舞」條：硃筆眉批：「仙鵝。」

「沈詢在昭義」條：「夫妻皆爲嬖妾歸秦所殺。」硃筆眉批：「歸秦。」

「申胡子」條：「命花娘出幕徘徊拜客。」硃筆眉批：「花娘。」

「謝秀才有妾縞練」條：硃筆眉批：「縞練。」

「梁元帝爲妾弘夜姝謝東宮賚合心花釵啓」條：硃筆眉批：「夜姝。」

「梁元帝爲妾夏王豐謝東宮賚錦啓」條：硃筆眉批：「夏王豐。」

「長沙定王發」條：「飾侍者唐兒使夜進。」硃筆眉批：「唐兒。」

「唐川王去有所幸姬王昭平、王地餘」條：硃筆眉批：「昭平。地餘。」「姬陽成昭信待視甚謹。」硃筆眉批：「陽成昭信。」「幸姬陶望卿爲修靡夫人，主繒帛；崔修成爲明貞夫人，主永巷。」硃筆眉批：「修靡夫人陶望卿。明貞夫人崔修成。」「後王數召姬榮愛與飲。」硃筆眉批：「榮愛。」

「禽滑釐」條：「無恆有妾曰善佞。」硃筆眉批：「善佞。」

「王丞相」條：「謂之雷尚書。」硃筆眉批：「雷尚書。」

曹士冕譜系雜説簡注〔一〕

抄曹士冕譜系雜説前言：「北絳帖之不可見久矣。雨公矜詫其有半部，吾未得見。吾于河東宗室龍衢處得一全部。紙搨，皆北方物法，瘦勁足神采。雨公見之，欲得之。會吾送萊陽畢先生矣。每卷末有元人題朱字三二行不等。不知爲何種絳帖也。偶讀曹氏譜系，見古人于此道見之博、攷之精，如此。屬兒孫草錄之，備較。」

淳化法帖

題下硃筆注：「太原郭守訓家曾藏淳化一部，通部十畫九裂，如冰解之文。字畫全者最少。若有全者，卻細瘦清勁。云爲豬窩帖，不知是何處做作者，傳是從豬窩裏拆出者。此語亦不知何來。郭亦不曾細説帖之來歷。」

二五府帖

「元祐中親賢宅從禁中借板。」硃筆於「板」字後注：「此處似有『搨』字。」

〔一〕此篇據瀋陽故宮博物院藏手稿釋文，由竇元章整理。傅山全書初版本未收。

臨江戲魚堂帖

「故家所藏往自拓本猶有典列，所拓者字多頑缺，亦有補换新刻者矣。」硃筆於「所拓者」後注：「此處似少一二字，當云『此堂所拓者』云云。」又硃筆於「頑」字後注：「『頑』字當作『刓』。」

慶曆長沙帖

「增入霜寒、十七日、王濛、顔魯公等諸帖。」硃筆於「顔魯公」後注：「原本作『眞卿』。」

劉丞相私第本

「紙墨皆與南碑不類，而慶曆第題字止三兩卷有之，蓋卽劉氏本也。」硃筆於「慶」字旁批：「原『第』字。」又硃筆於「第」字旁注：「此『第』字似不宜在此。」

東庫本

題後墨筆注：「今寶賢宋儋書『得』字有燥筆。」

亮字不全本

「舊本乃行書『止』字。」墨筆旁注：「今寶賢是『止』字。」
「臨江帖大率與舊本同。」硃筆於「臨江帖」旁注：「戲魚堂。」

「余既獲見炳文絳帖辨證。」硃筆於「余」字旁注：「此是士冕自『余』也。」
「因以舊所藏本摹刻于家。」硃筆旁注：「是士冕又刻絳帖于家耶。」
「弟五行『名』字右脚下微有一點。」硃筆旁注：「『名字右脚下一點』不知何說。」

卷一百二十八　李卓吾彙選見聞雅集外史類編批注〔一〕

儷語編

「多方分別，是非之竇易開；一味圓融，人我之見不立。上可以陪玉皇上帝，下可以陪卑田院乞兒。」硃筆眉批：「東坡語。」

「一葉放春流，束縛人亦覺澹宕；孤尊聽夜雨，豪華輩尚爾凄其。」墨筆眉批：「聽雨。凄其。」

「『興酣落筆搖五岳，詩成嘯傲凌滄洲。嘯起白雲飛七澤，歌吟秋水動三湘。』二聯可稱詩狂。」墨筆眉批：「二聯詩狂。」

「席上分賦青樓風箏曲：做得宮中舊紙鳶，白雲一片帶寒烟；佳人飛去還奔月，騷客狂來欲上天。」墨筆眉批：「風箏。」

「杜子美八哀，皮日休七愛，一樣憐才之心；柳子厚八愚，東萊公六悔，總屬自憐之念。」墨筆眉批：「七愛。」

「物色有先機，曾報染衣之柳汁；文章有定數，豫傳照鏡之芙蓉。」硃筆眉批：「柳汁沾衣。」

〔一〕此篇據上海圖書館藏手稿批點整理。底本爲新刻李卓吾彙選見聞雅集外史類編，僅存卷七至卷八一册，明李贄彙選，明張少武刻本。封面墨筆記：「辛亥削凡記。外史類編。傅徵君親批。」由張文穎釋文整理。傅山全書初版本未收。

「破除煩惱，二更山寺木魚聲；見徹性靈，一點雲堂優鉢影。」墨筆眉批：「性。」

清語編

「王辰玉云：人盡云烟柳。烟安得柳容？其似者，正在露葉時若眠若起、半空半色之間耳。」墨筆眉批：「烟柳。」

「黄山谷曰：子弟諸病皆可醫，惟『俗』不可醫。醫『俗病』者，獨有書耳。」墨筆眉批：「醫俗。」

「飲酒有眞處，不在醉，不在不醉。不在醉，此堯夫所以取微醺；不在不醉，此伯倫所以頌酒德。」墨筆眉批：「酒事。」

「友人，疏狂者足啓庸俗，通達者足破拘攣，博學者足開孤陋，高曠者足振頽墮，鎮靜者足制躁妄，恬淡者足消濃艷；左提右挈，離友一步不得。」硃筆眉批：「友。」

「唐子西在惠州，名酒之和者曰『養生主』，勁者曰『齊物論』。楊誠齋名酒之和者曰『金盤露』，勁者曰『椒花雨』。」墨筆眉批：「名酒。」

「喻宣仲云：江南秋色，百倍春光。」墨筆眉批：「秋色倍春光。」

「李白爲天才絕，白居易爲人才絕，李賀爲鬼才絕。」墨筆眉批：「三絕。」

「一泓濠上，便同莊叟之觀；片石林間，堪下米顛之拜。」墨筆眉批：「元章拜石。」

「水流雲在，想子美千載高標；月到風來，憶堯夫一時雅致。」墨筆眉批：「高標。」

「硯神曰淬妃，墨神曰回氏，紙神曰尚卿，筆神曰昌化，又曰佩阿。」硃筆眉批：「硯、墨、紙、筆名。」

「隱囊。榻上置二墩，以布青白鬬花爲之，高一尺許，内以棉花裝實縫完。傍繫二帶，以作提手。榻上睡起，以兩肘倚墩小坐，似覺安逸。古之製也。」墨筆眉批：「隱囊。」

「道服。用布爲佳，色白爲上，用以坐禪策蹇，披雪避寒。」墨筆眉批：「道服。」

「文履。白布作履，用皂絲縧爲絇，細絲縧周圍綴於縫中以爲繶，周圍緣以皂絹爲純。綴二皂帶以繫之爲綦。」硃筆眉批：「繶。純。」

「道扇。有紙糊者，有竹編者。舊有鵝毛扇，卽羽扇也。」墨筆眉批：「道扇。」

「竹杖。惟字竹、方竹、老竹鞭爲雅。如用萬歲藤、藜藋，此爲老衲行具，恐非山人所宜。」墨筆眉批：「竹。」

「癭杯。取木之癭肖杯者，琢磨成杯式。惟三種：桃杯，□杯，芝杯。」墨筆眉批：「三杯。」

「劉孝標送橘啓云：南中橙茸，青鳥所食。始霜之旦采之，風味照坐，擘之，香霧噀人。皮薄而味珍，脈不粘膚，食不留滓；茸踰萍實，冷亞冰壺。可以熏神，可以芼鮮，可以漬蜜。」墨筆眉批：「橘。」

廣聞編

「孔子修春秋、制孝經既成，齋戒，向北辰而拜，告備於天。乃白霧摩地，白虹自上而下，化爲黄玉，長三尺，上有刻文。孔子跪受而讀之，曰：『寶文出，劉季握。卯金刀，在軫北。字禾子，天下服。』」硃筆眉批：「卯金刀。劉季。」

「漢武帝東遊，未出函谷關，有物當道，長數丈，其狀象牛，青眼而曜睛，四足入土，動而不徒，百官驚駭。」硃筆眉批：「牛。」

「東方朔乃請以酒灌之。灌之數十斛，而物消。帝問其故，答曰：此名爲患憂，氣之所生也；此必是秦之獄地，不然，則罪人徒作之所聚；夫酒忘憂，故能消之也。」硃筆眉批：「消憂莫若酒。」

「文王以太公望爲灌壇令，期年，風不鳴條。文王夢一婦人甚麗，當道而哭。問其故，曰：『吾泰山之女，嫁爲東海婦，欲歸；今爲灌壇令當道，有德，廢我行。必有大風疾雨。大風疾雨是毀其德也。』文王覺，召太公問之，是日果有疾風暴雨從太公邑外而過。文王乃召太公爲大司馬。」硃筆眉批：「文王夢。」

「藐姑射之山，有神人居焉。肌膚若冰雪，綽約若處子；不食五穀，吸風飲露；乘雲氣，馭飛龍，遊於四海之外。」硃筆眉批：「莊子。」

「李子牟，唐蔡王第七子也，善吹笛。」硃筆眉批：「篴。」

「唐柴紹之弟某，有材力，輕趫迅捷，踴身而上，挺然若飛。」「嘗著吉莫靴，走上磚城。」「出爲外官，時人號爲壁龍。」硃筆眉批：「柴壁龍。吉莫鞾。」

「太宗常賜長孫無忌七寶帶，直千金。時有大盜段師子，從屋上椽孔間而下，露，拔刀，謂曰『公動卽死』，遂於枕函中取帶去。以刀拄地，踴身椽孔間出。」硃筆眉批：「飛盜。」

「唐宰相韓滉，廉問浙西，頗强悍自負，常有不軌之志。一旦，有商客李順泊船於京口堰下，夜深矴斷，漂船不知所止。及明，泊一山下。上岸尋求，微有鳥徑，行五六里，見一人烏巾岸幘古服，引登山，詣一宮闕，臺閣華麗，迨非人間。有人自簾中出，語之曰：『欲寄金陵韓公一書，無訝相勞也。』出書一函，拜而受之。贊者引出門，逆至舟所，因問贊者曰：『此爲何處也？恐韓公詰問，又是何人致書？』答曰：『此東海廣桑山也，是魯國宣父仲尼得道爲眞官，理於此山。韓公卽仲由也，性彊自恃，夫子恐其掇刑綱，致書以諭之。』言訖別去。李順卻還舟，舟行如飛，頃之復在京口堰下，不知所行幾千萬里也。詣衙投書，韓公發函視之：古文九字，皆科斗之書，了不可識。詰問其由，深以李順爲妖。篆籀之文皆不能辨，有一客疣眉古服，自詣賓位，言善識古文。韓公以書示，客曰：『此孔宣父之書，乃夏禹科斗文也。』文曰：『告韓滉，謹臣節，勿妄動。』逐出門，不知所止。韓自憶廣桑之事，以爲非遠。自是恭默謙謹，克保終始焉。」硃筆眉批：「前世仲由。」

「顏眞卿爲監察御史，充河西隴右軍覆屯交兵使。五原有寃獄，久不決。眞卿立辯之。天久旱，及獄決乃雨，郡人呼『御史雨』。」硃筆眉批：「御史雨。」

「陽羨許彥於綏安山行，遇一書生，年十七八，臥路側，云脚痛，求寄鵝籠中」云云。硃筆眉批：「許彥。」又墨筆眉批：「虞初志亦有此事。」

「唐建中末，書生何諷嘗買得黃紙古書一卷」云云，「據仙經曰：蠹魚三食『神、仙』字，則化爲此物，名曰『脈望』。」墨筆眉批：「脈望。」

「嵭嵻細棗，出碧海上，萬年一實，咋之有膏，膏可燃燈。」硃筆眉批：「棗。」

「政和中，濟南崔志有女，母臥病久，冬忽思魚食。女曰：『聞昔者王祥臥冰得魚，想不難也。』兄弟皆曰：『汝女子，何妄論古今！』女曰：『兄謂女不能邪？』乃同乳媪焚香誓天，即往河中臥冰，凡十日，果得魚三尾，鱗鬣稍異。歸以餽母，食之病愈。人或問方臥冰時，曰：『以身試冰，殊不覺寒。』」硃筆眉批：「孝女。」

「宋景公之世，有善星文者」，「景公曰善。遂賜曰子氏，名之曰韋，即子韋也。」硃筆眉批：「子韋。」

「師涓出於衛靈公之世」云云。硃筆眉批：「師涓。」

「周靈王時」，「有萇弘，能招致神異」云云。硃筆眉批：「萇弘。」

「時異方貢玉人石鏡。此石色白如月，照面如雪，謂之月鏡。」硃筆眉批：「月鏡。」

「東方朔遊吉雲之地」云云，「帝受以賜五官，嘗者皆少。五官：董謁、李克、孟岐、郭瓊、黄安。」硃筆眉批：「五官。」

「帝封泰山，從者皆賜冰谷素葉之瓜。瓜上如霜雪，刮嘗如蜜滓。瑕丘仲食之，千歲不渴。」硃筆眉批：「素葉瓜。」

「始皇通汨羅之流，爲小溪，逕從長沙至零陵窟得赤玉甕，可容八斗。」硃筆眉批：「汨羅。」

「明帝常幸興慶宮，於複壁間得寶匣，匣中獲玉鞭。玉鞭末有文曰軟玉鞭，即天保中畢國所獻。」硃筆眉批：「玉鞭。」

「文帝所愛美人薛靈芸，常山人也。」「改靈芸之名曰夜來。」「夜來妙于鍼工，雖處於深宮之内，不用燈燭之光，裁製立成。」「宫中號爲鍼神。」硃筆眉批：「針神。」

「漢太始二年，西方有因霄之國，人皆善嘯。丈夫嘯，聞百里；婦人嘯，聞五十里。」硃筆眉批：「嘯聲百里。」

「周末殺萇弘於蜀，血碧色，入地化爲碧玉，數里内土皆青色，故蜀有青泥坊。」墨筆眉批：「萇弘。」

「東方朔初入長安，至，公車上書，凡用三千奏牘。公車令兩人共持舉其書，僅力能勝之。人主從上方讀之，止，輒乙其處，讀之二月乃盡。」墨筆眉批：「三千。二月。」

「晉元帝時，有老母每旦擎一器茗，往市鬻之，市人競買，自旦至暮，其器不減。所得錢散路傍孤貧。人或異之，執而繫之于獄。夜擎所賣茗器，自牖飛去。」墨筆眉批：「茗事甚奇。」

卷一百二十九　毛詩註疏批注[一]

卷七至八之册封二硃筆批：「辛亥三月二十看，二十三完。」

月出

「月出照兮，佼人燎兮。舒夭紹兮，勞心慘兮。」音義：「慘，七感反，憂也。」墨筆眉批：「『慘』字在此豈得七感反？」

澤陂

「彼澤之陂，有蒲與荷。」箋：「以陂中二物興者，喻淫風由同姓生。」墨筆旁批：「不知何指。陳姓姚，又姓胡，夏姬姓姬。」

「寤寐無爲，輾轉伏枕。」墨筆旁批：「『枕』字不音，亦當讀如紞。」

[一] 此篇據山西博物院藏批點手稿整理。批點底本爲明萬曆十七年刊本，只存卷七、八與卷十二、十三兩册。由孫蔭亭釋文，王愛國重校。重復書中詞句的批語未錄。

曹風

「曹譜。」傳：「昔堯嘗遊成陽，死而葬焉。舜漁於雷澤，民俗始化。其遺風重厚，多君子。」墨筆眉批：「堯舜經遊處，民俗卽化，我不信。」正義：「子桓公終生立，五十五年卒。」墨筆眉批：「終生一作終湦。」

豳風

「豳譜。」正義：「太王始入居岐山之陽，明豳在岐山之北。」硃筆眉批：「岐山之陽，當云岐山之南矣，而此曰北。」

正義：「文王崩後十年，武王始崩，自然文王崩之明年，生成王也。」硃筆眉批：「文王崩之明年生成王，胎定在文王未崩時，若崩後始胎，聖人豈犯禮？」

鴟鴞

墨筆眉批：「埤雅云：先儒以爲鴟鴞卽今巧婦。郭注爾雅獨云鴟類，則璞與先儒異意。以詩及爾雅考之，宜如璞義。蓋爾雅言：鴟鴞，鸋鴂。繼云狂茅鴟、怪鴟、梟鴟。則鴟鴞宜亦鴟類。賈誼所謂『鸞鳳伏竄，鴟鴞翱翔』是也。詩曰：『鴟鴞鴟鴞，既取我子，無毁我室。』則其語似戒鴟鴞之辭，正如宣王黄鳥之詩，卽非鴟鴞自道也。昔賢云：『鴟鴞恤功，愛子及室。』誤矣。」

東山

「伊威在室，蠨蛸在戶。」音義：「蠨音蕭。說文作蟰，音夙。」硃筆眉批：「今說文作蟰，蘇彫切，不音夙。」

卷十二至十三之册封面墨筆批：「小雅：小宛，壹醉曰富。小弁，屬毛罹裏。巧言。何人斯。巷伯，顏叔子、柳下惠、魯男子。谷風。蓼莪，銜恤。大東。四月，濁。北山，溥天。無將大車。小明。倒本其漸，四月正義。垂橐，見大東正義。鮮我方將。夙與夜寐，無忝爾所生，小宛。不畏于天，何人斯。猗於畝丘。」

小弁

「相彼投兔，尚或先之。行有死人，尚或墐之。君子秉心，維其忍之。」音義：「先，蘇薦反。」墨筆眉批：「先卽讀作蘇薦反，亦與下墐、忍不叶。須如心軫反。」

「伐木掎矣，析薪扡矣。舍彼有罪，予之佗矣。」音義：「佗，吐賀反。」墨筆眉批：「掎、扡、佗叶。佗音如移之上。」

蓼莪

「缾之罄矣，維罍之恥。」傳：「缾小而罍大。」箋：「刺王不使富分貧、衆恤寡。」墨筆眉批：「意自通融，而正義便曰『爲酌罍者之恥』，又曰『是王之恥』，甚呆而無味。愚意恥是羞意，謂缾對罍而自羞。言愧我爲缾，而不能爲罍。猶言貧寡者，自怨羞愧，不如富衆之得便意爲養也。故下文曰『鮮民之生』云云。言似我輩鮮寡之民，活着要做甚，不如早死之爲愈也。若把『恥』字著在『罍』字上看，富衆之人，得苟安逸，只覺得便宜可喜，那得知爲貧寡者恥也。若説到酌罍者上，則從來使貧、使寡之君，自然不知恥矣，又何責爲？所以詩語不是呆指實貼得去底。傳、箋尚有涵畜，正義明白益無味。」

大東

硃筆旁批：「一篇風流藴籍，不可思議。詩哉！詩哉！」

「佻佻公子，行彼周行。既往既來，使我心疚。」箋：「因見使行周之列位者」云云。硃筆旁批：「以下箋大刻鏤矣。」正義：「齊桓公知諸侯之歸己也，故使輕其幣而重其禮。諸侯之使，垂橐而入，稛載而歸。言其空而來，重而歸也。」墨筆眉批：「『垂橐，管子小匡篇及齊語皆有之。今行國語逕作橐，音古刀反，大誣。宋但泥左傳『垂橐』語，不詳文義而音之。近日李天生與顧寧人作五排律中，用『垂橐』字，顧求其疵曰：『是錯用矣，經傳無垂橐之文，但有左氏垂橐。』謂李以『橐』爲『槖』也。何言之易也？余不敢舉此以證，恐忌也。察士無凌誶之事則不樂。」

四月

墨筆眉批：「左傳文十三年：鄭子家賦鴻鴈，季文子賦四月。」

「秋日淒淒，百卉具腓。亂離瘼矣，爰其適歸。」硃筆眉批：「爰，今作奚。」

卷十二至十三之册硃筆尾批：「四月十九日看起，二十二完。」

卷一百三十　古文苑批注　張融海賦簡評

古文苑批注〔一〕

卷之六

九宮賦　黄香

賦之眉上，以硃墨畫八卦二圖：（圖見下頁）

題注：「陽起於子，陰起於午，是以太一下行。〔二〕九宮從坎宮始，自此而坤宮」云云。硃筆旁批：「不知此位是從先後天何圖？」

題首硃筆批：「時叶時不叶。」

「翳華蓋之藏蕤。」硃筆眉批：「藏字恐是葳字。」

「揔四七而持綱。」注：「揔爲三各七十八宿。」硃筆改「七十」爲「廿」。

〔一〕此篇據山西博物院藏批點手稿整理，由吴連城先生釋文，李鳳琴重校。

〔二〕「二」，傅山全書初版本誤作「乙」，據批點底本改。

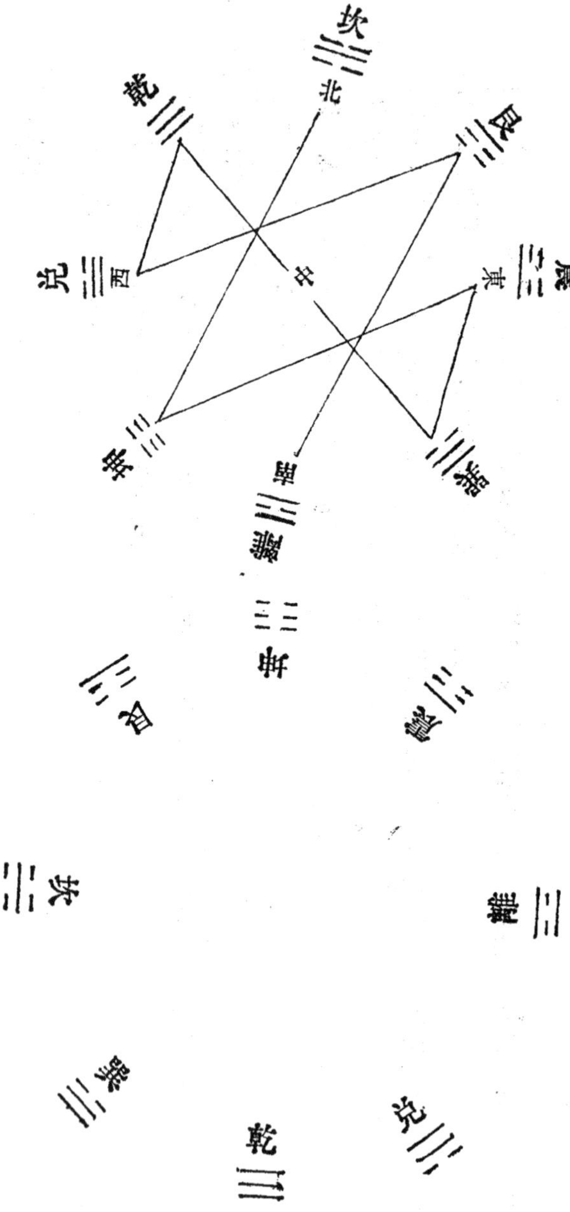

「泑沉漭以坱圠。」注：「沉漭，深廣也。」「坱，〔一〕烏朗切。」硃筆改「沉」爲「沆」，於「朗」字打「×」。硃筆眉批：「烏朗、烏郎。圠如何叶？」又墨筆眉批：「圠叶坱。」

「卽蹴縮以櫢糯，坎烻援以消煬。驘騮驠以羌羸，磋碟皓皜以駮樂。」注：「震巽二宫也。」「坎烻，坎離也。」「烻，戈戰反。」「消一作猶。」「乾坤二宫也。」「艮兌二宫也。」硃筆改「戈」爲

〔一〕「坱」，傅山全書初版本誤作「块」，據批點底本改。

「弋」，改「猶」爲「酒」。墨筆眉批：「震、巽、坎、離、乾、坤、艮、兑。」又硃筆眉批：「消似卽泅，義始通。樂如何叶？」緊接墨筆眉批：「朗。」

「對祝融而督勾芒。」注：「祝融，南方，炎帝之佐。」「勾芒，東方，青帝之佐。」墨筆眉批：「南。東。」

「卷南越以騰歷。」注：「南越，言終於離宮。」墨筆眉批：「離。」又硃筆眉批：「歷叶平。」

「剝駭鷄以爲釵。」硃筆眉批：「釵叶差。」

「曳陶匏以委蛇。」注：「陶匏，甄陶所成。」硃筆眉批：「甄陶所成，是何義？」

「四徼塵於干道。」注：「塵又作遮。」硃筆眉批：「遮字義長。」

「操巨檗之礅弩。」硃筆眉批：「巨檗之弩。」

「迅衝風而突飛電，振雲峪岫而土崆山。」注：「廣韻：峪山在容州。」墨筆眉批：「廣韻。」又硃筆眉批：「電、山叶。」

「走札揭而獠桔梗。」「槁肩屈而卻梁黨。」硃筆眉批：「梗、黨叶。」

函谷關賦　李尤

「何天衢以流通」，「制關鍵以擒幷」。硃筆眉批：「幷與通叶。」

「沔漢阻曲，路由山泉；舊水遼濫，沐落是經。」硃筆眉批：「泉不必叶。」

「蕃鎮造而惕息，侯伯過而震惶。」硃筆眉批：「惶叶。」

「准令宜以就制，因茲勢以立基。」硃筆眉批：「基叶。」

大赦賦　崔寔

「所以創太平之迹，旗頌聲之期。」硃筆眉批：「旗何意？」

夢賦　王延壽

「臣弱冠嘗夜寢，見鬼物與臣戰，遂得東方朔與臣作駡鬼之書。」硃筆眉批：「東方生西漢人，去文考遠，焉得爲之作駡鬼書耶？」

「澎濞跌抗。」硃筆眉批：「抗，虞厥反，遠，當是抭字耶？」

「亂曰：齊相夢物，而以霸兮；武丁夜感，得賢佐兮；周夢九齡，年克百兮。」硃筆眉批：「霸、佐、百，如何合韻？」

王孫賦

「眼睚瞴以眈䀏，視䁾睫以映䁐。突高匡而曲頞，暖瞑歷而隮離。鼻䶑䶎以䶕䶔，耳聿役以嘀知。口嗛呐以齸齺，唇䘩嘂以㾊䚇。齒崖崖以齴齴，嚼咤哰而囁唲。」注：「齺，七角反。」墨筆改「七」爲「士」。墨筆眉批：「瞴、眈、䁾、映、䁐、暖、瞑、䶑、䶎、䶕、䶔、嘀、嗛、呐。齸。齺，廣韻士角切。此『七』字似『士』之訛。然即切如錯聲亦通。䘩、㾊、䚇、咤、哰。」

「或嗝嗝而㗇㗇，又嘀嘦其若啼。姿僭傔而抵𧹞，豁旴閱以瑣醓。眙睕睃而𥌭睗，既瞅𥈠而跋𨇨。生深山之茂林，處嶄巖之嶔崎。性𤢄𤢏以獝疾，態峰出而横施。」注：「𤢏音頤。」硃筆改「𤢄𤢏」爲「𤢄𤢏」，改「頣」爲「𩑶」，改「熊」爲「態」。墨筆眉批：「嗝、㗇、嘀、嘦、㖡、旴、閲、畹、畯、曉、暘、旿、瞭、瞲、犮、猽、猜、獢。」

「了瓜懸而瓠垂。」注：「倒『了』字，丁了切，懸物貌。」墨筆眉批：「𠄏。」

「下值足而登跲」，「敻儵聃而奄赴」。墨筆眉批：「咋、聃。」

「或躑跌以跳迸」，「扶嶔崟以榛極」。墨筆眉批：「躑跌。榛極。」

「競爭飲而踴馳」，「⿰酉頁陋酌以迷醉」，「甦拏鬘以緤縛」，「觀者吸呷而忘疲」。墨筆眉批：「踴。⿰酉頁。酌卽醞字。緤。吸呷。」

誚青衣賦　　張超

題注引蔡伯喈文曰：「盤蹜蹴蹀，坐起低昂，和暢善笑，動揚朱唇。」硃筆眉批：「昂、唇叶。」又墨筆眉批：「蹴，从又非，當作蹴，音丁愜切、女法切、陟藥切、叱涉切，音皆不遠。」

「歷觀古今，禍福之階。」硃筆眉批：「階叶。」

「書戒牝雞，詩載哲婦。」硃筆眉批：「婦叶匪。」

「畢公喟然，深思古道，感彼關雎，性不雙侶。願得周公，妃以窈窕，防微消漸，諷諭君父。」墨筆眉批：「畢公作關雎。」又硃筆眉批：「道、侶、窕、父如何叶？隔句互叶始得。」

卷之七

筆賦　　蔡邕

「紀三王之功伐兮，表八百之肆覲。」硃筆眉批：「覲叶。」

短人賦

「藺中踊兮蠢蠕須。」注：「踊，今作踊。」墨筆改「今作踊」之「踊」爲「蛹」。

「鞞鞨鼓兮補履獛。」硃筆眉批：「獛，南夷也，補履之具耶？」

浮淮賦　王粲

「於是迅流興潭渨，濤波動長瀨。」硃筆眉批：「瀨叶利。」

羽獵賦

「相公乃乘輕軒，駕四駱。」墨筆眉批：「相公。」

白髮賦　左思

「四皓佐漢，漢德光明。」硃筆眉、根連批兩「明」字。

枯樹賦　庾信

題注：「其後跋云右枯樹賦二卷，乃褚河南眞跡也。」墨筆眉批：「褚遂良書枯樹賦。」

離合作郡姓名字詩　孔融

「與旹進止，出行施張。」墨筆眉批：「旹，上本㞢，此云出。」
「海内有截，隼逝鷹揚。」〔二〕墨筆眉批：「古乩字。」

思親爲潘文則作　王粲

「禍難斯逼，救死於頸。嗟我懷歸，弗克弗逞。」硃筆眉批：「頸，平。逞，平。」

大蜡　裴秀

「告成伊何？年豐物阜。豐禋孝祀，介兹景福。」硃筆眉批：「阜、福叶。」
「率土同懽，和氣來臻，朔風叶順，降祉自天。」硃筆眉批：「臻叶。」

嘲熱客　程曉

題首注：「唐藝文志有程曉集二卷。」墨筆旁批：「隋經籍志魏汝南大夫程曉集二卷。」題首墨筆眉批：「其實不成詩。」

〔二〕「鷹」，傅山全書初版本誤作「膺」，據批點底本改。

卷之九

遊仙詩　王融

「長河且已縈，曾山方可礪。」硃筆眉批：「礪，入。」

棲玄寺聽講畢遊邸園

「高軒臨廣液。」硃筆眉批：「液。」

「暢哉人外賞，遲遲眷西夕。」墨筆眉批：「人外賞。」

和王友德元古意二首

題首硃筆眉批：「題上有和字，是非德元之詩矣。不著和者誰。」

寒晚敬和何徵君點

「上德可潤身，下澤有徐轡。」硃筆眉批：「轡叶入。」

雜體報范通直

「哃君蘭蕙草，何用以書紳。」硃筆眉批：「哃。」

幄　謝朓

題首作者名下墨筆批：「初學記作王融。」

「幸得與君綴，冪歷君之楹。」墨筆旁批：「第一『君』字初學記作『珠』字。」

張融海賦簡評〔一〕

抹卻複句數重，亦有奇句可攬。

蓋言之用也，情矣形乎。使夫形寅內敷，情敷外寅者，八字亦瑣碎。言之業也。吾遠職荒官，將海得地，行關入浪，宿渚經波，傅懷此二字疑訛。樹觀，長滿朝夕，東西無里，南北如天，四句便知爲賦海言。反覆懸烏，表裏菟色。壯哉水之奇也，奇哉水之壯也！故古人以之頌其所見。吾問翰而賦之。當其濟興絕感，豈覺人在我外，木生之作，君自君矣。

分渾始地，判氣初天。作成萬物，爲山爲川。總川振會，導海飛門。爾其海之狀也，之相也：則窮區沒渚，萬里藏岸，控會河濟，朝總江漢。回混浩潰，巔倒發濤。浮天振遠，灌日飛高。摐撞則八紘摧隤，鼓怒則九紐折裂。擿於活。長風以擧波，漷天地而爲勢。瀄音巀。澤于及。湝沓。洽，合。來往相辛。粗合。汨于突。湥突。澥于勃。渤，窣石成窟。西衝虞淵之曲，東振湯谷之阿。若木於是乎倒覆，折扶桑而爲渣，在牙。濩瀷藥。潤門。渾，湣于官。浉于和。磈磊，渤淬淪溥，尊。灡淺蘢嶸。子拱。湍轉則日月似驚，浪動而星河如覆。既烈太山與崑崙相壓而共潰，又盛雷車震漢破天以折轂。

〔一〕此篇據山西博物院藏手稿釋文。「簡評」二字爲編者所加。傅山全書初版本未收。

港於員。漣涴于卯。瀨，于嬾。輾轉縱横。揚珠起玉，流鏡飛明，是其回堆曲浦，欹關弱渚之形勢也。沙嶼相接，洲島相連。東西南北，如滿於天。梁禽楚獸，胡木漢草之所生焉。長風動路，深雲暗道之所經焉。苕苕蔕蔕，窅窅翳翳。晨烏宿於東隅，落河浪其西界，茫沆汴河，汨于突。磈于磊。漫無官。桓。旁踞委岳，横竦危巒。重彰岌岌，攢嶺聚立。嵂呂兀。磍窟。崊呂今。嶔，欽。架石相陰。嶐嶵徒罪。陁陁，横出旁入。嵬嵬支罪。磊磊，若相追而下及。峯勢縱横，岫形參錯。或如前而未進，乍非遷而已卻。天抗暉于東曲，日倒麗于西阿，嶺集雪以懷鏡，巖昭春而自華。

江涍許江。洦洦，許百。潹于曷。巖拍芬百。嶺。觸觸。山礫石，汙滆于各。澳寒。況。于朗。碨於磊。泱於朗。漯泂，流柴磹五感反。屼。頓浪低波，砮苦降。硣苦交。硄，苦江。此處疑脱一字。折嶺挫峯，窂不音。浪硠掊，朋山相磕。苦合。萬里藹藹，極路天外。雹戰雷奔，倒地相礚。獸門象逸，魚路鯨奔。水遽龍魄，陸振虎魂。卻瞻無後，向望行前。長尋高眺，唯水與天。若乃山横蹴浪，風倒摧波。磊若驚山，竭嶺以竦石。鬱若飛煙，奔雲以振霞。連瑤光而交彩，接玉繩以通華。

爾乎夜滿深霧，晝密長雲，高河滅景，萬里無文。山門幽暖，暖字疑是曖字。岫戶葐蒕。九天相掩，五地交氛。汪汪横横，沆沆于剛。浩浩。音害。淬潰大人言表，泱于朗。蕩君子之外。風沫相排，日閉雲開。浪散波合，岳起山隤。

若乃漉沙構白，熬波出素。積雪中春，飛霜暑路。爾其奇名出録，詭物無書。高岸乳鳥，横門産魚，則何罹鱅䱉、鯡非。鯃鰈果。鯖。滑。哄日吐霞，吞河漱月。氣開地震，聲動天發。噴灑嘰噫，於戒。流雨而揚雲。喬髗壯脊，架岳而飛墳。跹挺。動崩五山之勢，瞯矣簡。睔矣鮌。煥七曜之文。蠵蠵瑁蚌，綺貝繡螺。玄珠互彩，緑紫相華。遊風秋瀨，泳景登春。伏鱗漬綵，昇魵洗文。

若乃春代秋緒，歲去冬歸。柔風麗景，晴雲積暉。起龍塗于靈步，翔螭道之神飛。浮微雲之如蓩，落輕雨之依依。觸巧途而礚去紺。遠，抵欒木以激揚。浪相礴而起千狀，波獨湧乎驚萬容。蘋藻留映，荷芰提陰。扶容曼綵，秀遠華深。明藕移玉，清蓮代金。眄芬芳于遙渚，汎灼爍于長潯。浮艫雜軸，遊舶交艘。帷軒帳席，方遠連高。入驚波而箭絕，振排天之雄飆。越湯谷以逐景，渡虞淵以迫月。徧萬里而無時，浹天地于揮忽。雕隼飛而未半，鯤龍趠貪教。而不逮。舟人未及復其喘，已周流宇宙之外矣。

陰鳥陽禽，春毛秋羽。遠翅風遊，高翮雲舉。翔歸棲去，連陰日路。瀾漲波渚，陶立浴素。長紘四斷，平表九絕。雉翯成霞，鴻飛起雪。合聲鳴侶，竝翰翻羣。飛關溢繡，流浦照文。

爾夫人微亮氣，小白如淋。涼空澄遠，增漢無陰。照天容于鮷渚，鏡河色于魦潯。括蓋餘以進廣，浸夏洲以洞深。形每驚而義維靜，跡有事而道無心。於是乎山海藏陰，雲塵入岫。天英徧華，日色盈秀。則若士神中，琴高道外。袖輕羽以衣風，逸玄裾于雲帶。筳秋月于源潮，帳春霞于秀瀨。曬蓬萊之靈岫，望方壺之妙闕。樹遏日以飛柯，嶺回峯以蹴月。空居無俗，素館何塵。谷門風道，林路雲眞。

若乃幽崖㟼於夾。陿，倉夾。隈隩之窮，駿波虎浪之氣，激勢之所不攻。有卉有木，爲灌爲叢。路此疑是絡字。糅綱雜，結葉相籠。通雲交拂，連韻共風。蕩洲礉去角。岸，而千里若崩。衝崖沃島，其萬國如戰。扼駿氣以擺雷，飛雄光以倒電。

若乃曾雲不氣，流風斂聲。瀾文復動，波色還驚。明月何遠，沙裏分星。至其積珍全遠，架寶諭深。瓊池玉壑，珠岫珂岑。合日開夜，舒月解陰。珊瑚開繢，瑠璃竦華。丹文鏡色，雜炤冰霞。洪洪潰潰，浴干日月。淹漢星墟，滲河天界。風何本而自生，雲無從而空滅。籠麗色以拂烟，鏡懸暉以炤雪。

爾乃方員去我，混然落情。以之賦海，精妙無倫。氣暄而濁，化靜自清。必無終故不滯，志不敗而無成。既覆舟而載舟，固以死而以生。弘芻狗于人獸，導至本以充形，維萬物之日用，諒何緯其何經。道湛天初，機茂形外。亡有所以而有，非膠有于生末。亡無所以而無，信無心以入太。不動，動是使山岳相崩；不聲，聲故能天地交泰。行藏虚于用舍，應感亮于圓會。仁者見之謂之仁，達者見之謂之達，咶者幾于上善，吾信哉其爲大矣。傅山。